シリーズ 戦争学入門

国際平和協力

山下　光 著

創元社

シリーズ「戦争学入門」序言

好むと好まざるとにかかわらず、戦争は常に人類の歴史と共にあった。だが、日本では戦争について正面から研究されることは少なかったように思われる。とりわけ第二次世界大戦（太平洋戦争）での敗戦を契機として、戦争をめぐるあらゆる問題がいわばタブー視されてきた。

そうしたなか、監修者を含めてシリーズ「戦争学入門」に参画した研究者は、日本に真の意味での戦争学を構築したいと望んでいる。もちろん戦争学とは、単に戦闘の歴史、戦術、作戦、戦略、兵器などについての研究に留まるものではない。戦争が人類の営む大きな社会的な事象の一つであるからには、おのずと戦争学とは社会全般の考察、さらには人間そのものへの考察にならざるを得ない。

本シリーズは、そもそも戦争とは何か、いつから始まったのか、なぜ起きるのか、そして平和とは一体何を意味するのか、といった根源的な問題を多角的に考察することを目的としている。確認するが、戦争は人類が営む大きな社会的な事象である。そうであれば、社会の変化と戦争の様相には密接な関係性が認められるはずである。

「軍事学」でも「防衛学」でも「安全保障学」でもなく、あえて「戦争学」といった言葉を用いるのも、戦争と社会全般の関係性をめぐる学問領域の構築を目指しているからである。

具体的には、戦争と社会、戦争と人々の生活、戦争と法、戦争をめぐる思想あるいは哲学、戦争と倫理、戦争と宗教、戦争と技術、戦争と経済、戦争と文化、戦争と芸術といった領域を、理論――「横軸」――と歴史あるいは実践――「縦軸」――を文字通り縦横に駆使した、学術的かつ学際的なものが戦争学である。当然、そこには生物学や人類学、そして心理学に代表される人間そのものに向き合う学問領域も含まれる。

戦争と社会が密接に関係しているのであれば、あらゆる社会にはその社会に固有の戦争の様相、さらには、あらゆる時代にはその時代に固有の戦争の様相が現れる。そのため、二一世紀には二一世紀の社会に固有の戦争の様相、さらには戦争と平和の関係性が存在するはずである。問題は、戦争がいかなる様相を呈するかを見極めること、そして、可能であればこれを極力抑制する方策を考えることである。その意味で本シリーズには、「記述的」であると同時に「処方的」な内容のものも含まれるであろう。

また、本シリーズの目的には、戦争学を確立する過程で、平和学と知的交流を強力に推進することがある。

戦争学は、紛争の予防やその平和的解決、軍縮および軍備管理、国連に代表される国際組織による さまざまな平和協力・人道支援活動、そして平和思想および反戦思想などもその対象とする。実は戦争学の射程は、平和学と多くの関心事項を共有しているのである。

よく考えてみれば、平和を「常態」とし、戦争を「逸脱」と捉える見方は誤りなのであろう。なるほど戦争は負の側面を多く含む事象であるものの、決して平和の影のような存在ではない。その意味において、戦争を軽視することは平和の軽視に繋がるのである。だからこそ、古代ローマの金言に「平和を欲すれば、戦争に備えよ」といったものが出てきたのであろう。

戦争をめぐる問題を多角的に探究するためには、平和学との積極的な交流が不可欠となる。戦争を研究しようと平和を研究しようと、双方とも学際的な分析手法が求められる。また、どちらも優れて政策志向的な学問領域である。戦争学と平和学の相互交流によって生まれる相乗効果が、世界が複雑化し混迷化しつつある今日ほど求められる時代はないであろう。

繰り返すが、「平和を欲すれば、戦争に備えよ」と言われる。だが、本シリーズは「平和を欲すれば、戦争を研究せよ」との確信から生まれてきたものである。なぜなら、戦争は恐ろしいものであるが、簡単には根絶できそうになく、当面はこれを「囲い込み」、「飼い慣らす」以外に方策が見当たらないからである。

シリーズ「戦争学入門」によって、長年にわたって人類を悩ませ続けてきた戦争について、その理解の一助になればと考えている。もちろん、日本において「総合芸術（Gesamtkunstwerk）」としての戦争学が、確固とした市民権を得ることを密かに期待しながら。
第2期は、日本国内の新進気鋭の研究者に戦争や平和をめぐる問題について執筆をお願いした。執筆者はみな、それぞれの政治的立場を超え、日本における戦争学の発展のために尽力して下さったため、非常に読み応えのある内容となっている。

シリーズ監修者　石津朋之
（防衛省防衛研究所　戦史研究センター長）

目次

地図作成　ZAPPA 河本佳樹／装丁　濱崎実幸

シリーズ　戦争学入門

国際平和協力

はじめに

本書の目的は、国際平和協力と呼ばれる諸活動を考えるための端緒を作ることである。

そこでまず、「国際平和協力」という言葉から想起されるものをとらえてみることにする。どんなイメージが頭に浮かぶであろうか。ある人は、自衛隊が国際連合（国連）平和維持活動（PKO）の一員として東ティモールや南スーダンなどで行ってきた活動を想像するかもしれない。またある人は、非政府組織（NGO）や国連機関などのロゴがついたベストを着た人たちが難民キャンプで食料や水を配ったり、その国で何十年ぶりに開催される国政選挙を手助けしたりしている姿を想起するかもしれない。あるいはより概念的なアプローチをとって、国際平和協力をこれよりも頻繁に使われる用語である「国際協力」の一部とみなすことから始める、という人もいるであろう。

こうした理解の仕方は、間違ってはいない。実際、それらの活動イメージは国際平和協力を論じる際に必ずと言っていいほど出てくるものであるし、国際平和協力はたしかに国際協力の一形態ではある。

だがここで立ち止まって考えたいのは、国際平和協力はこうしたイメージや理解によって把握し尽くされているのか、ということである。

たとえば、武力紛争との関係を考えてみる。国際平和協力と呼ばれる活動は、国家間や国内の紛争が起きた状況を踏まえて行われることが常である。現地で援助物資が提供される場合、それら物資を受け取る人々はそうした状況下におかれている人々である。国際平和協力は「平和」を目指すものであっても、その背景には人々の生活や時には生命をも脅かす紛争状況が存在している。とすれば、そうした状況をどう解消したらいいのか、ということも考えねばならない。

一方で、先ほど例示した、国際平和協力に関与している組織のラインナップに着目してみると、それらが多様な性格の組織であることがわかる。そこから、これらアクターがそもそもなぜ、何のために協力しているのか、という問いも浮かんでくる。各国の国軍や政府機関であれば、その国の政策との関係が視野に入ってくるであろうし、よりグローバルな組織であれば、それらの活動が可能となっている国際社会の潮流や仕組みに関心が向くであろう。

国際平和協力とは何かを考えるとは、こうした問いにも関心を向けていくことに他ならない。本書はそのためのひとつの試みである。

簡単に本書の見取り図をここで述べておこう。まず第1章では国際平和協力の一般的定義を提示する。この言葉が独特の由来を持つことを説明しつつ、国際的な議論の文脈に位置づけることで、核となる五つの特徴を取り出していく。第2章（PKO）、第3章（平和構築）、第4章（人道支援）では、国際平和協力をなす三つの主な活動をそれぞれ取り上げていくが、その際には先ほど述べた五つの特徴に即したかたちで考察を行っている。そしてそれらを受けた第5章では、各章での議論の意味合いをまとめている。

本書が意図しているのは、国際平和協力という活動領域の一応の輪郭を、具体的な取り組みや課題なども踏まえながら示す、ということである。

言うまでもないが、国際平和協力はすぐれて実践的な活動領域である。その意味で言えば、平和維持なら平和維持、人道支援なら人道支援が理解できていればよいのではないか、という反論もあるかもしれない。しかし本書を通じて示すように、一見個別具体的に見える活動は実際には相互につながっており、そのつながり自体が意味を持っている。一段階抽象化された国際平和協力をとらえる目を持っておくことで、そうしたつながりやその意味を読み解くことができるようになる。一歩引いた視点を持つことで、より広がりのある議論が可能になるように思われるのである。

では、早速考察を始めていきたい。

第1章　国際平和協力とは何か

「はじめに」でも記したように、本書の考察を導くのは国際平和協力とは何か、という一見単純な問いである。だがほかの学術的な問いがそうであるように、一見単純な問いほど複雑なものはない。国際平和協力に即して言うと、それは少なくとも以下のようなサブ・クエスチョンを含んでいる。

- 国際平和協力には何が含まれ、何が含まれないのか
- 国際平和協力はなぜ「国際平和協力」という言葉（概念）で表現されるのか
- 国際平和協力はどのようなかたちで、なぜ進展してきたのか
- 国際平和協力はどのような内容、課題や問題などを伴っているのか
- 国際平和協力は今後どのようになっていくのか

言うまでもなく、ここに挙げたそれぞれの問いのなかにはさらに細分化された問いが含まれているであろうし、それぞれのサブ・クエスチョンの間にも興味深い問いが隠れているかもしれない。しかし、ここでまず確認したいのは、これらは相互に結びついた問いであり、その一部のみを取り出して答えを探すことは不可能である、ということである。たとえば国際平和協力の概念定義には、その活動としての射程（つまり何が含まれるのか）が含意されているし、今後の展望を考えるためには、その活動がそのように実践されてきたのか、その過程でどのような限界や問題が認識されているのかを踏まえなければならない。

また、これは本書のなかでもしばしば立ち返る点であるが、国際平和協力がなんらかの国際場裏の活動である以上、それは国際関係全体の動向にもつながっている。国際平和協力はそれ自体で閉じた活動ではなく、むしろ逆、つまり国際社会のアクターがオープンにかかわっていくなかで生まれてくる類の活動なのである。その意味で国際関係のマクロな構造変化や動向が、その一部をなしている国際平和協力にも深い影響を与えているであろうし、国際平和協力が国際関係全体に影響を与えている部分もあるかもしれない。

このように考えると、「国際関係のなかの国際平和協力」というこの視点は、国際平和協力の概念を考えるうえでも、あるいはその活動推移や展望を把握するうえでも不可欠であることがわかるであろう。

以上の点を踏まえて、導入にあたる本章ではまず、国際平和協力という概念とその射程を議論することから始めたい。

1　国際平和協力という概念

何を論じたいのか

ここでは、本書で取り上げる活動に関する概念枠組みを整理する。これは言い換えると、何を考えたいのかをまず考える、ということであるが、国際平和協力を論じる場合、まずこの作業を注意して行う必要がある。理由は二つある。第一は国際平和協力に含まれる実践や活動がきわめて流動的であること、第二は「国際平和協力」がすぐれて「日本的」な表現であることである。

第一に注意すべきことは、「国際平和協力」を論じる際に対象となる活動がきわめて多様であるため、概念を整理したうえで臨まないと何を議論しているのかがぼやけてしまう、という点である。国際平和協力を論じる場合、取り上げられる可能性がある活動にはさまざまな名称で呼ばれるものが含まれ、論者によりその取り上げ方は異なっている。

たとえばＰＫＯや平和構築などを中心に取り上げる論者もいるであろうし（本書は以下示すようにこうした活動を中心に論じていく）、社会経済開発、文化交流、外交（調停、仲裁）に焦点を当てる論者もいるであろう。さらに、海賊やテロといった、しばしば「非伝統的」と呼ばれる諸脅威に対する軍事的なものを含めた対応を取り上げる向きもあるかもしれない。

しかし、これらを単純に羅列するだけでは、国際平和協力を考えたことにはならない。まず何を本質とする活動なのかについて一応の見極めをしたうえで具体的な活動の紹介に議論を進めていきたい、というのが本書のスタンスである。

表現の由来と特徴

では、国際平和協力の一般的な特徴づけはどのようにして導出できるであろうか。ここで第二に指摘したいことは、その手がかりが国際平和協力という表現のなかにすでに含まれている、ということである。そして、この表現が日本語特有の表現である、ということに一つのヒントがある。以下にそれを見ていこう。

国際関係で用いられる用語は英語圏で存在する言葉の翻訳であることが多い。「国際関係」という言葉自体international relationsの訳語であるし、それを研究する学術分野を意味する「国際関係論」はInternational Relationsに由来する。「国際平和協力」という、日本で人口に膾炙《かいしゃ》した表現も同様に英語からの翻訳と思われがちであるが、実はそうではない。

日本でこの表現が広く使われているのは、一九九二年六月に公布された「国際連合平和維持活動等に対する協力に関する法律」（平成四年法律第七九号）において、同法律を根拠として行われる活動が「国際平和協力業務」と規定されたからである。公布後数回にわたる改正を経て、国際平和協力業務に含まれる活動は多岐にわたり、法律名が示唆するような国連の活動、あるいはＰＫＯのみへの貢献を想定するものではなくなってきているが、その内容や変遷を仔細《しさい》に取り上げることはここでの意図ではない（関心のある読者は同法律を参照されたい）。

むしろ指摘したいのは、この法律が国際平和協力法と略称され、それに基づく活動にも国際平和協力という表現が用いられるようになると、「国際平和協力」はある種の活動群を総称する言葉として日本で定着するようになった、という経緯である。本書のタイトルにこの言葉を使用しているのも、日本語の空間のなかでこの言葉が広く定着してきたことを踏まえてのものであるし、本書も国際平和協力という日本語で描かれることの多い諸活動に関心を有する読者を対象として書かれている。

とはいえ、本書は日本の国際平和協力を解説するものではなく、むしろ国際的な見地から（日本語で）国際平和協力と呼ばれる活動を考えてみようとするものである。では、この活動が活発に議論されている英語圏では、どのような言葉が使われているのであろうか（ちなみに、「国際平和協力」という日本語の英訳として使われている international peace cooperation であるが、この表現が英語圏で使われることはほとんどない）。

英語圏でこれに近く、かつ一般的に用いられると考えられるのは、「国際・多国間紛争管理」(international/ multilateral conflict management)、あるいはその一部をなす「平和作戦」(peace operation) である。多国間紛争管理は外交的な調停から制裁（禁輸措置や経済制裁）、さらには懲罰的な軍事介入まで含むものと理解される概念である。他方、平和作戦については、紛争前から紛争後に至るプロセスで国連などが主導して行う各種の活動（紛争予防、紛争中の和平交渉支援、ＰＫＯ、平和構築など）

を含むものとして理解される。

　さて、ここで注意を促したいのは、国際平和協力と欧米圏でそれにあたる諸表現を構成している要素の違いである。それを理解するため、「国際平和協力」と「多国間紛争管理」「平和作戦」とを比較してみよう。両者にはどのような共通点と相違点があるのか。

「多国間紛争管理」「平和作戦」との比較

　まず言えるのは、これらの概念がともに平和を志向し、かつ国際的（多国間）である、という点である。これらの概念はいずれも国際社会が平和をもたらすための活動領域を総括的に表現しようとしている。

　他方で、両者には興味深い違いがある。まず「多国間紛争管理」「平和作戦」は紛争や軍事的なイメージを呼び起こす表現であるのに対し、「国際平和協力」にはその含みがぼんやりとしか示されていない。また、「国際平和協力」には関与するアクター間の協力という要素が全面に出されているのに対し、「多国間紛争管理」「平和作戦」にはそうした含みは間接的にしか読み取れない。

　この違いは興味深い。まず、「国際平和協力」から軍事・紛争的な要素が外れていることは、日本語でその活動を論じる際に論者が置かれる言語空間の特徴を示唆している。実際、日本語でもPKOや平和構築等を総称する言葉としてpeace operationを翻訳したと思われる言葉が使われることがあるが、そこで使われるのは軍事的な含みがある直訳の「平和作戦」ではなく「平和活動」である。

だが、国際平和協力法自体がそうであるように、国際平和協力において軍事組織あるいはそれに準じた実力組織の使用（作戦＝operation）は不可欠の構成要素である。英語圏で用いられる用語は、紛争の発生あるいはそのリスクの存在と、それに対して軍事力の動員が必要となる場合が多いという現実を如実に示しているといえる（ここで軍事組織に準じた実力組織を含めているのは、軍隊ではないが部隊編成され武装した警察組織を持つ国があり、国際平和協力にも動員されているためである。なお本書では主に国軍部隊の派遣を想定して議論を進めていく）。

他方、「多国間紛争管理」「平和作戦」には「国際平和協力」では強調されている協力の要素が明示されていない。このことは、英語圏の用語がより軍事的、紛争対処的な色彩が強いことと関係しているように思われる。というのも軍事力を使用した介入では、現地アクターに対する介入者の意思の強制がその目的となることがしばしばだからである。

だが、平和作戦や国際平和協力として描かれる活動の多くは、それに参加するアクターの間の協力だけではなく、現地アクターとの協力がその活動の前提あるいは成功条件だと考えられている。もちろん、これらの活動においても、近年における紛争の性質変化や、軍事力を展開したこと自体が生み出す現地住民や国際社会からの期待などを背景として、軍事力の行使が必要となってくる状況が現実には多く存在しており、そのことが含む問題は本書を通じて議論していくことになるであろう。

いずれにせよ、「国際平和協力」という日本語オリジナルの表現には、英語圏での概念形成にはない重要な示唆が含まれているようにも思われるのである。紛争に対する国際社会の対応の一端を国際的な視点から論じようとする本書があえてこの表現をタイトルにしているのも、こうした理由による。

2　国際平和協力の構成要素

以上の議論は、国際平和協力を特徴づける要素をいくつか示唆している。その諸要素を挙げるとすると、以下のようなものになるであろう。

(1)　紛争管理を目的としていること
(2)　国際的な協力に依拠していること
(3)　敵主体を想定しないこと
(4)　軍事組織の軍事力特有の目的以外での使用を想定していること
(5)　軍事部門・非軍事部門間の連携が常態であること

それぞれ簡単に解説をしておこう。

(1) 紛争管理を目的としていること

まず、国際平和協力は、紛争の管理を目的とする活動である。紛争には国家同士が国軍等を動員して行う国家間紛争だけではなく、国内で軍事化した政治勢力などが政府軍と戦闘を行う国内紛争（内戦）、あるいはそうした内戦における戦線が国境を越え、さらに紛争当事者の一部が近隣政府から支援を受けることで解決すべき問題が周辺地域にまで拡大してしまう地域紛争も含まれる。またこの場合の管理には、紛争の停止や解決だけではなく、発生リスクが高いとみられる紛争の抑止や（再発）防止も潜在的に含まれている。そうした紛争を国際的な努力により管理しようとするのが国際平和協力である。

なお本書では、国際的な警察活動とも呼びうる類の活動（以下では便宜的に国際警察活動と呼ぶ）は

図1-1　アデン湾沖で貨物船警護の訓練を行う米海軍艇（2019年）
出所：U.S. Navy/ PO2 Logan C. Kellums

ここには含まれないものとして理解する。そうした活動には、たとえばアデン湾において二〇〇八年から欧米諸国や日本、中国、韓国など各国が艦艇や航空機などを派遣して行っている海賊対処活動や、西アフリカやアフガニスタン等で行われてきた対テロ活動などがある。学術的な議論では、こうした活動をPKOの新たな形態として理解する動きはある。たしかに、アデン湾の海賊問題はソマリアで長年続く内戦を背景としているし、いくつかの内戦においては武装勢力がテロの手法を用いる、あるいは国際テロ組織との関係を持つというケースも存在している（後者については第4章参照）。そうした意味でいえば、国際平和協力と国際警察活動とを連続線上でとらえることは合理的かもしれない。

しかし、連続線上でとらえられることとは、それらを同一視することではない。国際警察活動が国際的な法の支配の確立を目的とする法執行活動であるとすれば、紛争管理とは基本的な性格がズレるところがあるように思われる。国際警察活動との連接性と相違性をどう考えるかは興味深い問題ではあるものの、別の機会の検討課題としておきたい。

(2) 国際的な協力に依拠していること

国際平和協力は、当該紛争の管理に関心を有するアクターの相互協力により成り立つ活動である。そうしたアクターには各国政府だけではなく、国連や世界銀行のような国際機構、欧州連合（EU）、アフリカ連合（AU）、北大西洋条約機構（NATO）などの地域機構、二〇世紀の後半に爆発的な拡大を見せた非政府組織（NGO）といったものが含まれる。これらのアクターが当該紛争に対して相互に動員できる資源を出し合い、具体的な活動のかたちを作っていくのが国際平和協力の基本的なイメージである。

このことを、国際平和協力に従事しようとするアクターの視点からとらえてみよう。

これらアクターが当該紛争に持つ関心のタイプはさまざまである。その紛争の帰結に対する利害（その利害自体も経済的なもの、安全保障上のもの、あるいはその国や地域との外交関係など、いろいろなものがある）から関与しようとする場合もあれば、その紛争の被害に道義的観点から懸念を持ち、その解決に貢献しようとするアクターもいるであろう。

おそらくは利害・道義両面からの理由を掲げて関与することのほうが実際には多いと思われるが、いずれにせよ、アクターが検討過程において認識するであろうことは、①同様に関与を考えているアクターが複数存在していること、②関与に伴うコスト（財政負担、活動の安全リスク、活動の失敗による評判の毀損リスク）、そして③紛争管理という活動規模の大きさ、である。どのような紛争であれ、その紛争の管理・解決にひとつのアクターのみが単独でかかわることは過負担であると映る。それは膨大な資源の動員や説明責任を必要とするし、そこまでのコストを負担する準備はどのアクターにもないのである。

他方、紛争が利害への影響や道義的懸念を一定程度生むことも事実であるとすると、最も理にかなっているのは、当該紛争への関与の理由を同じように持っているアクターが協力し、コストを分散させながら紛争の管理を行っていくことである。国際平和協力が一定の多国間協力に基づくものとして進展したことには、こうした認識の共有や計算の合致があるといってよい。

そのように考えると、アクターにとって国際平和協力には①コストの分散という一義的な利便性があるといえるが、それだけではない。②多国間の協力に基づいていること自体が持つ高い正当性も国際協力ならではである。たとえば、国際機構や地域機構を通じて国際平和協力が組織される場合には、それら組織の正式な意思決定——典型的には国連ＰＫＯ設置の際の国連安全保障理事会（安保理）決議——を経るのが普通であるし、そこまでなくとも、同じ紛争の管理に貢献しようとするアクターとの現地における、あるいは意思決定のレベルにおける連携は、その活動の正当性を高める働きをする。この正当性は端的に言えば、多国間の協力という行動形態が、国際社会を一定程度代弁する能力を持つことに由来する。つまり、「国際協力的」であることにより、国際社会のエージェントとして自らを性格付けることができるようになるのである。

このことはアクターがその活動に関する説明責任を果たす際にも役立つものであるが、他方で紛争当事者側との関係においても、その活動の説得力を強める効果を生む。もちろん、本書のなかでもたびたび示すように、紛争当事者は国際平和協力を常にすんなりと受け入れるわけではない。その意味では国際平和協力の国際性という「護符」の効力は限られているのかもしれない。しかし、介入を渋る紛争当事者にとって、国際平和協力が国際社会の意思をある程度代弁していると映ることは、その態度に影響を与える可能性があるといえる。

(3) 敵主体を想定しないこと

すでに述べたように、国際平和協力は当該活動にかかわるアクターの協力に依拠している活動である。言い換えると、国際平和協力はそれらアクターが協力に合意し、その合意に基づいて行動する範囲や程度において実現する類の活動である。

国際平和協力をこのように描写するなかにすでに含まれていることなのであるが、こうしたアクターには、紛争当事者である該当国の政府や武装勢力も含まれる。つまり国際平和協力には「敵」が、少なくとも理屈のうえでは、存在しないのである。

これが軍事組織にとって持つ意味合いは次項で記すとして、ここでは少し広い視野で国際平和協力の特徴を考えてみる。

国際平和協力は軍事力を伴いながら紛争当事者からも協力を得て行われる。これは、紛争当事者に対してその合意を前提とせず、懲罰的に行われる軍事介入や経済制裁とも、紛争当事者の協力を得ながら非軍事的手段で行われる各種の外交交渉とも異なっている（表1－1参照）。

たとえばある国に他国が侵略し、それに対して多国籍軍が組織派遣される場合、侵略国は国際社会にとっての脅威をなすものと認識されている。

表1-1　国際平和協力の性質

紛争当事者との関係＼手段	軍事	非軍事
敵対	軍事介入	経済制裁
協力	平和協力	調停、仲裁

出所：筆者作成。

湾岸戦争（一九九一年）では、前年夏のイラクによるクウェート侵攻に対して多国籍軍による軍事介入が行われた。もちろんこの場合、軍事介入を受ける国の合意は前提とされない。同様に、禁輸などの措置が行われる際にも、その活動に対する当該国からの合意は前提とされないのが普通である。それはこうした活動が、その活動対象となるアクターにとっては多分に懲罰的であり、敵対的であるためである。

しかし本書で扱う国際平和協力の諸活動では、紛争当事者からの活動に際しての合意は必須である。それは、それら活動のなかで最も軍事的といえるPKOにおいても同様であり、PKOミッションが設立される際には少なくとも主な紛争当事者からの合意（政府の場合にはPKOミッションの地位に関する取り決め）が得られる見通しがあって初めて設立される。その見通しがない場合にはそもそも設立されることはなく、仮に設立されたとしても合意の基盤が脆弱《ぜいじゃく》な場合には派遣されているミッションがかなり困難な状況に置かれることになる。これについては、PKOを論じる第2章でも取り上げていくことになるであろう。

⑷　軍事組織の軍事力特有の目的以外での使用を想定していること

ここまで見てきたように、国際平和協力は軍事組織あるいはそれに準じる実力組織の動員を伴うのが通例である。それは、この活動が紛争管理を目的としているためである。

紛争が起きている典型的な状況では、当該国の政府以外に武装勢力が活動し、政府軍に対し、あるいは武装勢力同士での戦闘が行われている。こうした状況を収束させ、紛争が再発しない状況にもっていくために必要なことは多くあるが、欠かせないのは紛争を終結させた状態を監視しつつ、武装勢力や国軍の再編成を行っていくことである。そしてこうした活動に最適なのは、やはり軍事組織であろう。武力紛争が再発する可能性がある状況で活動するための訓練を受け、適した経験や装備を有しているのは軍事組織であるし、現地軍事力の再編成や改革支援を行ううえで軍事力をつかさどる組織が一定の役割を担うことも自然な想定である。

だが前項で述べたように、国際平和協力は敵が不在の活動である。国際平和協力に軍事力の動員が不可欠であるにせよ、動員される各国の軍事組織の視点から見ると、これはかなりユニークな状況である。というのも、何らかの敵の存在は、外敵からの防衛を主任務とする近代国家の軍事組織において大前提だからである。

国連事務総長（一九五三〜六一年）であり、国連ＰＫＯという活動の類型を作り上げた人物といってよいダグ・ハマーショルド（Dag Hammarskjöld）のものとされる発言に「平和維持は兵士の仕事ではないが、兵士のみが行うことができる」（*“Peacekeeping is not a job for soldiers, but only soldiers can do it”*）というものがある。この発言は、国際平和協力と軍事活動との間に存在するある種の緊張関係を見事に要約しているといえるであろう。

国際平和協力に軍事力が動員されることに伴う緊張関係は、本書で扱う諸活動においても随所に登場する中心的なテーマである。この緊張関係は、とりあえずは次のようなものとして理解することができる。

動員される軍事組織から見ると、国際平和協力で軍事組織の能力が必要とされることは理解できるものの、その活動は軍事力に本来期待されている機能ではないものとも映る。軍事力にいわば軍事力以外での使用を求めるこの要請は、国際平和協力が積極的に行われるようになった一九九〇年代にかけて盛んに提出されるようになった。

だがそれによって、国防が軍事組織にとって本来かつ最優先の役割でなくなったわけではもちろんない。そしてこの視点からすれば、国際平和協力への動員は、軍事組織の従来のあり方への疑義ととられかねないところがある。実際、国際平和協力にばかり従事することで軍隊本来の組織モラルや性質が崩れてしまうのではないか、という軍関係者の懸念はしばしば聞かれる。

図1-2　ダグ・ハマーショルド
出所：National Archives of the Netherlands

他方、国際平和協力に関与する軍事組織以外の要員や組織は軍事組織に対し、国際平和協力という活動領域であっても、軍事組織は軍事力固有のやり方や態度を押し付けようとするのではないか、という疑念を持っている。軍事組織が同じ枠組みのなかで活動することで、自分たちの活動が影響を受けるのではないかというこの懸念もまた、人道支援に従事する関係者などからこれまでにも広く聞かれてきた。この緊張関係には、平和をもたらすために軍事力を用いることの難しさが具体的なかたちで現れていると見ることもできるであろう。この点については、次項でも少し違う視点から取り上げる。

(5) 軍事部門・非軍事部門間の連携が常態であること

現代の国際平和協力を特徴づける最後の要素は、軍事部門と非軍事部門との連携が常態となっている点である。国際平和協力が、活動を実施する側での多国間協力、さらにはその支援を受ける側との協力により成り立っていることは、これまで述べてきたとおりである。このうち、（準）軍事組織と非軍事組織との連携（以下では民軍連携と記す）は前者、つまり活動実施側における協力の一部をなすが、国際平和協力を議論するうえで重要な論点であるため、ここでとくに取り上げて全体的な解説をしておきたい。

民軍連携が国際平和協力において重要なのは、それが①国際平和協力の実際の活動において常態化しており、かつ②連携が活動の成否に影響を与えるような問題性を含んでいるためである。

まずそもそもの話からすれば、国際平和協力は必ずしも民軍連携を必須とするわけではない。伝統的ＰＫＯと呼ばれるような、兵力引き離しや停戦監視を行うタイプのＰＫＯがそうであったように、ほぼ軍事組織の要員のみからなる活動が行われる可能性もあり、実際に行われてもいた（もっとも、軍事組織にとってはこの活動への従事自体が上掲したようなジレンマを伴うものではあったが）。また行政や司法部門への助言や開発援助、人道援助といった、文民が従来から行ってきた活動についても、軍事組織とは一線を画すかたちで行われてきたのが通例であった。

しかし、とくにポスト冷戦期に発生した地域紛争や内戦に対して国際平和協力が積極的に活用されるようになってくると、民軍それぞれの組織による活動の関係性にも変化が生まれてくる。それらの紛争の発生が当該国における統治（ガバナンス）能力の不在や崩壊を伴っており、したがって紛争管理には包括的なガバナンス支援が必要であると考えられるようになった。ここにおいて、軍事組織が国際平和協力として行ってきた紛争そのものの再発防止に関係する活動と、文民諸部門が行ってきた行政、司法、経済、社会などの分野における現地支援は連携しつつ一体として行われるべきものと考えられるようになったのである。

軍事組織による活動について付言すれば、軍事組織の側も直接的な紛争管理に加え、防衛や治安に関する現地組織の整理や改革のための支援をガバナンス向上への貢献として積極的に行うようになった。こうした動きの結果、民軍の活動は国際平和協力において「車の両輪」であるという認識は広く共有されるようになり、実際の活動においても両者のシナジーが追求されるようにもなった。

しかし、民軍連携がこうして国際平和協力においてある意味で新たなスタンダードになったとしても、そこに問題がないわけではない。その問題性の起源は、前項の最後に記した緊張関係にある。国際平和協力という活動は、軍事組織に「本来任務」以外の活動を求めるという意味での違和感を与えるものであることはそこでも記したが、文民組織との連携強化の要請は、そうした違和感をさらに強めることになる。他方、文民要員の側からも、国際平和協力分野での軍事組織の活動拡大は、同組織に対する上述したような疑念や懸念をさらに強める働きをする。民軍両部門が相互連携の必要性を認めつつも、それによって双方がジレンマを抱えるようになるのである。

本書の構成

以上の議論から、本書では国際平和協力を、紛争管理を目的とし、多角的および多層的な協力に依拠し、かつ軍事力の動員を通常は伴う活動として理解する。協力が多角的であるのは、各国政府や国際機関、市民社会さらには紛争当事者までを含むためであり、多層的であるのは政治的なレベルでの合意から活動を行う現地における活動調整や連携（民軍連携もここに含まれる）まで関係しているためである。紛争管理という目的に即した手段として通常は軍事力の動員を伴うが、協力に依拠するという性質上、その使い方には独特の制約がかかることも重要な特徴をなす。

次章からは、このように理解された国際平和協力という領域に含まれる活動として平和維持、平和構築、人道支援を取り上げ、それぞれの活動について見ていく。各章では、それら活動が国際平和協力としてどのような特徴を持っているのか、また活動のなかでどのような課題や議論を伴っているのかを紹介していく。ただし、本書の目的から意識したいのは、これら活動がどのように相互に連関しあっているのか、そしてその連関が国際平和協力という活動全体について何を示唆するのか、という点である。この考察は、本章冒頭に記した問題意識である国際平和協力と国際環境との関係に関する示唆も含むであろう。

なお、紛争管理に関連して国際社会が取り組んできた非軍事的分野の協力活動（たとえば文化交流、開発支援、外交努力など）、あるいは逆に、紛争管理に関連する軍事活動でありながら協力的なアプローチをとらない活動（懲罰的な軍事介入）は、本書では中心的な検討テーマとして取り上げていない。ここまで議論してきたことから明らかであろうが、国際平和協力をめぐる議論における論点の多くは、軍事力が国際社会による協力的な紛争管理の一部をなすかたちで用いられるようになったことにおおむね由来しているといってよく、本書の紙幅の大部分もこの点の考察に割かれている。非軍事的な国際協力活動や懲罰的な軍事介入の問題については、その視点から、関連する各章の議論のなかで可能な範囲で触れていくことにしたい。

第2章　平和維持

ＰＫＯは、国際平和協力において中心的な位置を占めている。国際平和協力がポスト冷戦期において積極的に行われ、現在のような多様な形態をなすようになったことと、ＰＫＯの同時期における目まぐるしい変化と拡張はかなりの程度パラレルに進行してきた。実際のところ、次章以降で取り上げる他の活動も、ＰＫＯミッションの拡大や変化を通じて登場してきた、という側面が強い。つまりポスト冷戦期における平和維持は、国際平和協力をなすほかの諸活動の変化を触発する、あるいはその変化をいち早く反映する媒介のような役割を果たしてきたといえる。その意味で、ＰＫＯという活動の概要を理解しておくことがまず重要である。

本章では、第1章で述べた国際平和協力の定義の視点からＰＫＯをとらえたうえで、その活動の意義や課題を考えていくことにしたい。

1　紛争管理と平和維持——戦間期から冷戦期まで

ＰＫＯは紛争が一応の終焉《しゅうえん》を見せた段階で開始される活動であり、その具体的な機能は、①停戦状態の維持から、②停戦後の包括的和平プロセスに対する支援までを含むものへと拡大してきた。ＰＫＯの議論でしばしば言及される「伝統型」ミッションと「複合型」ミッションの区別についていえば、前者が①、後者が②にあたる。また、しばしばＰＫＯの歴史的変化は実施形態の「世代論」として論じられることがあるが、そこで触れられる「第一世代」ＰＫＯは①に、「第二世代」以降のＰＫＯは②におおむね合致するととりあえずは理解することができる。

平和維持の機能が一般的にはそのようなものであるとして、それらの機能がどのようにして実践されてきたのかは、国際政治の構造や紛争の主要形態によって変遷してきた。ここでＰＫＯの歴史全体を振り返る余裕はないが、以下で戦間期、冷戦期、そして冷戦終焉から現在に至る時期に大まかに分けてスケッチしておこう。

第一次世界大戦後　周知のとおり、平和維持が継続的に実施され、またそれを通じて一定の制度化がなされてきたのは国連においてであるが、国連以前の時代にもその先駆けをなす活動例は存在した。

第一次世界大戦後の欧州では、戦後処理の一環として、国境に位置する地域住民の帰属問題を解決するための住民投票が、敗戦国であるドイツ、オーストリアの周辺に位置する複数の都市や地域で行われた。投票に至るまでの期間における行政や暫定統治は、講和条約であるヴェルサイユ条約や国際連盟の決定などを根拠に設置された国際委員会に託されたが、同委員会を治安面で補佐することを目的として部隊や軍事連絡要員が派遣されたのである。それらのうち、シュレスヴィヒ（ドイツ・デンマーク国境、一九二〇年）、上シレジア（ドイツ・ポーランド国境、一九二〇〜二二年）、ザール地方（ドイツ・フランス国境、一九三四〜三五年）では、派遣部隊の規模はピーク時で三千名から一万を超える規模になった。これに加え、ダンツィヒ（ポーランド・ドイツ間、一九二〇年）やレティシア（コロンビア・ペルー間、一九三三〜三四年）の領有問題を調停する取り組みの一環として国際連盟により行われた暫定統治においても、治安維持のための国際部隊が展開している。

前述したPKOの二機能に関連して言えば、住民投票の実施や暫定統治といった役割は、明らかに停戦状態の維持（①）を超えている活動である。むしろ、これらの活動は約八〇年後に東ティモールやコソボで見られることになるPKOの姿を彷彿《ほうふつ》とさせる。

ただし、近年のPKOミッションと戦間期PKOには大きな文脈上の違いがある。コソボや東ティモールでの紛争はともに一国家内の地域による分離独立をめぐって生じた国内紛争であったが、戦間期PKOは大規模な国家間紛争の終結を受け、その最終的な結果を確定させる取り組みのなかで計画された。端的に言えば、戦間期PKOが果たした主な役割は国家間紛争、とりわけ第一次世界大戦の主戦場であった欧州における戦後処理を促進することであり、それによって戦後の国際秩序を安定させることであったといえる。

第二次世界大戦後から冷戦期

(1) 冷戦の発生とPKO

こうした戦間期の活動の記憶や経験は、国連により設置された最初のPKOミッションである国連休戦監視機構（UNTSO）が計画される際にも認識されていたという（Norrie MacQueen, *Peacekeeping and the International System*）。UNTSOは第一次中東戦争（一九四八〜四九年）の休戦協定を監視する目的で設置された（一九四八年五月二九日、決議第五〇号）。実際、UNTSO以降冷戦の終焉までの時期において主流を占めたのも、国家間紛争の戦後処理としての平和維持というモデルであった。しかし、そこで主に実践されていたのは、住民投票や暫定統治といった包括的・積極的役割（本節の冒頭で示した②の役割）ではなく、兵力の引き離し、停戦ラインや緩衝地帯の管理などを中心とした、より消極的・限定的な諸任務（①）であった。

そうであった理由は、第二次世界大戦後の世界が冷戦という、国際関係史においてもかなり特異な構造を持つようになったためである。

戦間期のPKOが国家間紛争の終結を受けた取り決めの実施を担保し、少なくともその時点では主要国間が合意した新たな国際秩序を創出することに貢献したとすれば、冷戦期のＰＫＯは国際秩序そのものをめぐり東西陣営が熾烈《しれつ》かつ継続的に競争している状況のなかで、その緊張関係が現実の紛争――しかもその紛争は核戦力を伴う可能性すらある――へと転化することを防ぐ役割を担った。新たな秩序の創出ではなく、局地的紛争に潜む大規模戦争への「導火線」を切ることに活動の要諦がある以上、ＰＫＯの役割はこの目的に限定されたものとなる。しかも、ＰＫＯミッション自体が東西陣営のどちらかに利することも同時に回避しなければならない。停戦監視型のＰＫＯが冷戦期に多用された理由の一つは、ある国や地域へと積極的に介入する性格のミッションのほうが政治的に偏っているとの批判を招きやすかったためである。

また、この時期のＰＫＯミッションが主に対象とした紛争の多くは両陣営勢力圏の間で発生し、米ソ両国が直接関与しているわけではないものの、地政的には重要な意味を持つものであった（納家政嗣『国際紛争と予防外交』）。これは逆に言うと、両陣営の「内部」（たとえばソ連にとっての東欧、あるいは米国にとっての中米諸国）で発生する紛争、あるいは米ソが直接的に介入している紛争や危機（アフガニスタン、ヴェトナム、キューバなど）にはＰＫＯは適用できないことを意味した。

この関連でさらに言えば、この時期のＰＫＯには、国連安保理常任理事国である五ヵ国（米国、ソ連、英国、フランス、中国。常任を意味する“Permanent”の頭文字をとってP5とも呼ばれる）は部隊を提供しない、という原則も存在していた。前述した戦間期のＰＫＯが英仏など欧州の主要国からの貢献を中心としていたのとは対照的であるが、この原則にも冷戦期特有の事情――東西陣営の主要国のどちらかが参加すれば、他方からは勢力圏拡大のための軍事介入ととられかねない――が存在していた。冷戦の一つの重要な特徴は戦略的安定に関する敵対勢力間の利害一致であるが、冷戦期PKOはこの利害一致に強く拘束されつつ、同時に支えられてもいたのである。

(2) 主な冷戦期PKO

この時期の国連PKOについて、もう少し具体的に振り返ることにしよう。国連創設から一九八〇年代に至る期間に設置された国連PKOミッションは一八あるが、「伝統的」諸任務をメインとしていたのはそのうち一五あった。このなかには、軍事監視要員ではなく軍事部隊が展開した初めての国連ミッションである第一次国連緊急軍(UNEF I、一九五六～六七年)も含まれている。

UNEF Iはエジプトによるスエズ運河国有化に端を発する第二次中東戦争(一九五六～五七年)を受けてのものであったが、同ミッションが担ったのも英仏イスラエル軍のエジプトからの撤退と停戦監視であった。安保理常任理事国である英仏が当事者であったことから、UNEF Iは「平和のための結集」決議の手続きに従い、安保理ではなく総会決議に基づいて設置された。この決議(総会決議第三七七号、一九五〇年十一月三日)は、拒否権の行使により安保理が機能しない場合、国際社会の平和と安全に関する決定を国連総会が行うことができることを定めたものであった。

このルートを通じた事態の妥結が可能となったのは、ソ連に近かったガマル・アブドゥル＝ナセル(Gamal Abdel Nasser)政権下のエジプトと、アメリカの有力な同盟国であった英仏イスラエルとが交戦するという事態を米ソ両国自身が重く見たためである。UNEF Iの設置がPKOの原則

図2-1　ONUCで使用されていた装輪装甲車
出所：Military Archives of Sweden

を抽出する重要な契機となったこともあり（後述）、同ミッションは冷戦期PKOを代表する実践例となった。

他方、より積極的な任務を付与されたのは国連暫定統治機構／西イリアン国連保安隊（UNTEA／UNSF、一九六二〜六三年）、コンゴ国連軍（ONUC、一九六〇〜六四年）、国連ナミビア独立支援グループ（UNTAG、一九八九〜九〇年）である。このうち、UNTAGはすでに冷戦が終わりつつある国際動向のなかで可能となったミッションであるため、以下ではONUCについて触れておきたい。

まずコンゴ動乱（一九六〇〜六五年）に際して設置されたONUCは、かなり軍事的な色彩の濃いミッションであった。ONUCはピーク時で約二万名を数える大規模な部隊展開を伴い、しかもそれら部隊が現地武装勢力（主にカタンガ地方の外国人傭兵）を掃討する作戦に従事した。

だがこの紛争に対して果たした役割そのものに着目すると、実はＯＮＵＣもＵＮＥＦ Ｉなどと同様に大規模紛争への「導火線」を切ることにその本質的な目的があったことがわかる。スエズ危機と異なり、コンゴ動乱の場合には米ソ両国が異なる現地勢力に対し軍事・政治的な支援と介入を行っていた。ＯＮＵＣが内戦を止めるべく強い軍事的な任務を実施したこと、また当時の安保理メンバーがそれを認めたことには、そうせざるを得ない段階にまで紛争が急激に悪化しつつあり、そのことが東西対立にもたらす危険性も広く認識されていたためであった。

他方で、ＯＮＵＣの活動がＰＫＯとしては過度に軍事的であることへの懸念は当時から強く存在しており、それが将来的なモデルとならないようにとの配慮は、その後のＰＫＯの設置方針に強い影響を与えた。ＯＮＵＣは状況からやむを得ない、しかし今後は避けることが望ましい先例として作用したのである。

オランダ領であった西イリアン（ニューギニア島西部）の領有をめぐるインドネシア・オランダ間の紛争を管理すべく設立されたＵＮＴＥＡ／ＵＮＳＦの特徴は、言うまでもなく暫定統治を行ったことである。米国による調停の結果合意されたインドネシアへの移管に先立ち、一定期間領域統治を行ったのがＵＮＴＥＡであり、ＵＮＳＦはその一部として現地の治安維持および停戦監視を行った。

西イリアンの併合を主張するインドネシアは当時、非同盟主義の雄として発言力を高めつつあり、米ソ両国としてもこの問題の対応を自陣営の影響圏確保の観点からとらえていたところがあるものの（米国が国連とともにこの問題の仲介に乗り出したのも、インドネシアのさらなるソ連接近を警戒したためであるとされる）、西イリアン問題がコンゴのように東西の代理戦争の様相を強く呈していたわけではなかった。このミッションが暫定統治というかたちをとったことについても、領土の移管という問題の所要から出てきたものといえるであろう。

とはいえ、その後冷戦期にＵＮＴＥＡ／ＵＮＳＦに似たタイプのＰＫＯが組織されることはなかった。もちろん、暫定統治はすでに見た戦間期ＰＫＯでも、また冷戦後のＰＫＯでも見られることになる任務ではあり、明らかにＰＫＯが担いうる任務のレパートリーとして一貫して存在している。だが、広範な業務や強い行政上の権限、またそれに見合う資源が必要となる暫定統治は、頻繁に実施できる類のミッションではそもそもない。実際、脱植民地化がピークであった一九五〇年代から六〇年代においてＰＫＯによる暫定統治が活用されたのは西イリアンの事例だけであった。次項で述べるように、ＰＫＯが積極的かつ広く活用されるようになるポスト冷戦期になると、少なくとも四つの国・地域（カンボジア、東ティモール、コソボ、クロアチア）で暫定統治が行われるが、これもその期間中に設置された国連ＰＫＯミッション総数（一九九〇～二〇二一年で五三）からすればごく一部に過ぎない。そう考えてみると、暫定統治はＰＫＯが担う任務形態の一つではあるものの、その典型的な形態にはなりにくいように思われる。

2　紛争管理と平和維持――ポスト冷戦期の変化

本章のここまでの議論で明らかなのは、国際秩序とPKOの役割とがいかに連関しているか、ということである。その点を少し整理しつつ、冷戦が終わった後のPKOの役割を考えてみたい。

冷戦の終焉が意味するもの

やや図式的になるが、ポイントをまとめたのが表2－1である。戦間期PKOは第一次世界大戦に基づく新たな秩序を創出し維持する役割を担い、このため新秩序の安定に利害を有する主要国（主に戦勝国）も自国の部隊を提供していた。これに対し、冷戦期PKOが前提としたのは二つの勢力圏によって分断された国際秩序であり、その分断が世界的な紛争を招かないように防止することがPKOの役割であった。冷戦構造を主導する大国がPKOに参加しないというコンセンサスも、この役割の変化から導き出され

表2-1　PKOの役割と国際秩序

	戦間期	冷戦期	冷戦後
主な紛争形態	国家間紛争	国家間紛争	国内紛争
主な機能	戦後秩序の促進	冷戦激化の抑止	局地的紛争の解決
国際秩序との関係	直接的	直接的	間接的
展開地域	主に欧州	世界：影響圏の境界地域中心	世界
主要国の参加	参加	不参加	参加

出所：筆者作成。

るものであった。

では、冷戦構造の消滅はその後のＰＫＯにどのような影響を与えたのであろうか。出発点としては次の二点を挙げることができる。

まず冷戦の終結は、冷戦期のＰＫＯが持っていた目的そのものを消滅させることになった。世界各地の紛争が東西の「代理戦争」でなくなったのであれば、それらに潜在していた（と思われた）大規模な紛争への導火線も存在しなくなるのである。そうなると冷戦の終焉がＰＫＯの停滞や消滅につながってもおかしくはなかったのだが、実際冷戦後に起きたのはＰＫＯのかつてない積極的な活用と拡大であった。

そして、そうなったことの理由（これが第二点であるが）もまた、冷戦の終焉に由来する。すなわち、冷戦という、イデオロギーから軍事、経済、文化までを含む包括的なかつ長期的な競争の構造が大規模紛争を経ずに解消したこと自体が、その後の国際関係に前向きな展望を与えたのである。構造的な対立から解放された大国同士が「新たな国際秩序」の形成に向けて積極的に協力できるであろうという希望的観測が、とくに冷戦終焉直後は積極的に語られることになった。

ＰＫＯは、こうした文脈のなかで新たな紛争管理の役割を与えられることになった。冷戦は世界戦争に結果することなく終わったものの、紛争そのものが世界からなくなったわけではもちろんなかった。とりわけポスト冷戦期に目立つようになったのは国家間紛争ではなく国内紛争であった。

国内紛争が増加したことには複合的な理由があり一概には言えないところがあるが、東西両陣営からの軍事支援が途絶えたことや社会主義体制からの移行に伴う不安定化といった、この時期特有の要素も関係していたとされる。

ただ、どのような由来によるものであれ、それら紛争が冷戦期に生じていれば持っていたであろう国際秩序に対する明確な意味合いは、ポスト冷戦期には生じ得なくなった。各地で起きる紛争は、いわば個別の紛争のまま国際社会に認識されるようになった。

PKOへの新たな期待

国内紛争がかくして「局地的」なままなのであれば、その解決も当事者のみに委ねられて終わる可能性もあったわけであるが、その可能性を埋める以上の役割を果たしたのも、やはり冷戦終焉後の国際協力に対する積極性と楽観主義であった。

もっとも、そうした積極性は一貫していたわけではなく、国や時期によって波があった。冷戦直後の楽観主義には「平和の配当」、すなわち冷戦後の脅威低下を受けた軍事力削減をめぐる議論（同様の議論は開発援助に関してもあった）を生む側面もあり、さらにPKOミッションの維持にかかる負担感は次第に各国の間に疲労感を生んだ。だが、そうした幾多の波はありながらも、ポスト冷戦期のPKOは大国間にある国際協力に対する積極姿勢に支えられ、それを紛争管理の分野で実現する有力な実践的手段として活用され続けてきたのである。

紛争に対するアプローチも、冷戦期までとは異なっている。ポスト冷戦期の紛争はもはや潜在的な「代理戦争」ではなく、固有の経緯や被害状況を持つ個別の紛争そのものである。冷戦期にあった、局地的な紛争を国際化させないという考え方に制限されることはなくなるため、ＰＫＯの目的は当該紛争の解決に向けた包括的な取り組みとなる。また、ＰＫＯミッションが政治的に偏向しているという批難も冷戦後には相対的に生まれにくくなるため、Ｐ５など大国の参加も可能となる。さらに冷戦構造の消滅とともにそれまであった勢力圏の認識も弱まるため、冷戦後ＰＫＯはより広い地理的範囲をカバーするようになった。

世界各地で発生する紛争に対し、大国も参加しながらその解決を目指すのが新たな時代のＰＫＯに期待された機能であった。だが、国際秩序との関係となると、冷戦後ＰＫＯの意義はぼやけた、間接的なものになる。

まず、解決すべき紛争が「局地的」なものであれば、その解決が国際秩序に与える影響も局地的なものにとどまる。それに加え、冷戦後の国際秩序自体のあいまいさも指摘しなければならない。紛争管理を含めたさまざまな分野での国際協力を通じて作られる国際関係は、大国間のそれを含む国際協調に依拠した秩序であるとは言いうるのかもしれない。しかし、その具体的なかたちは目まぐるしく流動してきた。我々が冷戦後の時代をいまだに冷戦「後」という表現でしか言い得ていないことにも、それは端的に現れている。やや思い切った言い方をすると、冷戦後のＰＫＯは国際協調に基づく紛争管理能力供給への意思に動かされてきたのであり、国際秩序認識に基づく需要（要請）に由来する活動ではなかったのかもしれない。

さて、このように記すと、冷戦後ＰＫＯの背景にある、ある種の脆弱性《ぜいじゃく》が明らかになる。その脆弱性は、①国際協調という機運が衰えたとき、そして②国際秩序をめぐる抗争が起きたときに露呈する。言うまでもなく、両方は密接に関連している。「国際協調に基づく国際秩序への志向」は、PKOに限らず本書で扱う国際平和協力全般に当てはまる背景であるため、それがどのように変化するのかという点は本書のなかでもたびたび触れることになるであろうが、ここではポイントの抽出だけにとどめておく。冷戦後PKOの特徴に戻ることにしよう。

冷戦後ＰＫＯの役割

冷戦後PKOは世界各地で多発している国内紛争について、その解決までを包括的に支援する機能を期待されてきた。第1節の冒頭で、PKOの機能が停戦状態の維持（①）から停戦後の包括的和平プロセスに対する支援（②）に拡大したと述べたが、それは冷戦期から冷戦後に至るこの変化を指している。

②の機能を持つPKOは、多機能（multidimensional）あるいは複合型（complex）PKOと呼ばれている。冷戦が終わりつつある時期（一九八九年二月設立）に設置され、ナミビアで停戦監視に加え選挙支援なども行ったUNTAGはその先駆けと位置づけられるが、それ以外の多くの活動を冷戦後のPKOは担ってきた。網羅的にそれをまとめてみたのが表2－2である。

この表について、いくつか補足説明をしておきたい。

第一に、任務の多様性を示すために分けているが、これらの任務はお互いに重なり合っているところがある。たとえば和平合意には選挙の実施が含まれることが通常であり、選挙監視や支援は和平プロセスへの支援・監視に重なっている。難民や国内避難民の支援は人道援助の側面もあり、法の支配確立に向けた司法機関への助言は行政組織への助言の一部をなしている。すでに触れた暫定統治は他に掲げている活動のほとんどを含んでいる。

もちろん、すべての多機能ミッションがこれらすべての任務を付与されるわけではなく、具体的な状況分析に基づいて個別ミッションの任務内容が決められている（ちなみに、個別ミッションの活動内容として正式に与えられた諸任務のことを「マンデート」という）。ここに示しているのは、それらを全体として見た場合どのような活動のレパートリーがあるのか、

表 2 - 2　冷戦後PKOの諸任務

ミッションにおける兵站、訓練	政務（政治プロセスに対する助言、支援、調停）	国連要員（PKO要員以外を含む）、設備保護
広報	抑止諸活動（緩衝地帯管理、兵力引き離し、武器回収など）	公共秩序、治安確保（スポイラー対処、擾乱対応）
停戦合意の履行監視	地雷対応	法の支配（司法制度）の確立・改革への支援
開発援助（活動の調整、インフラ整備支援）	国民対話・和解の促進	武装解除・動員解除・社会復帰（DDR）
選挙支援・監視、民主化促進	和平合意・プロセス履行監視、支援	治安部門改革（SSR）
人権促進・保護	難民・国内避難民保護、帰還支援	政府行政への助言、支援
人道援助活動への支援	文民保護（PoC）	暫定統治、領域統治
予防展開		武装勢力の平定

出所：Jake Sherman and Benjamin Tortolani, "Implications of Peacebuilding and Statebuilding in United Nations Mandates," in: New York University Center on International Cooperation, "Robust Peacekeeping: Politics of Force," December 2009, p. 15; 国連PKOマンデート等より筆者作成。

ということである。

第二に、表に含まれている任務のうち、多機能PKOとして含まれるようになったものはグレーに着色している。着色されていない五つの活動（表の左上）のうち、PKOが現地に展開するうえで必要な二分野（兵站《へいたん》・訓練と広報）以外の三つはいわゆる伝統的任務（上掲①）である。多機能PKOはこれら五分野に加えて――念のため付言するが、伝統型PKOの諸任務は多機能PKOにおいて消えるわけではなく、重要な業務のまま残っている――新たな任務をカバーするわけであるが、いかにその活動分野が多岐にわたるかがこの表からわかるであろう。

実は、多機能PKOとして含まれるようになった諸活動は、次章で扱う平和構築の活動とほぼそのまま重なり合う。もっとも、平和構築といわれる活動の全行程を多機能PKOミッションが実施するわけではなく、PKOはその初期段階に貢献する役割を果たすのである。平和構築については次章で取り上げていくが、ここでは、PKOの多機能化は「平和構築化」でもある、という点を押さえておきたい。

第三に、表の最下部には二つの活動「予防展開」と「武装勢力の平定」が挙げられている。これらは、冷戦後PKOに任務として含まれたことがあるものの、例外的な扱いを受けている活動である。まず予防展開についてはマケドニアの例（国連予防展開軍：UNPREDEP、一九九五～九九年）を数えるのみであるが、紛争管理の観点からは重要な意義がある活動実績であると見られている。武装勢力の平定は、国連コンゴ安定化ミッション（MONUSCO）で明示的に付与された任務である。現地治安の安定に一定の寄与をなしたと評価されるものの、敵対勢力に対する軍事力の行使を明示的に認めるこの任務は、国際平和協力として見た場合多くの問題を投げかけるものでもあった。これについては、本章の後半で取り上げていく。

第四に、冷戦後ＰＫＯによる諸活動をこのように見ていくと、次章以降で取り上げていく国際平和協力活動が明示的に、あるいはそこから派生するものとして含まれていることが確認できる。平和構築が平和維持の主流形態と広く重なり合っていることはすでに述べた。人道支援に関連した業務も多機能ＰＫＯにおける任務としてはかなりの頻度で含まれている。諸分野をまたぐ包括的な支援を行うことで、世界各地の紛争解決を行うのが冷戦後のＰＫＯの姿である。

以下では、この冷戦後ＰＫＯを前提として議論を進めていくことにする。

3　ＰＫＯにおける協力と連携

ＰＫＯミッションができるまで

前章でも触れたように、ＰＫＯミッションが設立され、実際に活動が成功裡に行われるためには、さまざまなアクターによる協力が不可欠である。ここではそれをＰＫＯミッションが成立するために必要なものと、冷戦後ＰＫＯの性格からその重要性が認識されるようになってきたものに分けて整理する。

図2-2　審議を行う国連安全保障理事会（2014年）
出所：U.S. State Department

(1)　派遣の決定と資源の確保

まずPKOミッションが成立するために不可欠な協力であるが、大きく言ってこれには①派遣を正式に決定する手続きにおける協力、②ミッションに対する部隊や要員派遣への協力、③財源の提供における協力、そして④派遣を受けるホスト国側の合意・支持がある。

まず、意思決定における協力である。PKOミッションは国連あるいは地域機構の正式な意思決定を経て設置される。それが国連であれば安保理であり、欧州連合（EU）であればEU理事会、アフリカ連合（AU）であれば平和・安全保障理事会（PSC）といった組織がその枠組みとなる。もちろん、これらの枠組みは文字どおり枠組みに過ぎず、実際に派遣を決めるのは理事となっている各国政府である。そのなかで、PKOミッションの設置の話がその組織に持ち込まれるにはいろ

図2-3　パトロールをするMONUSCOインド隊（2015年）
出所：MONUSCO/Abel Kavanagh

いろな流れがありうるが、いずれにせよその枠組みのなかでイニシアティブをとり、他国を説得し、意思決定のための文書を起案し採択に回す国がなければ物事は動いていかない。

国連ＰＫＯの場合、常任理事国でもある米英仏が議論を主導することが多いと言われ、「ペンホルダー」（安保理決議を起案する国）もこれらの国が務めることが多い。こうした国は議題設定を通じても影響力を行使するわけであるが、彼らのみでＰＫＯ設置を決められるわけではもちろんない。他のメンバー国がこうした国の働きかけに合意（少なくとも黙認）し、手続き上必要となる票数を獲得する必要がある。

だが意思決定に必要な投票数を確保するだけでも、実際のミッションは成り立たない。派遣が決まった場合、その要員・装備や財源が捻出されねばならないが、そのためにはメンバー国からの幅広い協力が必要となる。このうち、要員や装備はその協力意思がある国からの提供に依存している。

ある地域にＰＫＯが派遣されることになったとして、その派遣への協力にどのような必要性や意義を認めるかは国により異なるので、結果として要員の派遣状況はミッションごとに大幅に異なっている。しかし、PKOミッションに要員を派遣することは最も「目に見える」貢献であるため、比較的継続して要員や部隊を提供し続けている国は存在している。国連PKOであれば南アジア（インド、パキスタン、ネパール、バングラデシュ）やアフリカ（ルワンダ、エチオピアなど）の国が多く、EUであればフランスがミッションの設置だけでなく部隊派遣でも主導することが多かった。

ちなみに、国連、EU、AUにはPKO等のミッションを迅速に組織するための「待機制度」が一九九〇年代以降整備されてきたが、派遣需要が生じたときに同制度に登録した国の要員や装備が自動的に派遣されるわけではなく、やはりその都度の各国政府による合意が必要である。

さて、要員や装備の提供がこうして一部メンバー国の自発的な提供に依存しているのに対して、財源の提供については原則的にメンバー国全員からある程度義務的に徴収することが可能となっている。国連やEUではPKOにかかわる経費は組織の通常予算に準じたかたちで支払う額が定められ、メンバー国はそれに基づいて拠出している（国連PKOの場合、このかたちに落ち着くまでにはさまざまな曲折があったが、それはここでは触れない）。AUミッションの場合には欧州など域外からの資金援助に頼る部分が依然として多いものの、域内からのより安定的な財源確保を模索する検討が進んでいる。要員・装備に比べれば、全メンバーからのルールに沿った徴収が一応の実現を見ているわけである。

とはいえ、こうした経費分担の仕方自体を決めているのも結局のところメンバー国政府であり、自発的な協力の要素はやはり残っている。組織のメンバー全員からの拠出を原則としている点を踏まえると、財源の協力は要員・装備以上に広い協力に依拠しているといえる。

(2) ホスト国との協力

もう一つこの段階で忘れてならないのは、ミッションを受け入れる国からの協力である。これには、狭い意味と広い意味がある。

まず、PKOミッションが立ち上げられる段階で必要となるのは、当該国政府からの合意である。PKOミッションが活動をするにあたっては、ホスト国の政府と派遣する組織との間でその地位に関する協定(SOMAあるいはSOFAと呼ばれる)が結ばれるのが通例であり、その目的は派遣に対して正式な合意を得ることにある。活動が開始された後も現地当局からの協力姿勢が継続していることが、任務の効果的履行や派遣要員の安全を確保するうえで不可欠であることは言うまでもない。

もちろん、現実にはこの合意を維持するのが難しい場合がある。たとえば、ホスト国政府が実際には限られた地域にしか統治を及ぼせていない状態や、ホスト国という地位を逆手にとって活動を有利に操作しようとする場合がある。一九八〇年代末から内戦が続き、暫定政府が成立した場合でも国内の一部地域しか掌握できない状態が続いているソマリアの場合は前者の典型である。ダルフール国連・AU合同ミッション(UNAMID、二〇〇七~二〇年)の設置に際しては、現地政府がその派遣に合意する代わりにさまざまな条件を主張し、部隊編成などに露骨な介入を行ったが、これなどは後者の例に当たる。こうした事例は、ホスト国との協力が自明でも簡単なものでもないことを示しているが、だからといってホスト国政府の合意が不要ということにはならない。

ホスト国からの協力のもう一つの重要な側面は、現地社会やその住民からの支持である。こうした支持は、ミッション設置の段階よりは実際に活動が現地で始められた後の段階で重要となってくる。たとえば現地の社会構造や慣習などに関する住民からの生きた情報は、平和維持を通じて実施される具体的な方策が無駄になったり軋轢《あつれき》を生んだりしないために必要であるし、治安に関して寄せられる情報は現地住民の保護やＰＫＯ要員の安全確保に役立つ。

現地社会と展開するミッションの部隊や要員との関係は、当該国の政治状況全体に影響されるところも大きいが、現地社会との関係を良好に立ち上げ、現地住民からの信頼を獲得するための取り組みは継続的に行っていく必要がある。ＰＫＯ部隊として各国から参加している部隊が交流イベントを盛んに行うのもその一環であるし、ＰＫＯ要員による性的搾取や伝染病の蔓延《まんえん》といった事案が問題となるのもこうした文脈があるためである（前者は残念ながらしばしば報道され、繰り返し問題となっている。後者ではハイチに展開したＰＫＯ要員からコレラが発生した事案があり、その教訓から二〇二〇年の新型コロナウイルスの発生に際しては各地のミッションで部隊交代が一時延期された）。とはいえ、現地の信頼を得るうえで最も重要なのが託された任務の効果的な履行であることは言うまでもないであろう。

ＰＫＯを支える多角的な協力

さて、ここまではＰＫＯミッションが成立するために必要な、いわば内在的な協力の要素を概観したが、第二のレベルは、ＰＫＯ

の活動をめぐって生じる他の協力の要素である。

本章のここまでの議論からも明らかなように、現代のＰＫＯは多機能化し、しかも国連以外にもＰＫＯを組織する主体が登場するようになっている。こうしたＰＫＯの実施形態の変化のなかで、新たな協力のかたちが見られるようになってきた。これには主にＰＫＯミッション同士の間で発生する協力と、ＰＫＯミッションと活動上の接点を持つようになった国際機関やＮＧＯなどとの協力関係がある。

(1) ＰＫＯミッション間の協力

前者は、同じ地域に異なる任務や能力をもって展開しているＰＫＯミッションによる協力のことを指す。こうした協力は、地域機構や多国籍軍がＰＫＯを行うようになった一九九〇年代以降に急速に増えるようになった。協力の形態には、①治安維持のため軍事力主体の部隊が展開した後により包括的なミッションが展開するもの（継時展開型）、②同時に分業しながら展開するもの（連携分業型）、③急激な治安悪化への対応支援のために軍事力主体の部隊が新たに派遣されるもの（戦略予備型）、そして④異なる組織が最初から統合された部隊を展開するもの（ハイブリッド型）がある。

最も広く見られるのは継時展開型（①）であるが、その他の事例も少ないながら見出すことができる。東ティモールを例にとると、一九九九年の住民投票と二〇〇六年の擾乱の際に多国籍軍と国連ＰＫＯミッションが展開したが、ともに治安維持を目的とする多国籍軍の展開が先行し、その後に国連ミッションが活動を開始するというかたちをとっている。これらはしたがって継時展開型の例であるといえるが、とくに二〇〇六年の場合、国際治安部隊（ISF）と国連東ティモール統合ミッション（UNMIT）は二〇一二年まで分業しながら同時に活動しており、その意味では連携分業型（②）と見ることもできる。コソボでは、北大西洋条約機構（NATO）と国連コソボ暫定行政ミッション（UNMIK）が同じ安保理決議に基づいて設置され、分業しながら活動してきた。コンゴ民主共和国東部の情勢悪化に際してEUが短期間軍事ミッションを派遣した例（二〇〇三年）は戦略予備型（③）の例である（なお、コンゴ民主共和国は地理的には冷戦期PKOであるONUCが展開したのと同じ国であり、「ザイール」への名称変更を経て一九九七年から現在の国名となっている。「コンゴ」の名前を冠する国は現在二ヵ国あるため、以下ではコンゴ（民）と記す）。最後に、前述したUNAMIDはハイブリッド型協力（④）のケースにあたる。

多国籍軍や地域PKOミッションは任務の幅や活動期間が限られていることが多いものの、そこで提供される能力（とくに軍事力）はいずれも当該紛争の鎮静化に重要な貢献をしてきた。今後も国連以外のアクターによる活動が定番化していけば、こうしたミッション間の協力とそれを契機とした国連とそれ以外のPKO組織主体との連携が進んでいくのかもしれない。

⑵ 国際機関、NGO等との協力

多角的な協力のもう一つの側面は、同じ地域の紛争管理に従事する国連機関や国際機構・地域機構、あるいは紛争後の復興支援を行っている現地団体、各国の政府機関、国際NGOとの協力である。これにも、いろいろな規模やかたちがある。たとえばコソボの暫定統治（一九九九年〜）は当初四つの層（pillar）に沿って計画されたが、それをリード組織として分担したのは国連（警察・司法および文民行政。ＵＮＭＩＫもここに含まれる）、ＥＵ（復興・経済開発）、欧州安全保障協力機構（ＯＳＣＥ、民主化・制度構築）という三つの国際機構であった（なお、これはあくまで当初のデザインであり、その後の現地情勢や各機関の政策により体制はかなり変わってきている）。

また、これほど大がかりでなくとも、ＰＫＯミッションとその展開地域で活動しているＮＧＯなどとの間では情報共有や活動調整がしばしば行われており、時にはＰＫＯミッションと活動自体を協力して行うこともある。国連南スーダンミッション（ＵＮＭＩＳＳ）の一部として自衛隊の部隊が派遣されていた頃、国際協力機構（ＪＩＣＡ）と協力してジュバ市の浄水施設改修やコミュニティー道路の整備等を行ったことがあった。日本の視点から見るとこれは日本の国際平和協力の連携例となるが、国際的な視点から見ると、これも小規模ながらＰＫＯミッションと政府機関との直接的な連携例ということになるであろう。

もちろん、ＰＫＯとそれ以外のアクターとのこうした協力が以前から全く存在しなかったわけではない。だが、これら組織が行う活動内容と重なる任務を多機能ＰＫＯミッションが担うようになったことで、こうした協力が可能であり、必要でもあると認識されるようになったのである。

本節では、ＰＫＯミッションが成立し活動を行うなかで生じる協力の様相を見てきた。こうして見ると、ＰＫＯを支える協力がいかに重厚なものであるかということがわかる。その大きな理由は、ＰＫＯが要員・装備・財源を伴う派遣団（ミッション）という物理的なかたちをとることにある。

これに対し平和構築や人道支援など、次章以降で扱う他の国際平和協力の方はさまざまな組織や団体によって実施されており、PKOミッションのように組織的な、目に見える大きな「まとまり」をなすわけではない。もともとは各国などに分散して存在している資源をこのように組織化し、それを運営していくためには、関係するアクターの側からの一定の強さをもつコミットメントが求められる。冷戦後PKOが同時期の国際平和協力で中心的な位置を占め、他の国際平和協力を牽引《けんいん》するような影響を持っているのも、PKOのこうした特徴にあるように思われる。

PKOにおける民軍連携

(1) 民軍連携とは何か

前節の最後で取り上げた、PKOミッションと外部の団体・組織との協力について、民軍連携の視点から考えてみたい。民軍連携は本書で掲げた国際平和協力の特徴の一つであるが、PKOにおいてそれは文民平和構築をつかさどる組織とPKOとして派遣されている軍事部隊との連携という姿で登場する。

前章で民軍連携について説明した際、包括的なガバナンス支援という枠組みのなかで文民、軍事両面での支援が一体的に考えられるようになったことに触れた。PKOが「平和構築化」したこともその一つの帰結ではあるが、伝統的に軍事部門を中心に組織が組み立てられてきたPKOにとって、「平和構築化」とは文民による支援分野が大幅に任務に加わってくる事態を意味する。そしてこのことと、ＰＫＯミッションと外部アクターとの協力の拡大という状況はほぼ重なる。つまり、それら「外部」アクターとは平和構築の幅広い分野で活動する「文民」アクターであり、それがＰＫＯにおける民軍連携の主な側面をなすのである。

もっとも、ここまでの議論から示唆されるように、民軍連携の要素はＰＫＯミッション外だけではなく、ミッションのなかにも存在している。ＰＫＯミッション自体が多機能化＝平和構築化し、その結果文民平和構築の諸任務が追加されるようになれば、それら諸任務を実施する文民専門家もＰＫＯミッションのなかに増えていき、それに伴ってミッションの組織や運営もより複雑なものとなっていくのである。

伝統型の国連ＰＫＯミッションの場合には、軍人である司令官がミッションの代表を務め、各部門はその指揮下に置かれるという軍事組織に類似した構造からなっていた。これが多機能型になると、文民である事務総長特別代表がトップになり、その下に各部門が置かれるというかたちに変化する。ここで司令官は、人道・開発、警察、政務、ミッション運営など各部門（活動内容により部門構成は異なる）の責任者とともにミッションの幹部を構成する。各部門の関係がより水平化し、軍事部門はそのなかの一つをなすかたちに変化しているのである。そうなっているのは文民の多様な諸活動を単純に反映しているだけではなく、それぞれの部門、とくに人道や開発に関する活動が軍事部門から区別され、文民のミッション長の下に直属するかたちをとる必要があるためである。ここには、多機能ミッションのミッションとしての一体性を維持しつつも、民軍部門間の関係の機微にも配慮する工夫が見て取れる。

(2) 民軍連携のジレンマ

ＰＫＯミッションと外部の文民平和構築アクターとの関係に話を戻すと、平和構築をマンデートに含み、したがって人道支援や開発援助などに関連する分野を担当する部門を持っている国連ミッションの場合、現地の平和構築に参入するＮＧＯや国際機関との窓口は一義的にはそうした部門の担当になる。

だが、ＰＫＯの軍事部隊とこれら文民アクターとが接点を持たざるを得ない（あるいはそれが期待される）状況もある。その最も典型的なものは治安の悪化により文民アクターの活動が制約を受けるというケースであり、とくに治安が不安定化しているなかでも活動を続けることが多い人道支援について、その活動をどう担保できるかが問題となる。そしてここで検討されるのが、人道支援アクターへのＰＫＯ部隊による保護（移動に際しての護衛、襲撃された場合の救助）の提供である。

あとで改めて述べるが、こうした任務をＰＫＯの軍事部隊が行うことは、現在のＰＫＯの考え方においては実はあまり問題がない（もっとも、実際にどの程度それができるかは別問題ではあるが）。だが文民、とくに人道支援アクターの側からすると、そうした保護が現地のアクターとの関係性に影響を与えないか、また人道支援の原則やアクターとしてのアイデンティティーに反するのではないかといった問題を生む。他方で治安の確保を必要としているのはそれらのアクター自身に他ならないため、彼らは一種のジレンマに置かれることになる。

もちろん、こうした論点はPKOの文脈に限った話ではなく、人道支援と軍事力の関係全般について当てはまることである。前段に挙げたジレンマも、それを理解するためには人道支援（主義）の紛争管理としての特徴や、その近年における変化などを踏まえておく必要があり、第4章ではそれらを取り上げることにしたい。

しかし、PKOの局面に限ってみても、ここまでの議論で明らかなのは、民軍連携はそれに関係するアクターにとって必ずと言っていいほど繊細かつ困難な「問題」として認識されている、という点である。

連携は協力の一つの具体的なかたちであるから、この節の前半で指摘したPKOにおける協力の重要性とは矛盾するように見えるかもしれない。実際、それは間違った見立てではない。国際平和協力の諸分野について広く言えることだが、それら活動は関係するアクター間の協力に依拠しているといっても、参加しているアクターがその活動のすべての側面においてすべてのアクターと協力しているわけではないのである。アクターにとって当該活動に協力する動機となるものはそもそも多様である。また、あるアクターや組織との協力に向かわせている動機自体が、その他のアクターとの協力に際しては障害となることもある。さらに言えば、国際平和協力のある分野で共通に認識されている原則やドクトリンといったものが、ある種のアクターとの協力を困難にする、という状況もある（これも第4章の話になるが、人道支援分野における民軍連携の困難性はこの最後のケースに当てはまる）。

協力を重要な特徴としながらも、同時に従事するアクター間の緊張関係や軋轢もまた混ざり合って動いているのが国際平和協力の実態なのである。

そうした軋轢は、ＰＫＯのそもそものあり方についても生じてきている。本章の残りでは、この点を掘り下げていくことにしよう。

4　ＰＫＯ原則の変化

「ブラヒミ・レポート」

本章の冒頭で整理したように、ＰＫＯの役割はそれが実施される国際環境により変化してきた。前提となる国際秩序の形態が異なれば、そのなかで期待されるＰＫＯの役割も変わり、その変化はＰＫＯの進め方に関する考え方（原則）にも反映されることになる。

国際秩序とＰＫＯとの関係を論じたところで、展開地域や主要国の参加に関する共通認識の変化については触れた（前出、表２－１参照）。これらは国際秩序との関係でＰＫＯ

図２-４　ラフダール・ブラヒミ（2013年）
出所：U.S. Mission Geneva

が可能となる外在的な前提条件のようなものであるが、本節で原則と言っているのは、ＰＫＯが展開し活動を行う際の基本的なアプローチを示す考え方のことである。そうしたルールはＰＫＯを主導してきた国連において整理されてきた。

したがってここではまず、冷戦後の国連ＰＫＯの原則を、冷戦期のそれと対比させてみながら示すことにしたい（表2－3）。

なお付言すると、冷戦期ＰＫＯの原則はＵＮＥＦ Ⅰの教訓を分析したハマーショルドの有名な報告書（一九五八年）で提示され、その後長くＰＫＯのあり方を規定してきた。冷戦後のＰＫＯの現実を踏まえたそれら原則の見直しが本格的に行われたのは二〇〇〇年に国連事務総長のイニシアティブで設置された「国連平和活動特別パネル」においてであり、その報告書――パネル委員長の名前であるラフダール・ブラヒミ（Lakhdar Brahimi）の名前を冠して「ブラヒミ・レポート」と広く呼ばれている――は同年八月に発表されている。その後、二〇〇八年に国連ＰＫＯの原則を整理した文書が作成され、そこから派生するかたちでのドクトリンの体系化が進められている。原則を記したこの文書はドクトリン体系をなすピラミッドの「冠石」と位置付

表2-3　国連PKOの原則：冷戦期と冷戦後

	冷戦期	冷戦後
一般的な行動姿勢	中立性	不偏性
紛争当事者との関係	合意（すべての当事者による常時の合意）	合意（主な当事者による政治レベルの合意）
軍事力行使	必要最低限（不行使を前提）	必要最低限（行使の必要性前提）

出所：筆者作成。

けられるため、「キャップストーン・ドクトリン」と通称されている。

さて、表に示したこの対比を理解するうえでポイントになるのは、一般的な行動原則としての中立性（neutrality）と不偏性（impartiality）という二つの概念である（impartialityの訳語としては「公平性」や「衡平性」といった言葉も使われるが、本書では原語の字義に呼応した訳語となっている不偏性を使用する）。ともに紛争当事者に対するＰＫＯの立場を示した原則であり、中立性は「紛争当事者から等距離を保つこと」として、不偏性は「紛争当事者に対しマンデートを偏りなく適用すること」としてそれぞれ理解されている。これだけではやや抽象的で分かりにくいので、少し仔細《しさい》に考えていくことにしたい。

中立性と不偏性

まず強調したいのは、両概念はともに、紛争当事者に敵対的であることを意図しているわけではない、という点である。紛争当事者に対して等距離を保つ（＝中立的である）とは、敵対する当事者のいずれにも利することがない姿勢を示すことである。これに対し、紛争当事者に対してＰＫＯがその任務を偏りのない仕方で（＝不偏的に）履行するとは、ＰＫＯミッションが任務に基づいて公正に（フェアに）ふるまうことを意味する。異なる経路を通ってであるが、紛争当事者からの信頼と協力を得ようとする意図が根本にあることでは変わりがない。

では何か異なるのかというと、紛争当事者に対するＰＫＯ側の行動の自由度にその答えがある。

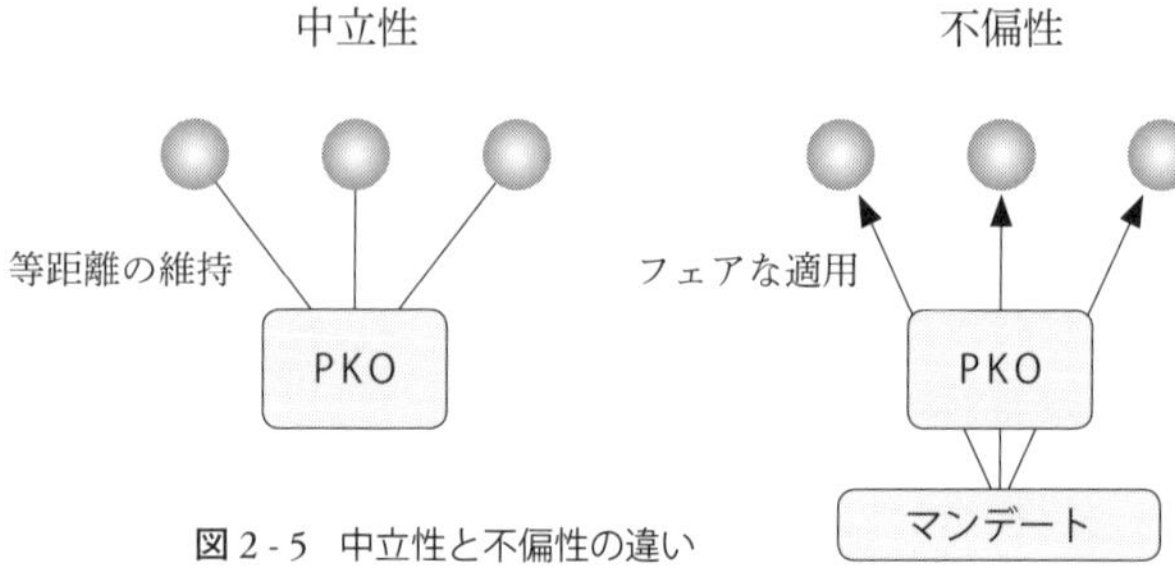

図2-5　中立性と不偏性の違い
出所：筆者作成。

前段落で敷衍《ふえん》した両概念の説明を改めて咀嚼《そしゃく》してみると、ＰＫＯが紛争当事者それぞれに対して取る姿勢を導出する際の出発点が両概念では異なっていることが理解される。すなわち、中立性の場合にはあくまで紛争当事者との距離感が行動を規定するのであるが、不偏性の場合にはＰＫＯに与えられた任務との関係が行動を規定するのである（図2-5）。

中立性から不偏性への転換を促す重要な契機となった先述の「ブラヒミ・レポート」によれば、ＰＫＯの行動基準は「いつでもすべての場合においてすべての当事者を等しく扱うこと」（＝中立性）ではなく、「国連憲章の諸原則およびそれに基づいているマンデートの目的を順守すること」でなければならない。不偏性はこうして、国際的に（この場合には国連安保理の決議というかたちで）与えられた任務との関係で――すなわち、諸任務をその目的に照らして忠実に（フェアに）履行できているか、という点で――ＰＫＯ要員の行動姿勢を定めようとする。

重要なのは、こうした視点からすると、紛争当事者の行動自体も同じ基準でその適切さが判断される、という点である。

たとえば、ある紛争当事者がPKOミッションの活動を露骨に妨害する行為に出たとする（そうしたアクターは和平プロセスを台無しする者を意味する「スポイラー」と呼ばれる）。紛争当事者との距離のバランスを重視する中立性の立場からすれば、PKOミッションがそれらの行為をやめさせるべく何らかの強い対応を取ればそのバランスが崩れる可能性があるため、この選択を取ることは難しい。だが不偏性からすれば、当該行為は任務の遂行に照らして正しくない、フェアではない行為であるため、そうした対応を取ることも可能であると考えられるのである。こうして、導入された不偏性の原則は、とくに二〇〇〇年代以降のPKOの活動に大きな影響を与えることになった。

他の二つの原則はそれまでにあった原則を不偏性に照らして読み替えたものであり、前段の説明のなかにすでに含意されている。

不偏性原則から見た「最低限の武力行使」と「紛争当事者の合意」

まず「最低限の武力行使」については、中立性のもとでは限りなく武力の不行使に近いものとして意味されていた。武力をある側に使えば中立性を損なうことがその理由であるが、不偏性に照らせば、最低限の武力行使は字義どおりの意味、すなわち任務遂行上の必要に応じた手段や強度による軍事力使用を意味することになる。

「紛争当事者の合意」については、①すべてではなく主な紛争当事者からの②政治レベルの合意、という意味で解されるようになった。先に引いたブラヒミ・レポートの定義にも示唆されるように、中立性の考え方で想定される「紛争当事者」は政治指導層から現地で活動をする部隊や武装勢力までが一体のものとして含まれており、それらが必ずしも区別されていなかった。また、「合意」は紛争にかかわる武装勢力等のすべてから得るべきものとされた。

不偏性のもとでも合意の獲得と維持はPKOの前提ではある。だが、仮にそうした合意が政治レベルでは維持・確認されていたとしても、実際に任務が行われるローカルな環境では必ずしも維持されないことがある。さらに、内戦を戦う武装勢力は政府軍のような組織形態になっていなかったり、組織自体が合従連衡や分裂を繰り返し目まぐるしく変貌することが多い。そうした状況であると、紛争当事者のすべてから合意を得たり維持したりすることはもはや現実的でなくなってくる。不偏性の考え方には、PKOが前提としなくてはならなくなった厳しい活動環境が示唆されているのであるが、それが当事者合意原則の読み替えにおいても反映されているのである。

活動環境の変化については本章のなかでこれから述べていくが、もう少しPKO原則の話を続けよう。

5　PKOと軍事力

「強靭」なPKO

PKO原則の変化はPKOの活動全般に影響するものではあるが、その影響が最も見られたのが、PKOにおける軍事力の考え方である。このことは、新たな三原則が想定しているＰＫＯの活動環境が合意の脆弱性やマンデートの実施を阻む行為の蔓延に特徴づけられる厳しいものである点からも明らかである。原則見直しは、こうした事態に対する積極的対応を可能にするためになされたといってよいのであるが、では新たな三原則のもとでＰＫＯにおける軍事力はどのように考えられるようになったのであろうか。

先述したように、ＰＫＯの原則が本格的に見直されたのは二〇〇〇年のブラヒミ・レポートにおいてであるが、その後、ＰＫＯにおける軍事力の運用方針はＰＫＯミッションに対するマンデートのなかで具体化されてきた（表２－４）。

国連安保理が軍事力の使用を認める場合、①当該情勢を「国際の平和と安全に対する脅威」として認定し、②国連憲章第七章のもとでの決定であることを明確にしたうえで、③具体的な目的を達成するため「必要なあらゆる手段」の使用を授権（authorize）するという表現を決議のなかに盛り込むことが一般的なパターンである。表２－４に整理したのは、こうしてＰＫＯ部隊に認められることになった諸目的を網羅的にまとめてみたものである。ＰＫＯ要員の任務

表2-4　国連PKOマンデートと「必要なあらゆる手段」の諸目的

任務遂行	(A)	安保理決議においてミッションに任務付けられたマンデートの遂行
	(B)	マンデート遂行における平和維持要員・施設等の安全と同要員の移動の自由の確保
人道保護	(A)	直接的な生命の危機に瀕している現地非武装民の保護
	(B)	人道活動が可能な治安上の条件確保

出所：国連PKOマンデート等より筆者作成。

遂行や人道的な観点からの保護のため「必要なあらゆる手段」が用いられる平和維持のことを「強靭」(robust) なPKOという(日本語では「強化された」「強い」という表現も使われることがある。ミッションへの軍事的挑戦に対し断固たる姿勢を自発的に発揮できる能力のことをおおむね意味しているが、日本語でピッタリと合う表現がないため、ここでは強靭という言葉を用いておく)。前節で説明した原則の変化とつなげて眺めてみると、PKOミッションが不偏性原則に依拠しながらどのような目的や想定のもとで軍事力を運用しようとしているのかが見て取れるであろう。

このように見てみると、冷戦後PKOにおける軍事力の考え方にはかなり大きな変化が起きていることがわかる。では、なぜPKOはこうした変革を必要としたのであろうか。

活動環境の変化

不偏性と中立性とでは前提とするPKOの活動環境が違うことはすでに示唆した。中立性が安定した合意環境を前提にした考え方であるとすれば、不偏性は合意形成に常に脆弱性が伴うような状態を想定している。不偏性という行動規準は、そうした不安定な合意環境のなかでもPKOミッションが活動できるためにはどうしたらよいのかを模索した結果たどり着いたものである。

しかし、なぜこの方向にPKOのあり方を変えなくてはならなかったのであろうか。PKOの活動環境の変化がその背景にあるとしても、それは具体的にはどのようなものなのだろうか。これまでに述べたこととも重なるが、ここで改めて整理しておきたい。

ポスト冷戦期におけるPKOの活動環境は、三つの相互に関連する変化としてとらえることができる。すなわちそれは①紛争の主要形態の変化、②PKOの任務の変化、そして③PKOミッションに対する期待の変化である。冷戦後PKOをそれ以前のPKOと比較する際、そのモデルが主として国内紛争を対象としており、そして紛争の拡大防止ではなく根本的な解決を目的としていることはすでに説明した。③について敷衍すれば、包括的な任務を与えられた冷戦後PKOの多くは紛争解決への貢献を期待されている。

だが、もうひとつ国際的な期待を集めたことがある。紛争下にある人々の人道的なニーズへの対応がそれである。局地的な紛争が潜在的な「代理戦争」ではなく個別の紛争そのものとして国際社会に認識されるとき、そこで国際社会の人々の目に入ってくるのはその紛争に巻き込まれ苦しむ人々の姿である。紛争の解決は長期的かつ包括的な取り組みであるものの、現在進行形で進む人道危機や人権侵害は喫緊の問題として対処していかなくてはならない。紛争直後の状況に活動を開始することが多いPKOには、この点の役割も期待されるようになったのである。

苦い教訓——ソマリア、ルワンダ、スレブレニツァ

この最後の点（人道保護）について言えば、国連PKOは一九九〇年代の苦い経験を通じてその期待の重さを認識することになった。とりわけ重い教訓となったのがソマリア、ボスニア、ルワンダの内戦である。それぞれについて、ここで簡単に振り返っておく。

ソマリアでは、悪化する内戦により人道支援活動が妨げられていることが早い段階から問題となっていた。国連ソマリア活動（UNOSOM、一九九二〜九五年）は停戦監視を当初の目的として設置されていたが、停戦が実質的に崩壊するなか、人道支援が可能となる治安条件の確保、さらには治安を悪化させている武装勢力の武装解除までが任務として加えられるようになっていく。実はこれらの任務は米国主導で短期間現地に展開した強力な多国籍軍（統合タスクフォース：UNITAF、一九九二年一二月〜九三年五月）が行っていたものであり、UNITAF撤退のタイミングでUNOSOMに移されたものであった（ちなみにUNITAFからの任務移管前の時期はUNOSOM I、移管後の時期はUNOSOM IIと呼ばれている）。だがUNITAFのような軍事力を持たないUNOSOM要員に対する武装勢力の攻撃は激化し、一九九三年六月五日には二五名の要員が攻撃

図2-6　武器捜索を行うUNITAFの米軍兵士（1993年）
出所：U.S. Navy/ PHCM Terry Mitchell

図2-7　キガリ・ジェノサイド記念碑を訪問したロメオ・ダレール
（2015年、写真中央）　出所：Kigali Genocide Memorial

により死亡する事案も発生した。これを受けて軍事介入した米軍部隊にも多くの死傷者が出たことの衝撃と併せ、ソマリアでの対応の迷走は同時期に展開していたＰＫＯにも影を落としていくことになる。

ルワンダ内戦ではルワンダ政府とルワンダ愛国戦線（ＲＰＦ）との間で和平合意が署名され（一九九三年八月）、その履行を支援すべく国連ルワンダ支援ミッション（ＵＮＡＭＩＲ）が展開していた。ところが一九九四年四月六日から、フツ族武装勢力・政府軍の一部らがツチ族と穏健派フツ族等を組織的に虐殺しはじめる。この状況はＲＰＦがフツ族武装勢力らを駆逐して新政府の樹立を宣言する七月中旬まで続き、それまでに約八〇万人がこのジェノサイドの犠牲になったといわれている。だがこの危機に際して国連安保理がまず決定したのはＵＮＡＭＩＲの大規模な縮小（四月二一日）であった。五月に安保理が方針転換しミッション規模の再拡大を決定したものの、新

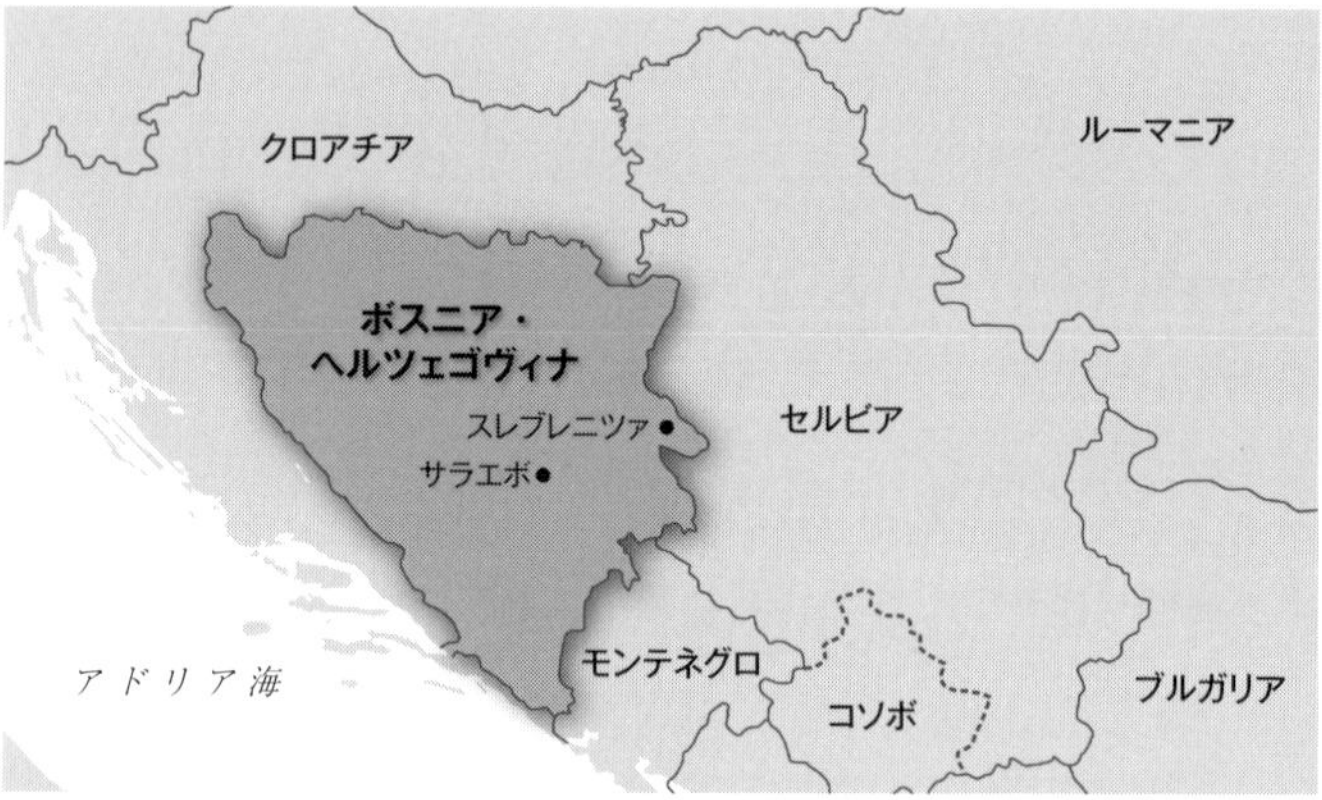

地図2-1　スレブレニツァ

たに部隊を提供しようとする国はほとんどなく、UNAMIRはロメオ・ダレール司令官（Roméo Dallaire）など現地にとどまったわずかな要員（約四五〇名）の努力もむなしく、ジェノサイドの目撃者となってしまったのである。

ボスニア・スレブレニツァでは、PKO要員が民族浄化の目撃者となってしまう事案が発生する。ボスニア北東部に位置するスレブレニツァはボスニア内戦（一九九二〜九五年）の際に国連安保理の決議に基づき設立された六つの「安全地帯」のうちの一つであり、その維持と保護は現地に展開する国連保護軍（UNPROFOR）の任務となっていた。しかし、一九九五年七月にスレブレニツァ安全地帯はセルビア系武装勢力の攻撃によって陥落する。当時スレブレニツァには約四〇〇（兵站《へいたん》、医療要員含む）名のUNPROFOR要員がいたが、セルビア系武装勢力の前に抵抗できず、また陥落直後に起きた八千人を超えると言われるボスニア人の集団処刑も食い止めることができなかった。ルワンダと異なり、ボスニア内戦の激化に際して国連はUNPROFORの規模を縮小したわけではなく、またUNPROFORを支援するかたちでNATOも近接航空支援を行っていた。であるにもかかわらずその展開部隊の前でこうした惨劇が起きたことは、国際的にも大きな衝撃であった。

図2-8　スレブレニツァ・ジェノサイド記念碑
出所：Jesse Visser

これら三つの事態で共通しているのは、①停戦合意といえるものが存在していないあるいは合意していたとしても崩壊している状況のなかで、PKOミッションに人道支援活動や現地住民の保護が期待されるようになったものの、②それを実施できるための武装や行動規準が準備できていなかった、という点である。実際、スレブレニツァに活動していたオランダのPKO要員も、またジェノサイド発生当時、UNAMIRの主力を構成していたベルギーのPKO要員も中立性を前提とした伝統型の行動規準を想定しており、そこから大幅に逸脱する眼下の状況に対して対応する準備はできていなかった。

二〇〇〇年八月に発表された前述のブラヒミ・レポートが発したのは、こうした状況にPKO要員が直面した際には断固として（「強靭」に）人道ニーズにこたえなければならない、というメッセージであった。「軍事力行使におけるイニシアティブの禁止」（ＵＮＥＦⅠに関するハマーショルドの報告書より）が伝統的なＰＫＯを特徴づけていたとすれば、人権蹂躙《じゅうりん》につながる攻撃を行うものに対し国連部隊が「イニシアティブを譲ることがあってはならない」と主張するのがブラヒミ・レポートである。表２−４で示した軍事力行使の目的において人道保護がとくに強調されているのも、こうした経緯を踏まえれば理解できるであろう。少なくとも国連ＰＫＯに関するかぎり、人道ニーズへの対応能力はＰＫＯの意義を測る試金石のようになったところがある。

文民保護の理想と現実

二〇〇〇年代以降の国連ＰＫＯにおいて「文民保護」（protection of civilians：PoC）がキーワードとなったのも、もともとは前節で述べてきたのと同じ経緯に基づいている。したがってＰｏＣが本来主眼としていたのは、脅威にさらされている現地住民を物理的な手段を用いて保護することであった。しかし、国連が二〇一〇年代以降ＰｏＣの考え方を運用していくなかでそれに含まれるものとして示してきた活動内容は、実際にはかなり幅広いものである（表２−５）。これと、冷戦後ＰＫＯの諸任務（前出、表２−２）とを並べてみると、かなりの部分が実は重なりあっていることがわかる。ＰＫＯは平和構築ミッション化していると先に述べたが、「文民保護ミッション化」していると言うこともできるのである。

この総花的なＰｏＣ理解は国連にとってのＰｏＣの重要性を示すものととらえることもできるが、

ＰｏＣをめぐる現実を示唆しているところもある。その現実とは、安保理が国連ＰＫＯミッションに対し人道保護を目的の一部としたかたちで「必要なあらゆる手段」の行使を授権したとしても、その任務と授権が実際には積極的に履行されていない、という現実である。

そうなっている理由は二つある。一つは、ＰｏＣを軍事的手段で履行した場合に想定されるＰＫＯ要員への危険であり、それゆえ部隊提供国はそうした任務に赴かせることに消極的になる傾向がある。もちろん、ＰＫＯのような国際ミッションに自国の軍事要員を提供すればその指揮下に入るというのが原則ではあるが、やはり部隊提供国政府の意向はその場合でも強い影響力がある。

もう一つは、和平プロセスへの影響である。スーダン・ダルフール地方での反政府活動に対する政府側の対応（第4章参照）のように、政府自身が文民保護に反する行動をとっている場合、現地に展開するＰＫＯミッション（ダルフールの場合にはＵＮＡＭＩＤ）が積極的に文民保護を行えば、スーダン政府との関係を急激に悪化させることになる。もちろんこれも――これこそが――不偏性の考え方が生か

表2-5　国連におけるPoCの考え方

①政治プロセスを通じた保護	紛争当事者との対話・連絡、広報、国民・コミュニティレベルにおける和解支援
②物理的暴力からの保護	暴力を用いた攻撃の予防、抑止、対応に向けた活動（軍事力、警察力の使用を含む）
③保護をもたらす環境の確立	SSR/ DDR、法の支配確立、地雷除去、（避）難民支援、女性参加支援、人道支援円滑化、経済開発など

出所：UN Department of Peace Operations, The Protection of Civilians in United Nations Peacekeeping, Policy, Ref. 2019.17, November 2019.

されるべき局面であるのかもしれないが、合意維持が活動上不可欠であるホスト国政府との関係維持も重い考慮要件として存在しているのである。

ただし、これらの理由で軍事的手段によるＰｏＣは不十分な履行にとどまっていたとしても、ＰｏＣという考え方とそれが国連にとって持つ理念としての意味は依然として変わらない。とすれば、現実にあるこうした制約下でＰｏＣの実践をともかくも推進するためにはどうすればよいのか。その答えのひとつは、ＰｏＣを狭義の軍事的意味から解放し、すでに行っている活動の多くが実はＰｏＣのための活動でもある、と論じることであろう。ＰｏＣ概念が「総花化」していった過程には、ＰｏＣを現実に進めることの難しさがにじんでいるように思われるのである。

「強靭性」から「安定化」へ？

本節ではここまで、強靭なＰＫＯやＰｏＣという考え方の登場を、活動環境の変化や一九九〇年代の経験に関連付けつつ見てきた。繰り返しになるが、この概念の背景にあるのは、国際平和協力としての性格の範囲内にとどまりながら、国連ＰＫＯに期待されるようになった軍事的対応がいかに可能となるのか、という問題意識である。このため、強靭なＰＫＯは伝統的な行動規準からはかなり異なる行動を許容する一方で、そのもとでの軍事力の行使は人道保護およびＰＫＯ要員の安全や行動の自由確保といった特定の目的に限られていた――そしてＰｏＣの文脈でも指摘したように、そうした活動も必ずしも名目どおりに実施されているわけではなかった。

用は、この立ち位置によって正当化されると同時に制約もされる。これに対し、安定化作戦は政府による権威の拡張と反政府集団の制圧を目的としているため、それにPKOが従事することはPKOが現地政府の側に立ち、制圧対象となる勢力を「敵」視することを（少なくとも潜在的に）意味することになる。

この立場を認めるのであれば、軍事力を用いた反政府集団の鎮圧は政府を「善」とする前提そのものによって正当化されるであろう。安定化作戦においてPKO部隊は政府寄りでも反政府勢力寄りでもない国際プレゼンスとしての立場を事実上失うことになるため、軍事力使用に関する従前のような制約にも縛られなくなる。政府軍による擾乱《じょうらん》や軍事化した反政府活動の鎮圧を一般に対反乱作戦（COIN）というが、安定化作戦を行うPKOは事実上COINを行っているのである。

しかし言うまでもないが、「敵」を想定して軍事力を行使する方向性へのシフトは、PKOをして国際平和協力としての枠組みから逸脱させることになる。平和維持は、その領域内外での要求に柔軟に応じながら変化してきたが、近年直面しつつある挑戦はもっとも深刻なものといえるのかもしれない。

PKOは紛争管理において中心的な役割を果たしてきたが、具体的な役割は紛争の形態や国際政治の動向によって目まぐるしく変化してきた。民軍双方の要員からなるミッションとして組織されるPKOはその成立と維持に重層的・多角的な協力を必要とし、民軍連携が潜在的に含む緊張関係にも配慮しながら実施されている。また、ＰＫＯはほぼ常態的に軍事力を用いながら、しかし敵を想定しない活動として運営されてきた。ＰＫＯ原則にはその考え方が強く反映しており、冷戦後にＰＫＯの活動環境やＰＫＯに対する期待が変化したなかでも基本的には維持されてきた。しかし、近年ではその枠組みを超える実践も出はじめている。これが本章で見てきた議論の概要である。

本書で扱うほかの国際平和協力に比べ、平和維持は軍事的な要素が最も強い活動である。先ほど見た、ＰＫＯを安定化作戦として用いる傾向が今後続いていくのかを見極めるのはまだ難しいところがある。冷戦後ＰＫＯの多くがアフリカで実施されていることからすればその可能性は十分にある一方、強靭なＰＫＯを超えた軍事化の流れに慎重な意向もアフリカ以外の諸国には根強く存在している。平和維持が重層的かつ多角的な協力に依拠する活動としてともかくも続いていくのであれば、両者の間のせめぎあいはしばらく続くように思われる。

安定化作戦としてＰＫＯを用いる場合の問題の一つは、ＰＫＯミッションが同作戦を通じて支援する現地政府が必ずしも十分な正当性を持っていない場合が多いことである。たとえばコンゴ（民）の場合、ＦＩＢが共同で作戦を行った政府軍については現地住民に対する性的虐待や略奪が頻繁に報告されている。だが、多機能型ＰＫＯが実質的に行っているのは現地政府に対する包括的な能力構築であるし、このアプローチをとるかぎりで、当該国政府に対する支援は避けられない側面がある。だが、ＰＫＯの多機能化の内実をなす平和構築の分野では、このアプローチ自体への批判的な再検討がなされつつある。次章で引き続き考えていこう。

第3章　平和構築

平和構築は、平和維持と並び国際平和協力において中心的な分野である。平和維持が組織上の明確さとさまざまな需要に応える柔軟性を併せ持ち、それゆえ国際平和協力全体を牽引《けんいん》する役割を果たしているとすれば、平和構築という活動はその内容の幅広さと期間の長さにおいて際立っている。前章で冷戦後の多機能ＰＫＯを解説する際、その諸機能が平和構築の内容とほぼ重なりあうことを指摘した。だが、そうした形態のＰＫＯが平和構築のすべてを担うわけではもちろんない。紛争を経験した社会が歩む長い復興の道程において、国際社会が行う支援の多くは平和構築の分野に属するのである。

本章でも引き続き、国際平和協力の五つの特徴を念頭に置きながら平和構築をとらえていく。紛争直後の不安定な治安状況のなかで活動し、編成上も軍事部隊が組み込まれているＰＫＯと異なり、相対的に安定した状況で行われる平和構築の場合には軍事力の使用や「敵」をめぐる問題がシャープに出てくるわけではない。むしろ代わりに議論の中心をなすのは、平和構築を行う際に前提となる考え方の是非である。本章では、そうした議論の一端も紹介しつつ平和構築の全体像を把握していく。

1　紛争管理と平和構築

平和構築概念の由来

平和構築は、武力紛争を経験したばかりの国や地域が、平和的な社会運営を自律的・持続的に行えるようにするための国際支援のことを指す。歴史上、紛争が常に発生してきた現象であることを踏まえれば、平和構築もまた長く実践されてきたように思われがちである。しかし、平和構築が我々の知っている意味で認識されるようになったのは、実は比較的最近のことである。しかも、その相対的に短い期間においても、平和構築の考え方は早いペースで変化してきている。ここではまずその全体としての流れをつかみつつ、平和構築が紛争管理において持つ意味合いを考えてみたい。

平和構築（peacebuilding）という表現が最初に用語として意識的に使われるようになったのは平和学においてである（それ以前にも、国際政治学における機能主義の研究者デヴィッド・ミトラニー（David Mitrany）が表現として用いたことはあったようである）。とくに平和学の第一人者であるヨハン・ガルトゥング（Johan Galtung）が一九七〇年代に発表した論考のなかには「平和構築」を平和創造（peacemaking：主に武力紛争の終結に向けた当事者交渉の促進を指す）、平和維持の両方と比較するかたちで議論を展開しているものもあり、それはブトロス・ブトロス＝ガリ（Boutros Boutros-Ghali）が「平和への課題」（一九九二年）で国連の役割を再定義した際の概念的な枠組みとなって引き継がれている（表3－1）。

表3-1　平和構築の代表的な定義

ガルトゥング『平和への3つのアプローチ』（1976年）	「……平和の構造とは何であろうか。このような問いの立て方をすることで示唆している仮説は、平和には平和維持や暫定的な平和創造とは異なる、おそらくはそれを超える構造があるのではないか、ということである……平和が依拠するメカニズムは［社会］構造に組み込まれ、そこから［社会構造の］システムが引き出すことができる貯えとしてそこに存在しているべきである。それは、健康な体が自分で免疫を作り出す能力を持ち、医療による暫定的な処方を必要としないのに似ている。より特定して言えば、戦争の原因を除去し、戦争が発生するかもしれない状況においては戦争に代わる選択肢を提供するような構造が見出されねばならない。」
国連「平和への課題」（1992年）	「平和を強化し人々の間に信頼と安寧の感覚を増進する傾向を持つ諸構造を同定し支援する包括的な努力」
国連「キャップストーン・ドクトリン」（2008年）	「平和構築は国内のあらゆるレベルで紛争管理能力を強化することにより、紛争の発生や再発のリスクを低め、持続可能な平和と開発に向けた基礎を築くための幅広い措置を指す。平和構築は持続可能な平和に必要な条件を整備するという、複雑で息の長いプロセスである。したがって、武力紛争の根深い構造的な原因について、包括的な対策を講じることが主眼となる。平和構築の具体的措置では、社会と国家が機能するために必要な中心的課題に取り組むとともに、国家がその中心的機能を実効的かつ合法的に果たせる能力の向上を目指す。」

注：「キャップストーン・ドクトリン」の邦訳は国連広報センター、それ以外は引用者による。

ガルトゥング平和学から「平和への課題」へ

(1) 紛争後の復興という文脈

平和構築が国際平和協力の一分野として定着する契機となったのもこの報告書ではあるのだが、しかし「平和への課題」以降に大規模に実践もされ、それを通じて具体化された平和構築の姿はガルトゥングが示した理解とはいくつか重要な違いがあるように思われる。「構造」という概念の使い方がここではポイントになる。

図3-1 ヨハン・ガルトゥング（2007年）
出所：David Lisbona

ガルトゥングの平和構築概念はガルトゥング平和学の中心的な概念である「構造的暴力」および「積極的平和」と強く結びついている。すなわち、ガルトゥングは人間の潜在性を阻害する諸力として暴力を広くとらえ、その諸力には一見見落としやすい社会の制度、文化などに常在する構造を通したものもあると主張した。平和構築はそうした構造を変革していくための取り組みであり、それによって単なる暴力の不在（消極的平和）ではない持続的かつ自律的な積極的平和が可能になると論じたのである。

国連が取り入れた平和構築概念も「構造」を強調している点ではガルトゥングの影響を強く受けているが、その使い方が二つの意味で異なっている。

違いの一つは、紛争後の復興という文脈で平和構築を用いていることである。前段の説明からも示唆されるように、ガルトゥングにおいて平和構築は紛争の発生よりはその予防の方を意識して考えられている。紛争に結果するような構造的な対立や緊張に注目するのであれば、それは当然のことであろう。これに対し、「平和への課題」で掲げられているのは紛争の発生フェーズに応じた国連の対応メニューであり、平和構築はそこでは紛争終了後の復興フェーズに対応する活動として位置づけられている（表3－2）。

平和維持が平和構築の内容を先取りするかたちで拡張するといった現象（前章参照）からも示唆されるように、現実にはこのように截然《せつぜん》とした区別ができるわけではないが、それでも「平和への課題」が示した各活動の役割に関する理解は今も生き続けている。ここで平和構築として目指されているのは紛争の再発防止であり、実際に紛争を経験したという履歴を踏まえた、持続的平和のための構造の同定と支援である。

(2) 包括的な能力構築支援

第二の違いは、平和構築の手段が社会経済開発だけではなく、ガバナンス支援や治安・安全保障面の能力構築といった内容も含むようになっ

表3-2 国連における平和活動の基本的な区別

	紛争予防	平和創造	平和維持	平和構築
目　的	紛争予防	紛争停止	停戦維持	再発防止
手　段	外交、予防展開	交渉	PKO	包括的支援
時間軸	紛争前	紛争中	紛争直後 （停戦合意後）	復興期 （和平合意後）

出所：「平和への課題」等より筆者作成。

ていることである。ガルトゥングの平和構築が紛争の予防であり、「平和への課題」以降の平和構築が紛争の再発防止であるという違いは、そのために必要となる手段のメニューにも影響を及ぼしている。ともに持続的・自律的な平和の構造を構築するという方向性は本質的には同じではある。しかし紛争が起きていない段階でその発生を防ぐべく行われる「平和構築」と、紛争が発生し、さらにその再発リスクがゼロではない状況からの「平和構築」とでは求められるものが違ってくる。

まず前者の場合、紛争の種となるような社会的な不和（たとえば部族、地域や宗教的なアイデンティティーの対立）あるいは経済的な不満などが対立的な政治的動員のきっかけとなるような流れを止めることが重要であり、そこでの平和構築はそうした不和や不満の解消・低減を目的とする社会経済的なプログラムが中心としたものとなる。見方を変えていえば、ガルトゥングの平和構築概念はすでに国際協力としては長い活動実績がある社会経済開発を、平和学の観点からとらえなおしたものであるといってもよいかもしれない。

紛争後の文脈における平和構築の場合でも、もちろんこうした活動は重要な要素ではある。だが紛争がすでに起きてしまったということは、社会経済面での不和が政治的な対立に転化し、さらに組織的な暴力の行使にまでエスカレートしてしまったことを示している。政治や治安を担っている既存の組織や枠組みが紛争の構造の一部をなしてしまっているのであれば、それらの変革も必要となる。

こうして紛争後平和構築には、社会経済面での開発支援に加え、統治（ガバナンス）や治安・安全保障組織の改革といった活動も必然的に含まれるようになった。前章では、平和維持の多機能化＝平和構築化について触れたが、平和構築に関してここまで見てきた変化や、紛争後平和構築に対する関心の高さも、これと軌を一にするものとして理解してよいように思われる。第2章で見たように、国際協力の機運の高まりや国内・地域紛争の「代理戦争」リスクの低下などを背景として、ポスト冷戦期の紛争管理は当該紛争の拡大防止ではなくその根本的な解決を目指す方向へと変化してきた。「平和への課題」のなかでブトロス＝ガリが示し、その後定着していった平和構築という活動領域は、このアプローチを最も明確に反映していると言えるであろう。

2　紛争後平和構築の諸要素

平和構築には何が含まれるのか

ここで、平和構築が具体的にはどのような活動を含むようになってきたのかを少し整理しておく。それらの多くは第2章において冷戦後ＰＫＯの諸任務として整理した表（表2－2）のなかに実は含まれてはいる。だがそこでも述べたように、多機能化（「平和構築」化）したＰＫＯと平和構築はイコールというわけではない。紛争後の平和構築は平和維持とは異なる国際平和協力の一分野であり、ＰＫＯミッションはその（重要ではあるがあくまで）一部を担うようになった、と考えたほうがよい。

そこでこの節では、ＰＫＯを離れて、紛争後平和構築全体を俯瞰《ふかん》するための整理を試みる（表3

－3)。簡単にそれぞれ説明しておきたい。

前段までの議論を踏まえると、平和構築の具体的な目標は統治機構の整備強化、治安の改善と組織整備、そして社会経済面の復興支援という三つになる。これら三つの目的は相互に関連しているため（たとえばガバナンスや治安面の改善は投資を呼び込み、経済再建が本格化するためには不可欠であるし、社会経済あるいは治安面での不安が解消して初めてガバナンスに対する信頼も回復する）、当該国の状況に応じたバランスある支援が必要となる。そしてこれら三つの目的に向けた主な活動としては、選挙支援、政府機能の再建、治安部門の整備・改革、そして社会経済面で存在する諸問題の改善が含まれる。

選挙支援と政府機能の再建

まず選挙支援は、民意によってえら

表3-3　平和構築の主要な活動諸要素

目的	統治組織の整備強化		治安の改善と組織整備	社会と経済の復興
活動	選挙支援	行政・司法機構の再建	治安部門の整備・改革	経済的な支援と社会的問題の改善
	• 選挙監視 • 国民教育 • 技術支援 • 選挙運営	• 機構整備 • 法整備 • 人員育成 • 計画・戦略策定（中央・地方）	• DDR（武装勢力） • SSR（軍・法執行機関）	• 難民・国内避難民の帰還 • 社会インフラ整備 • 雇用、職業支援 • 経済腐敗の除去 • 対外債務の減免 • 和解促進 • 移行期正義

出所：筆者作成。

ばれた立法者（立法府）や行政府を組織していくうえでのベースとなり、これら組織の働きにより憲法典をはじめとする法体系も整備されていく。和平合意のなかに実施スケジュールとともに国政選挙や大統領選挙の実施に関するものが含まれることが多いのは、それが統治機構を立ち上げる際に国際的に正当とみなされる手続き上の出発点だからである。

図3-2　国連による選挙支援活動（コンゴ（民）、2016年）
出所：MONUSCO / Florence Marchal

だが、紛争を経験した国のなかには選挙の実施に関する技術的ノウハウがなく、国民の側も選挙に参加したことがないというケースが多い。したがってこうした国に対しては、選挙を実施する暫定政府への技術支援（選挙民登録、投票所管理、集票など）と、参加する国民に対する教育や周知の取り組みが必要になってくる（PKOミッションが暫定統治を行っている場合、こうした活動をミッション自体が直接行うこともある）。

また、選挙監視も重要な役割を果たしている。選挙監視は、選挙がしかるべきルールに沿って公正に行われているかどうかを国外から派遣されてきた監視団が現地で観察し、選挙実施後にその結果を公表するというプロセスで行われる。国外からの建設的な圧力をかけることにより、選挙が民意に沿った結果をもたらすように促すのが選挙監視の役割である。

政府機能の再建支援では、中央および地方のレベルにおいてルール（法）に基づく統治の確立（回復）が目指される。ここでは、政府組織自体の整備（省庁の構成、各省庁の業務所掌など）だけでなく、その活動の根拠である法の整備や実際に行政、司法、財務などをつかさどる人材の育成も必要になってくる。これらが多様な技術支援や教育・助言ニーズを含意していることはこう記しただけでも明らかであるが、そのため再建を進めていくにあたっては作業の優先付けやスケジュール作りに対する支援も必要になってくる。PKOミッションがカンボジアや東ティモールなどで暫定統治ミッションとして活動することがあるのも、支援側が政府機能を直接代行する移行期が状況によっては必要なためである。

治安部門の整備

治安部門もそうした政府機能の一部であるが、紛争後という文脈においては特別な重要性を帯びている（国境管理や税関なども広義の治安部門に含まれて論じられることがあるが、ここでは主に軍と警察を中心に触れる）。平和構築の段階になると、目に見えるかたちでの紛争は一応の収まりを見せているものの、紛争当事者である旧政府軍や反政府武装勢力の組織は残存しており、潜在的な紛争回帰へのリスクは消えていない。

武装解除・動員解除・社会復帰（DDR）と総称される活動は反政府武装勢力を対象とした、その組織の解体と旧成員の社会復帰を目指すものである。ドイツの社会学者マックス・ヴェーバー

図3-3 DDRプログラムにより回収された武器（コンゴ（民）、2013年）
出所：MONUSCO/ Sylvain Liechti

（Max Weber）が主権国家の中核的な特徴として「正当な暴力の独占」を挙げたことは広く知られているが、DDRは政府以外のアクターによる組織的暴力の所在をなくすことでこの特徴を当該社会にもたらそうとする。

だが、そのことは紛争時に政府軍として戦った組織がそのまま新たな政府軍に移行できることを意味しない。国内紛争の場合、旧政府軍や警察は政府を構成していた政治勢力とのつながりが強く、それゆえに一般国民からはその公正さについて疑念を持たれている。さらに内戦の過程で虐殺や強制失踪などに従事していることもあり、紛争後も治安部門がそのまま残存すれば最大の治安上の脅威をなす可能性がある。こうした状況を是正して新しい治安部門を造るのが治安部門改革（SSR）であり、要員（旧政府系の要員だけでなく、反政府武装勢力からの要員も含まれる）の審査・訓練や関連する行政機構および法の整備などが行われる。

新国軍の整備が必要となる最も明確なケースは、紛争の結果新たな国家が分離独立するような場合である。この場合国防組織を一から造らなければならないため、支援ニーズは当然多くなる。そうした事例の一つである東ティモールでは、新たな国軍がそもそもどのような規模や任務を持つべきかの基本的な設計から決めていく必要があった。当時このプロセスをリードしたのは暫定統治を行っていた国連東ティモール暫定行政機構（UNTAET）であるが、オプションの検討に当たっては部外（ロンドン大学キングス・カレッジ）に研究を委託したという。

また、法執行の分野では、警察組織以外にも整備が必要となる施設（留置場、刑務所、法廷）や人材（裁判官など）がある。法執行が実際に機能するには、こうした一連のシステムがそろっていなければならない。たとえば留置所や刑務所が十分な収容規模や管理能力を持っていないと、所内での環境悪化が懸念されるだけでなく、そうした待遇への不満が新たな治安リスクにつながりかねない。治安部門の整備・改革に対する支援は、その性質や紛争における役割ゆえに機微な配慮が必要なのである。

社会と経済の復興

現地の社会経済の復興は、現地社会における生活基盤や社会関係の改善のための諸活動を含んでいる。まず、紛争により国外（難民）や国内（避難民）に避難した人々の帰還支援は人道的な観点から当然のことであるが、それ以外にも重要な意味合いを持つ。

たとえば治安面では、（避）難民が難を逃れて滞在するキャンプがしばしば武装勢力の拠点となることがある。また、紛争後の早い段階で国政選挙や大統領選挙が行われる場合、国外に難民となっている人々は選挙人登録をすることができない。紛争で難民化する人々の構成は紛争の対立軸にそっていることが多いため、彼らが選挙に参加できるか否かは選挙の結果やその公正さにも大きな影響をもたらす。

経済面の支援ニーズでは、公共諸サービスの再開や中長期的な社会インフラの整備（ゴミ処理、上下水道、汚水処理、電気、ガス、医療、交通など）がまず挙げられ、開発援助や人道援助を通じた支援が行われる。また、紛争は通常とは異なる独特の経済環境をもたらす。国内紛争により税収が乏しい政府が膨大な対外債務を抱えている場合もあれば、不十分な統治の影で天然資源の収奪や組織犯罪、人身売買といった収奪的な行動が横行する状況もある。とくに鉱物資源が豊かな西アフリカのシエラレオネ、リベリア、コートジボワールで一九九〇年代から二〇〇〇年代に起きた紛争では、ダイアモンドなどの採掘と密輸が紛争を長期化させる原因となったともいわれている。これら問題の改善は国外からの投資を呼び込み、本格的な経済成長を目指すうえでも重要となる。

また国内紛争が長年起きている社会はとりわけ若年層の雇用が弱く、職業訓練や教育の機会も十分に行われてこなかった。そしてこの状況が、武装勢力やテロ組織への若年層の参加を促す動因ともなってしまっていることは広く知られており、雇用機会の拡大に向けた支援はそのサイクルを断

図3-4　ハーグにあるICC本部
出所：Global Panorama/ Vincent van Zeijst

ち切る治安上の意味合いも持っている。

　社会的な側面で平和構築に特徴的な活動となるのは、コミュニティー内の和解と正義の追求である。国内紛争は同じ国民であった人々が政治的・軍事的に動員されて対立・殺傷しあう状態であり、その社会の靭帯は深い傷を負っている。組織的な人権侵害や人道法違反は国際刑事裁判所（ICC、二〇〇二年に設立規程が発効、これまでダルフール、マリ、リビアなどの戦争犯罪を捜査）、国際支援を受けながら現地に設置される特別法廷（カンボジア、シエラレオネ）、あるいは国内法廷で扱われてきた。

　戦争犯罪への関与が疑われる者すべてに対して正式な法的プロセスを通じた正義の追求をすることは、紛争後の社会がその過去に一つの区切りを打つうえで望ましいことであるように思われる。だがこうした紛争の場合、犯罪行為に従事したとみられる者の数は、その責任の軽重を問わなければ、非常に多い。法的なプロセスは捜査や裁判に膨大な時間と費用がかかるプロセスでもあり、そうして失われた時間により当該社会の復興が遅滞することもやはり望ましくないのである。

　和解の促進は、正義の追求と復興の要請とのバランスへの配慮からうまれてきた平和構築の取り組みである。この取り組みには、真実和解委員会（TRC）と一般に呼ばれる組織を軸に進められ

図3-5　ガチャチャ（2006年）　出所：Scott Chacon

るものや、コミュニティ・レベルで伝統的に行われてきた準司法的な仕組みを活用して行われるものがある。前者は二〜三年をかけ被害者や加害者による証言を含めた公開調査を行い、最終的には報告書として社会に共有されるプロセスである。もともとは政治的暴力を過去に持つ国で行われてきたものであるが（アパルトヘイト後の南アフリカによるものが最も知られている）、一九九〇年代後半になるとシエラレオネ、東ティモールなど紛争を経験した社会の和解を促す目的でも活用されるようになった。後者で最も知られているものにルワンダ・ジェノサイド後に同国で大規模に実施されたガチャチャ（Gacaca）があり、二〇一二年にその役割を終えるまでに二百万件にものぼる事件を裁いたと言われている（件数については諸説ある）。

ＴＲＣや伝統的正義が実施される際の規模や正式な司法手続きとの関係は実際にはさまざまなようであるが、いずれにせよ目的としているのは、社会全体あるいはそれぞれのコミュニティーにおいて過去の犯罪に向き合い、実際に起きたことの真実を共有し、それにより被害者・加害者間の和解の契機を作ることである。国際法廷の設置などを通じた支援だけではなく、和解を促すために現地社会で行われるこうした活動に対しても技術的な助言や協力、人材育成や資金援助といった国際協力がなされてきている。

言うまでもないが、以上で概観した平和構築の諸要素のすべてが平和構築のすべての現場で行われているわけではない。そもそも紛争の背景やダイナミクスはそれぞれ異なっており、それに応じた個別の対策や支援はやはり必要ではある（例：アフガニスタンの大麻栽培など）。

だがそうした個別性を踏まえても、ポスト冷戦期に行われてきた紛争後平和構築にはある程度共通している内容があり、紛争後平和構築の実践や議論においてそのイメージ――青写真、あるいはモデルといってもよい――は強い影響力を持ってきた。表3－3として上掲したものはそのイメージを筆者なりに整理してみたものであるが、実はこのモデルには近年強い批判が向けられてきた。次節でこの点について取り上げておこう。

3　平和構築戦略をめぐる議論

「自由主義国家建設」としての平和構築

一九九〇年代に国連主導のもとで導入され、ここまで見てきたような内容に進展してきた平和構築のモデルはどのような批判を受けてきたのであろうか。ここではやや学術的な色彩の濃いそうした議論の詳細よりは、むしろそうした批判が明らかにしてくれる同モデルの前提と基本的な性質、そして同批判を通じて示唆されている平和構築の代替的な考え方を把握することに注力する。それが平和構築の国際平和協力としての性質と、今後の可能性を把握するうえで役に立つように思われるからである。

平和構築で主流となってきたモデルが批判されるのは、端的に言えばそれが自由主義という思想に基づく、国家建設のプロジェクトとしての性質を持つためである。

国家建設が何を意味するのかは、たとえば国連「キャップストーン・ドクトリン」(二〇〇八年)における平和構築の定義のなかで示されている(前出、表3-1)。すなわち、このドクトリンのなかで平和構築は具体的措置として「社会と国家が機能するために必要な中心的課題に取り組むともに、国家がその中心的機能を実効的かつ合法的に果たせる能力の向上を目指す」ものであると説明されている。ここでは、平和構築の具体的戦略が、当該国家がその法に基づいた統治を効果的に行い、社会を自律的に営むことができる能力を獲得することにある点が述べられている。

だが、ここで「国家」と言っているのは、単に統治能力を有するだけの組織体を言っているのではない。前節で見た平和構築の活動内容(前出、表3-3)を踏まえてみれば、その国家は選挙によって選ばれた統治者による政府からなり、それら代表者により審議・策定された法を施行する行政組織を持ち、国民の安全のみならず社会経済的な福祉に配意し、さらに対外的な交流や協力にも開かれた国家であることが想定されている。

自由主義（liberalism）はさまざまなニュアンスを含む政治思想であり、本書でそれを掘り下げて論じる余裕はないが、基本的な姿勢として個人の自律と自己実現を重視する政治思想であると理解することができる。そして平和構築としての国家建設で想定される国家像は、この思想を強く反映しているのである。

自由主義的な国家建設が平和構築の実質的な主流をなすとは、それが持続的な平和を造るための処方箋として理解されていることを意味する。このように考える平和構築の進め方ないし戦略は自由主義平和構築（ＬＰＢ）と呼ばれる。

では、平和構築の主流をこのように理解したとして、その何が問題なのであろうか。

ＬＰＢに対する批判は、①平和構築戦略としての効果や実績に疑問を投げかけるものと、②その理論的前提の狭隘《きょうあい》さに苦言を呈するものとに分かれる。前者は、各地で行われてきた平和構築が、持続的な平和に必ずしも結果していないことや、一時的には紛争再発のトリガーにすらなってしまったことを指摘する。たとえば国連による暫定統治など、大規模かつ長期的な平和構築支援が展開した東ティモールでは、独立後の二〇〇六年に国軍兵士の待遇問題に端を発する危機が勃発した。ボスニアも紛争終結後に手厚い国際支援が行われた国であるが、対立した歴史を持つ民族アイデンティティーの存在によって国が分断された状態が続いており、一九九五年の和平合意がそうした傾向を後押ししてしまった側面も指摘されている。セルビアとの緊張関係のほか、政治腐敗や不正規経済の横行が指摘されるコソボについてもこうした文脈で触れられることが多い。

とはいえ、こうした状態や問題を持続的な平和に向かう途上での一時的なエピソードとしてとらえるのか、それとも実施された平和構築全体を疑問に付すものとしてとらえるのかは評価が分かれるところである。実際、東ティモールでは二〇〇六年以降同様の危機を繰り返すこともなく新国家の再建が続いている。また、シエラレオネ、リベリア、アンゴラなど、一九九〇年代に紛争と紛争後の国際支援を経験した国や地域のなかには、さまざまな課題を抱えながらも紛争に戻ることなくその後の歩みを進めている国や地域があることも視野に入れておくべきであろう。

代替モデルの模索

ＬＰＢに対する批判がより鋭く、また本章の観点からも有益な論点を含んでいるのは同モデルの狭隘さを指摘する後者の批判である。この批判では、持続的な平和への途が自由主義的な国家の建設を通じてのみである点が問題とされる。しかも平和構築支援を行うための資源を持ち、それを主導するのは自由主義が生まれ根付いてきた欧米諸国である。ＬＰＢがかくして自由主義を標榜する諸国家がその国家モデルを紛争後の社会に「適用」するプログラムなのだとすると、適用対象となる現地社会は常に受け身の立場に置かれることになる。

とはいえ、支援を行う国際アクターの側も、そうした状態になることを望ましいと考えているわけでは必ずしもない。持続的な平和は最終的には現地社会が担うことによってのみ確立するのである。このため、現地社会が平和構築の主体者であるべきという「ローカル・オーナーシップ」原則は広く唱えられてきた。

だが批判的な見方からすれば、平和構築のモデル自体が当該社会から自発的に生まれてきたものではないなかで主張されるローカル・オーナーシップは、平和構築（国際）アクターと現地アクターとの軋轢《あつれき》を緩和すべく機能する程度の説得力しか持たない。平和構築はある国家・社会関係のモデルをポスト紛争社会へと一律に適用する活動となってしまっているのではないか、というのが、この批判の問題意識である。

ところで前段の議論で前提となっているのは、①自由主義対それ以外の社会モデル、②国際支援アクター対現地社会、という二つの区別である。LPB批判ではこれら二つの項目が対のセットになって——つまり「自由主義的な平和構築の国際アクター」と「非自由主義的な現地社会」として——考えられる傾向がある。たしかに、平和構築を主導してきた国際アクターが自由主義国家モデルを前提としてきたのはおおむね正しいが（LPBに対する批判の重点もそこにあった）、それに対峙する現地社会が自由主義に反する社会モデルや伝統を持っているとは限らない。さらに言えば、近現代の歴史において自由主義の思想や政治制度が世界的に拡大してきたなかで、各地の社会も程度の差はあれその影響を受けているところもある。

言うまでもないが、自由主義国家と同じような意味で「現地社会」がモデル化できるわけではない。現地社会の姿はそれまでの歴史、慣習や文化により多様である。平和構築の主流をLPBとして批判的検討に付すことで浮き彫りになるのは、自由主義国家モデルから排除されるそうした現地社会の多様性なのである。

ハイブリッド性とレジリエンス

⑴　ハイブリッド平和構築（ＨＰＢ）

ＬＰＢに代わる平和構築戦略として提示されているハイブリッド平和構築（ＨＰＢ）とレジリエンス論は、いずれも現地社会の多様性をその着想の出発点としている。

ＨＰＢは、これまで平和構築で中心的な役割が期待されてきたアクターに加え、そこから漏れ出る各地固有の伝統的なアクター、制度、価値観などにも持続的な平和に向けた役割を認め、両者のハイブリッドからなる平和構築の進め方を提唱する。

自由主義的な国家建設のなかで強調されてきた平和構築のアクターは、それを前提として支援を行う国際アクターに加え、現地でそのカウンターパートとなる中央・地方府の政策エリートや市民団体が中心になる。政策エリート（政治家や公務員）は国家建設を進める主体であり、国際機関や他国からの援助を受ける際の主要な窓口になる。また、たとえば各国政府、国際ＮＧＯ、チャリティ財団などは、それぞれのアジェンダにあった現地のＮＧＯ（たとえば人道支援、民主主義、マイノリティ保護、開発援助など）に財源を提供しており、ファンディングの機会を見込んでＮＧＯが現地に林立する傾向すら指摘されている。

こうしたアクターによる平和構築のプロセスから外れるのが、部族、血縁あるいは宗教上のつながりに依拠して現地に存在している伝統的な権威と、それに基づいた問題解決と決定の仕組みである。それらの仕組みを自由主義的な国家建設と組み合わせて考えようとすることで、平和構築における深い現地オーナーシップと持続的平和に向けたアプローチの多様性を見出そうとする立場がＨＰＢなのである。

前述したルワンダのガチャチャやシエラレオネ、カンボジアでの特別法廷はこうした意味ではハイブリッド（法）正義としてとらえることができるであろう。タリバン政権崩壊（二〇〇一年）後のアフガニスタンで新政府の設立、憲法の制定や和平プロセス推進の目的でたびたび開催されたロヤ・ジルガと呼ばれる会議も、もとはアフガニスタンで伝統的に実践されてきた仕組みであり、それが政府運営と組み合わされている。また独立後の東ティモールでは前述したＴＲＣが設置されたが、そこでの人権侵害調査と係争解決にナヘ・ビティと呼ばれる伝統的な調停手法が取り入れられた。

ＨＰＢの視点から見ると、ＨＰＢは代替的な平和構築の理論というだけでなく、実はすでに広く実践されている平和構築の営みでもあると言いうるかもしれない。

(2)　レジリエンス

ＨＰＢは自由主義国家建設としての平和構築の主流に厳しい批判を展開しつつ、他方でＬＰＢそのものを否定しているわけではない。ＨＰＢが主流モデルとそれから漏れるものとの組み合わせを考えているということ自体、前者の意義と存在を認めていなければ成立しない立場だからである。

これに対してレジリエンス論では、自由主義国家建設というモデルとは一線を画する平和構築戦略として、現地社会の自律的な社会運営と問題解決能力を強調する。レジリエンス（resilience）は、物理的な圧力や心理的ストレスに対処している状態やそのための能力のことを指す概念として工学や心理学などで用いられていた用語であるが、近年は自然災害や紛争の文脈におけるコミュニティーの対応能力を指すものとしても使われるようになった。

こうした流れのなかで紛争後平和構築に適用されたレジリエンス論が示唆するのは、紛争後という状況や、そこからの復興の道のりが抱える本質的な複雑さである。紛争後の復興は不確実な、リスクに満ちたプロセスであり、それゆえそこで求められるのは（LPBのように）ある処方箋に沿ったやり方ではなく、むしろ試行錯誤と学習を繰り返しながら漸進していく姿勢である。レジリエンス論は、そこで生活を営み、現地に根差した智慧や経験を有している現地社会こそがそうした能力を持っている——少なくとも可能性がある——ことを指摘する。

レジリエンス論が実質的に強調しているのもHPB同様、LPBから漏れ出る平和構築の諸要素である（すでに何度か触れたガチャチャやロヤ・ジルガなどは、現地社会のレジリエンスを示すものとしてもとらえることができるであろう）。しかしHPBがそれらのローカルな諸要素を自由主義国家建設モデルへの対抗（抵抗）としてとらえ、両者からなるダイナミズムから平和構築をとらえようとするのに対し、レジリエンス論では現地社会による平和構築イニシアティブの妥当性が紛争後復興の性質そのものから導きだされ、LPBモデル自体が背景に退けられている。このように理解すると、レジリエンス論はローカル・オーナーシップによる平和構築という考え方をHPBよりもさらに徹底させている理論である、と言うことができるかもしれない。

4 平和構築における協力

LPB、HPBそしてレジリエンス論は、紛争後平和構築に関して異なる戦略を示す考え方である。いずれの戦略も、国際社会および現地社会のアクターによる協力で平和構築が進められる点では変わらないものの、異なる戦略のもとでは協力関係の異なる側面に脚光が当てられる。

国際アクター間の調整

まず平和構築の主流である自由主義国家建設あるいはLPBにおいてハイライトされるのは、平和構築に従事する国際アクター間の調整という課題である。前述したように、LPBではローカル・オーナーシップ原則のもとで（ある程度）現地社会の意見が尊重されるとはいえ、実質的なイニシアティブは平和構築の青写真を持つ国際アクター、たとえば多機能型のPKOミッション、開発援助や民主化支援を行う各国政府、国際機関、国際NGOなどが掌握している。こうして国際アクターが主導権を握っている場合、平和構築の成否を握るカギの一つは、主導権を握る国際アクター間がその政策、優先順位、スケジュールを相互にすり合わせることができるのか、ということになる（もちろん平和構築の成否ということではＬＰＢモデル自体の妥当性も議論の対象となるわけであるが、ここではそれはひとまず置く）。

だがここには、構造的といってもよい制約が存在している。というのも、上に例示した機関や組織はそれぞれに所掌範囲、意思決定手続きや説明責任を負う対象が異なっており、その結果同じ地域や国を相手とする平和構築であっても異なる方針で臨むことが往々にしてあるからである。たとえば各国の政府開発援助機関であれば、当該地域との外交関係や開発援助の重点などが考慮要件になってくるであろうし、ＮＧＯの場合にはそれが得意とする分野でのニーズの掘り起こしにまず注力するであろう。

平和構築の優先順位の相違が組織上の相違に由来するものであるとすると、この問題の根本的な解決は難しいのかもしれない。だが、平和構築に従事する国際アクター間の相互理解と情報共有を高めることで、平和構築支援の重複回避やより効率的な分業の確立といった改善は可能ではある。

実際、二〇〇〇年代後半からこの問題意識に基づく国際的なコンセンサスや政策調整の枠組みが組織されつつある。国連総会と安保理の諮問機関として二〇〇五年に設立された平和構築委員会（ＰＢＣ）に期待されたのも、平和構築に関する統合的なアプローチの推進、アクター間の意見共有さらには実務上の調整推進といった諸機能であり、これまでも平和構築全般および国別・イシュー別での検討を積み重ねてきた。ＰＢＣは基本的には同委員会のメンバー国（三一ヵ国）からなる政府間組織であるが、市民団体やＮＧＯからの参加にも門戸を開いている。

二〇〇八年から活動している「平和構築と国家建設に関する国際対話」（IDPS）も、この文脈で触れておくべき――組織名のなかで平和構築と国家建設が並置されていることの示唆性も含めて――代表的な取り組みである。経済協力開発機構開発援助委員会（OECD-DAC）が事務局を務めるこの対話に特徴的なのは、各国政府、他の国際機関、NGO、そして被支援国を包括的に集めて組織されている点であり、それを通じたガイダンスの作成や国ごとの事情に即した対話の促進が期待されている。

前述した制約を踏まえると、これらの枠組みや対話がどの程度国際調整の改善につながるのかについて楽観的な見通しを立てられるわけではない。だが少なくともこれらの取り組みからは、平和構築にかかわる国際アクターが効果的な紛争後支援に向けて協力を進めようとしている様子が見て取れる。

現地社会との関係構築

HPBとレジリエンス論において、平和構築をめぐる協力で中心的な関心を占めるのは国際アクターではなく現地アクターの方である。

まずHPBでは、自由主義国家建設のモデルに沿って平和構築を進める国際アクター（国際機関、各国政府、国際NGOなど）やその現地カウンターパート（政府機関や現地NGOの一部）と、そのモデルから外れる現地の「伝統的」アクターとの関係性に脚光が当てられる。HPBの立場からすれば、それら「伝統的」アクターの価値や制度を可能なかぎり既存の平和構築プロセスに包摂していくこと、そしてそれによってその社会に固有のハイブリッドな持続的平和の構造を造っていくことが望ましい。

だがここで難しいのは、一言で「伝統的」アクターといっても、その内実は実に多様であるという点である。たとえば現地の伝統的な権威や制度のもとで行われてきた営みのいくつかは、自由主義から見れば基本的人権の蹂躙《じゅうりん》あるいは差別や権威主義の正当化と映るかもしれない。あるいは逆に——そしてHPBの論客の多くが期待するように——自由主義国家建設を一律に進めることで現地の人々が経験する歪みや矛盾について伝統的権威を持つアクターが声を上げ、その是正を要求することができるのかもしれない。いずれにせよHPBでは、両者の建設的批判を交えた対話を通じて、その社会ならではの持続的平和に向けた協力のかたちが編み出されることが期待されるのである。

他方、レジリエンス論になると、国際アクターと現地アクターとの関係はLPBと逆のようなかたちになる。LPBでは国際アクターが平和構築を主導し、現地アクターはそのイニシアティブを受容する存在としてイメージされるのに対し、レジリエンス論においては現地社会が平和構築を主導し、国際アクターはそれを背後から後押しするというスタンスになる。

もう一つ重要な点は、当該社会が進める平和構築のデザインについて、国際アクターは評価をする尺度を持たないことである。紛争後復興の複雑さと各社会に内在する対処能力を強調するレジリエンス論からは、LPBでは前提とされているような国際アクターの評価者としての優位性は失われている。平和構築の進め方について外から評価する、あるいはLPBのように外在的なデザインに基づく平和構築を押し付けることは現地社会の妨げになるだけでなく、思わぬ副作用すら生む可能性があるとされる。

もちろん現地社会といっても、そのなかにさまざまな目的や利益が存在することは想像に難くないが、それらの調整は当該社会自身が行うべきことである。したがって国際アクターが平和構築のために行う国際支援は、現地から出されるニーズに可能な範囲で応えていくかたちで実施される。LPBとは反対に、ここでは国際アクターが受動的な立場に置かれるわけである。

つまりLPBでは国際アクター間の関係、HPBでは国際アクター・現地アクターの関係、そしてレジリエンス論では現地アクター間の関係が平和構築を動かす主要な動因として強調されている、ということである。

ここまで記したことからも示唆されるように、それらの関係は単純な協力のみによって特徴づけられるものではない。そもそもそれらアクター間に調整が必要であること自体が、関係に潜在する意見・利害の相違や相互の不信感の存在を示している。またアクターが持つ思想や利害には中核的な、したがって他者との調整にはなじまないものも混じっている以上、調整によって潜在的な対立点が先鋭化してしまう可能性すらある。

そう考えると、調整を重ねることによってすべての対立点が解消すると考えるのはナイーブな期待であるかもしれない。平和構築が協力によって支えられるとしても、その協力はこうした緊張を帯びたものでもあるといえよう。

5　軍事力の役割と民軍連携

すでに前章において、「平和構築化」したPKOミッションの内外における民軍連携についていくつかの指摘をした。本節ではそこでの議論も想起しつつ、これまで見てきた平和構築全体に視野を広げて平和構築における軍事力の役割をとらえてみたい。

平和維持との違い

まず指摘したいのは、平和構築と平和維持の基本的な性質の違いである。ここでの問題意識に引き付けるかたちでその相違を端的に言えば、①軍事力行使の想定の有無、②主な活動主体の性格、そして③活動環境の性質、といった点にあるように思われる。前章で見たように、平和維持の場合、停戦直後の厳しい環境での活動が必要であるため、一定の原則のもとで「必要なあらゆる手段」を行使することや、そのための軍事部隊の動員が認められてきた。

これに対し、相対的により安定した治安環境になった段階で持続的な平和を目指して活動するのが平和構築であり、それゆえその活動の主体は文民の支援アクターが担っている。つまり、平和構築はそのために軍事力行使が行われるような類の活動では基本的にはないのである。平和構築のための軍事力行使原則がPKOの場合のように議論されないのは、その意味では当然のことではある。

他方、平和構築の分野でも民軍連携の問題はしばしば取り上げられる。その根本的な理由は本章の冒頭でも確認した、現代の平和構築が包括的なアプローチをとっていることにある。平和構築が社会経済面の復興だけではなく、ガバナンスや治安・安全保障能力の改善までを含めたプログラムとして実施されているとすると、安全保障を担う軍事アクターにも平和構築に参入する窓口が開かれていることになる。

そしてここに、平和構築における民軍連携の余地が出てくるわけであるが、実は同じ問題であっても平和維持と平和構築とでは問題としての登場の仕方がやや異なっている。前章で見たように、平和維持における民軍連携は、伝統的に軍事部隊が中心になってきた領域にさまざまな文民平和構築アクターが参入してくるというプロセスとして登場した。そこでの活動環境はより不安定なものであるため、文民アクターの軍事部隊による保護という課題が（前述したようなジレンマを伴いながら）浮上したのであった。これに対し平和構築では、伝統的に多様な分野の文民支援アクターが牽《けん》引《いん》してきた歴史のなかに軍事アクターが参入してくる、という過程からなっている。民軍連携という問題が成立する過程が逆なのである。

民軍連携のダイナミクス

この違いは、平和構築における民軍連携という問題にもある特徴を与えているように思われる。平和維持の場合、協力を求めることで展開している軍事部隊の（やや大げさに言えば）「傘下」に文民アクターは入る構図になる。これは軍事

図3-6　ソマリア国軍兵士を対象にAUソマリア・ミッションが開催したワークショップ（2019年）　出所：AMISOM Photo

部隊が持つ安全保障や治安の提供能力に由来する関係の非対称性であると言える。

しかし平和構築の場合、それに参入する軍事アクターは平和維持と同じような意味で比較優位を持っているわけではない。軍事組織が平和構築で活動するのは主に治安や安全保障分野、たとえばＳＳＲにおける国軍の訓練やＤＤＲで回収した武器の管理および処分といった類のものであり、やはりそこでは一定のニッチを持っているとはいえるであろう。だが文民アクターもまたそれぞれの支援分野でニッチを有しており、全体として見た場合、平和構築に参入した軍事組織に特段の優位性があるわけではない。さらに言えば、治安や安全保障関連の支援であっても、そのノウハウは必ずしも軍事組織とその要員だけが持っているわけではない。たとえば退役軍人が多く所属するＮＧＯや民間軍事会社なども、そうした支援や業務は行っているのである。

つまり平和構築における民軍連携は対称的（水平的）な、そして軍事アクターにとってはあまり強み（レバレッジ）のない関係性において行われるのである。実際、平和構築で民軍連携が論じられるのは、軍事組織が直接あるいは間接的に文民平和構築に従事したとき——文民側からすると平和構築の領域に軍事組織が「入り込んで」きたとき——がほとんどであり、したがってその議論は文民側からの批判というかたちをとることが多い。その批判には文民側がやってきた活動と競合することへの心配だけではなく、現地住民との関係に変化が生まれることへの懸念も関係している。同じ地域で軍事組織が文民と類似した活動をすれば、現地住民が文民側の活動を軍事組織と関連したものとして認識し、その結果現地住民からの協力が得られにくくなる可能性がある。

たとえば、その軍事組織が対テロ作戦や対反乱作戦（COIN）を行っていると、作戦の一環として情報収集や部隊の安全確保を目的とした人心掌握（“winning hearts and minds”）のための現地社会支援がしばしば行われる。そうなると、近隣で行われている文民の平和構築支援がこうした活動と区別されずに捉えられかねないことになる。そのうえ場合によってはそれら軍事作戦の標的になっている集団から「ソフト・ターゲット」として支援団体が狙われる可能性すら出てくるのである。

軍による平和構築への批判——コソボ、アフガニスタン

こうした批判がピークに達したのはコソボとアフガニスタンでの北大西洋条約機構（NATO）の活動に対してである。

図3-7 現地患者を医療搬送する米軍PRT（2012年）
出所：U.S. Navy/ HMC Josh Ives

コソボ紛争の終結を受けNATOが派遣した国際安全保障部隊（KFOR、一九九九年～）は当初五つの多国籍旅団からなる構成で活動したが、それぞれにおいて民軍協力ユニットが作られ、人道支援からインフラ復興を含むプロジェクトをNGOとも協力しつつ実施した。アフガニスタンの国際治安支援部隊（ISAF、二〇〇三～一四年）の場合には、不安定な治安下での復興支援を進める目的で民軍の政府関係者からなる地方復興チーム（PRT）が各国部隊の指揮下に作られ活動した（ISAF外で活動する米軍部隊のなかにも同様の組織があった）。

KFOR、ISAFはともに多国籍部隊であるため、実際の民軍連携の進め方やNGOとの協力の程度も現地に展開する部隊によりかなり異なっていたようである。しかしNGOの側から見ると、軍事作戦の一部に文民平和構築支援を組み込むことは自分たちの活動領域への「侵入」であると同時に、現地住民が文民平和構築について抱く良好なイメージや期待感を軍事目的に悪用する試みであるとも映った。こうした認識は、二〇〇一年一〇月、米統合参謀本部議長を務めたことがあり、当時は国務長官であったコリン・パウエル（Colin Powell）がNGOを米国にとって重要な「戦力増強装置」（"force multiplier"）であると述べたことによっても決定づけられた。

こうした批判は、NATOという組織の性格を踏まえて理解する必要がある。国連、欧州連合（EU）、アフリカ連合（AU）と異なり、NATOは集団防衛を目的とする軍事同盟としての性格を維持しており、組織上も文民の活動を行えるような態勢を備えていなかった（また、ISAFが終了した二〇一四年頃を境に、NATOは欧州域外での紛争管理から本来任務である域内防衛にその関心を回帰させつつあり、NATOが平和構築に従事する可能性は少なくとも当面の間は高くないように思われる）。しかし、NATOが軍事的色彩の強い組織であるがゆえに、それが平和構築に関与したことに対する批判には、文民アクター側の考えがよりはっきりと表れているといえよう。

最後に、前節の議論から出てきた平和構築をめぐる三つの関係性（国際―国際、国際―現地、現地―現地）から、ここで議論してきたことをとらえてみたい。

平和構築に関連した民軍連携の議論は主に文民および軍事を担う国際アクターの次元で論じられているのがほとんどであり、現地社会との関係は間接的に（つまり外国部隊による平和構築が、現地での国際プレゼンス全体のイメージを悪化させるという指摘を通じて）触れられているに過ぎない。その意味でいえば、平和構築分野における民軍連携の議論は、LPBのモデルを前提とした国際調整の問題の一部をなすものと見ることができる。

しかし本節で見てきたように、平和構築のダイナミズムは国際アクター間だけで起きているわけではない。HPBやレジリエンス論で強調されている現地社会の多様性や積極的役割というものを踏まえれば、平和構築で繰り広げられる民軍関係は国際社会の文民・軍事アクターだけではなく、現地社会の文民・軍事アクターも交えたものとしてとらえることが可能になってくる。平和構築の全体的なあり方が変化しているのであれば、そこでの民軍連携のとらえ方も変化していくのかもしれない。

持続的な平和を確立するための支援である平和構築は、紛争管理のなかで最も長期的な視野に立った活動である。冷戦後の議論と実践のなかで主流となった平和構築の戦略は、社会、経済、統治そして治安・安全保障の諸分野において自由主義国家のモデルを導入することからなっていたが、このアプローチ（LPB）は次第に実践と理論の両面で批判を受けるようになってきた。とくに理論的な批判からは現地社会の実質的な主導性を重視するアプローチが提唱されてきており（HPB、レジリエンス論）、それは平和構築を支える協力の姿自体にも異なる視点をもたらしている。民軍連携において特徴的なのは軍事組織が特段のレバレッジを持たないこと（関係の水平性）であるが、平和構築戦略が全体として変化していけば、協力の一形態である民軍連携もその影響を受けていく可能性があることも示唆した。

平和構築戦略をめぐる議論は今後どのようになっていくのであろうか。

本章で扱った三つのアプローチで主な違いをなすのは、支援する国際社会と紛争後社会の関係のあり方にかかわる部分であるが、他方で「持続的な平和に向けた包括的支援としての平和構築」というイメージ自体は実はあまり揺らいでいない。ＨＰＢやレジリエンス論が現地社会の主導性を唱道するにせよ、国際社会からの支援が不要だとまで主張されているわけではないのである。ＬＰＢから代替的なアプローチへのシフトが、現地社会を本当の意味で包摂した戦略へのシフトだと考えれば、むしろ平和構築の包括性はより徹底されていくのかもしれない。

もう一つここで注意をひいておきたいのは、他の国際平和協力に関する議論との共通性である。実際、平和維持の章では取り上げなかったが、ＰＫＯのアプローチに関しても本章で取り上げたのとほぼパラレルな議論が存在する（自由主義的アプローチ対「コミュニタリアン平和維持」）。もっとも、平和維持の「平和構築化」傾向からすれば、この現象は当然のことかもしれない。次章で取り上げる人道支援は一見、平和維持や平和構築に比べれば活動の幅、タイミングないし内容がより限定的であるように見える。だがこの分野においても、本章でこれまで見てきた論調と共鳴するところがかなりある。その点も念頭に置きながら、議論を続けていこう。

第4章　人道支援

人道支援は、本書で触れる国際平和協力のなかでは活動領域としての確立した歴史を最も長く有する活動である。これまで見てきた二つの活動がその名前のとおり、紛争が発生した地域に平和をもたらすことを直接的な目的としていたのに対し、人道支援（humanitarian assistance）は人道主義（humanitarianism）という考え方に基づいたより焦点を絞った支援のかたちとして一九世紀後半から世界各地で実践されてきた。だが、ポスト冷戦期になると、人道支援と呼ばれる活動自体が大きく変化をしていくことになり、その過程でさまざまな議論を呼んでいくことになった。

本章でもまず紛争管理における人道支援の位置づけとその変化を概観し、それを踏まえたうえで他の特徴をとらえていく。これまでの議論からも予想されるように、ポスト冷戦期に人道支援は大幅に拡大した。平和維持および平和構築の活動として人道支援や文民保護（ＰｏＣ）といった任務が入っていたのはその一つの帰結であるが、人道支援の変化拡大はそれだけにとどまるものではない。本章ではまず、人道支援という活動の由来と伝統的な実施形態を見ながら、その範疇《はんちゅう》を超えて人道支援がどのように拡大（拡散といってもよい）したのかを考えていく。

なお、人道支援と近年はセットになって取り上げられることが多い災害救援については、本章では明示的に取り上げていない。ただし、自然災害の発生が一つのトリガーとなって紛争に結果する、あるいは紛争のなかで起きる大規模な自然災害といったものもあり、「人災」としての紛争と「天災」としての自然災害を截然《せつぜん》とわけることはますます難しくなりつつあるのもまた確かである（国連の用語では、こうした災害は「複合危機」と呼ばれる）。両者を区別する線がより「人災」（人道支援）寄りに引かれているのが近年の考え方だといってよい。その意味では、人道支援に関してここで紹介する論点や議論の多くは、災害救援をめぐるそれにもある程度は当てはまるように思われる。

1　紛争管理と人道支援

近代人道主義の誕生

人道支援は、紛争により生命や生活に甚大な影響を受けた人々に対して必要な支援を行う活動であり、人道主義に基づく活動（以下では人道活動と記す）の主要な一部をなしている。人道支援について具体的に取り上げる前に、人道主義についてまず述べておきたい。

端的に言えば、人道主義とは人間の尊厳の観点から戦争や紛争の惨禍を最低限に抑えようとする思想であり、またそれを広めるための運動である。そうした戦争や政治的暴力による人々への甚大な影響を嘆き、それを低減しようとする考えは近代以前にも見られたものの、それが国際的に組織されるようになったのは近代になってからである。

周知のように、そこで中心的な役割を果たしたのがアンリ・デュナン（Henry Dunant）により一八六三年にその前身が設立された赤十字国際委員会（ICRC）であった。

一八五九年六月、フランス・サルディニア連合軍とオーストリア軍が北イタリアのソルフェリーノで行った熾烈《しれつ》な戦闘とその人的被害（双方二千名以上の死者と一万人を超える負傷者を出したとされる）を目撃したデュナンは、その様子と所感を手記『ソルフェリーノの思い出』として著すとともに、その反響から彼の下に集まった支援者とともに人道主義運動を開始していく。その運動を国際的に牽引《けんいん》してきたのがICRCである。また人道主義運動が世界各地にも伝播していくなかで、ICRCとは別に各国のなかでも赤十字社（赤新月社）が設立されるようになっていった（日本では、日本赤十字社の前身にあたる組織が一八七七年に早くも設立されている）。

図4-1　アンリ・デュナン（1855年）
出所：ICRC

ちなみに、ソルフェリーノの戦いより前のクリミア戦争（一八五三～五六年）に際して負傷兵の看護に活躍したイギリス人フローレンス・ナイチンゲール（Florence Nightingale）の活動も国際的に強い印象を与えた。ナイチンゲール自身はその後進展した赤十字の活動に直接関与していたわけではないものの、両者をつなげてみると、一九世紀後半の欧州には戦禍を抑制しようとする運動を支持する思潮があったことがわかるであろう。

図4-2
フローレンス・ナイチンゲール

人道活動の種類と原則

こうして展開してきた人道主義に基づいて行われる活動には、大きく言って、①保護、②唱道（advocacy）、そして③支援という三つのものがある。

まず保護とは、国際人道法の整備と同法に基づく非戦闘員の保護（たとえば戦争捕虜や傷病者に対する人道的扱いの監視）が中心となる。唱道とは国際人道法（一九世紀後半から検討が行われ、現在は四つのジュネーブ条約および三つの追加議定書として整備されている）の内容や精神を各国の軍や一般人に対して普及教育することである。

保護や唱道は国際人道法というルールの適用ないし普及を主眼とした活動である。これに対し、人道主義の精神にやはり依拠しながらも、現地での具体的なニーズ対応に注力しているのが（人道）支援である。支援として行う内容は被害者の置かれた状況によるが、食糧、医療、浄水、衛生、一時的な避難施設（シェルター）といった、生命や最低限の生活維持に必要なサービスの提供が中心となる。

支援を含めたこうした人道活動は、いくつかの根本的な原則に従って行われる（以下では本章のテーマである人道支援を想定して話を進める）。主なものとしては①区別、②不偏性、③中立性、④独立性、そして⑤人間の尊厳がある。

区別原則は、戦闘員と非戦闘員を区別した対応をすることである。戦闘員とはいわゆる兵士のことを主に指すが、この場合には実際に戦闘に従事しうる状態にある戦闘員のことを指しており、たとえば捕虜となった者や傷を負ったものは非戦闘員の側にカウントされる（一般市民も当然ながらこの範疇に入る）。人道法が保護の対象とするのは後者の非戦闘員に当たる人々である。不偏性は、支援対象となる人々の属性（人種、宗教、部族など）によって差別をせず、あくまで人道上のニーズのみを見て支援すべきと説く。中立性や独立性はこれとセットになる考え方であり、一部の紛争当事者に加担する、あるいは当該紛争をめぐる諸利害や目的と結託した支援を慎むことを指す。

そしてこれらの運用原則を基礎づけているのが、人間の尊厳（human dignity）の中心性である。人間の尊厳とは人間が人間として尊重されることを求める概念であるが、これは人権規範のベースともなっている。人権規範はすべての人々が人間であるがゆえに尊厳ある生き方をする平等な権利があることを主張する。しかし、戦争捕虜に対する虐待、あるいは武装勢力が制圧した地域での現地住民に対する略奪や性的虐待に見られるように、紛争状態に置かれた人々の尊厳はないがしろにされやすい。これに抗して、紛争が起きている状況であるからこそ、人間の尊厳は尊重されなければならないとするのが人道主義なのである（人権と人道主義の関係については後述する）。

これが伝統的な人道支援とその背景に関するきわめて概略的な説明であるが、以上のことを紛争管理の観点からとらえなおしてみたい。

人道主義全般にもいえるが、伝統的な人道支援に特徴的なのは、紛争の解決を目的としていない、という点である。前述のとおり、人道支援は紛争の影響を受けた人々の尊厳を確保するために必要となる物資等を提供する活動である。区別原則や不偏性はそれに注力することを明確にし、中立性、独立性は現地の政治状況への関与を回避すべく作用する。

中立性といえば、第2章で冷戦期ＰＫＯの原則を説明した際にも触れたことがある。冷戦期ＰＫＯにおける中立性は、局地的紛争の東西対立への拡大を防ぐという目的から導出された原則であった。紛争当事者との等距離性を保つことで、停戦によりもたらされた紛争の凍結維持に貢献しようとするのが伝統型ＰＫＯにおける中立性の役割であった。

人道支援で中立性原則が果たすのもこれに似ている。すなわち中立的立場を保つことで紛争当事者から一定の信頼を獲得し、それによって支援活動ができる余地（人道的空間と呼ばれる）を作り出すのである。ただし、伝統型ＰＫＯにおける中立性が（消極的なかたちではあれ）紛争そのものの管理を目的としているのに対し、伝統的な人道支援の諸原則が向けられているのは戦禍の抑制というより限定的・間接的な目的である。

つまり、人道支援が紛争管理において行うのは紛争で被害を受けた人々に寄り添うことであり、紛争そのものを変化させる――解決あるいは凍結する――ことではなかったのである。違う言い方をすれば、伝統的な人道主義（支援）には紛争が発生してしまう世界の現実に対する醒めた認識と、そしてそれを変えられない人間の悲劇性に対する諦念がにじんでいる、と言っていいのかもしれない。

2　戦略としての人道主義

冷戦終焉と人道主義

人道支援は紛争が起きる現実のなかで、被害者の生命と尊厳を守るための支援を行う活動である。被害を生む紛争そのものを終結させる活動ではないという点では、保護や唱道といった他の人道活動もやはり同じである。しかし、この状況は二〇世紀後半にかけて次第に変化していき、ポスト冷戦期になるとその変化はさらに顕著なものになっていく。ここでは、その変化が何であり、どのようなかたちをとってきたのかをとらえることにする。

端的に言えば、ポスト冷戦期になって顕著になった人道主義（したがってその一部である人道支援）の変化とは、それが紛争解決の目的として掲げられるようになったことである。すでに述べたことの繰り返しになるが、傷病者の看護、捕虜の保護や戦災者に対する物資やサービスの提供は、それにより戦況が変わることを意図して行われているわけではなく、むしろそうした効果を生むことは忌避されてきた。中立性、独立性を主張することで紛争当事者間の政治闘争から一線を画して自律的な活動の余地を確保する代わりに、紛争そのものの終結には貢献できないことを受け入れる、というトレードオフの上に伝統的な人道活動は成り立ってきた。紛争を終結させるべく働きかけるには、それを生む政治闘争への直接的な関与が必要となってくるためである。

ポスト冷戦期の人道主義や支援が紛争解決を目的とするようになったということは、伝統的な人道主義にあったこのトレードオフを拒否すること、したがって人道主義の観点から紛争や政治そのものに関与し、その解決を目指すことを意味する。伝統的な人道主義が「非政治性」を前面に出す思想であるとすれば、近年の拡張した人道主義は政治あるいは戦略のレベルで目的化されている、と言うこともできるであろう。

人道主義が「戦略」として拡張的に使われるとは、具体的にはどのようなかたちをとるのであろうか。本章では政治化、開発化、軍事化という三つのキーワードでそれを説明していくが、その議論に移る前に二つほど述べておきたいことがある。

一つは、これらの傾向は冷戦期以前にもある程度見られていたという点である。冷戦政治のなかで西側諸国は難民の受け入れや人道支援を反共産勢力支援あるいは共産主義批判の意図のもとでしばしば行っていた。たとえばソ連のアフガニスタン侵攻やニカラグア内戦（ともに一九七九〜八九年）に際して米国が行った人道支援は、武装勢力側を支援する目的で行われていたといわれている（米国はそれら武装勢力に対して軍事支援も行っていた）。

また冷戦政治からは離れたところでも、人道主義や人道支援の「戦略的」活用と言いうるものがこの時期にはすでに散見されていた。

たとえばバングラデシュ独立戦争（一九七一年）にインドが軍事介入した際には、その正当化に人道主義的な議論が動員された。ナイジェリア・ビアフラ戦争（一九六七〜七〇年）で国軍によるビアフラ封鎖の結果深刻な飢饉《ききん》が発生した際には、封鎖地域への空輸による（したがってビアフラ側に利するかたちの）大規模な人道支援が組織されるとともに、人道支援コミュニティーの一部からはナイジェリア政府側の振る舞いに対する表立った批判を展開するものもあった。また、現在国際NGOとして知られる多くの組織（オックスファム、CAREなど）が設立されたのは第二次世界大戦を契機としているが、その多くは戦災者に対する救援だけではなく、その後の復興支援にも従事しており、人道支援と開発援助は早い段階から連接していた。

New NIGERIAN
MONDAY, 12 JANUARY, 1970
THREEPENCE
OWERRI IS NOW CAPTURED
OJUKWU FLEES HIS ENCLAVE
RACCAH & CHAKER
FACTORY LIMITED
KANO
Conventional war now over, says envoy

図4-3　ビアフラ戦争終結を報じる現地新聞（1970年）
出所：Aart Rietveld

こうして見ると、人道主義の戦略化は、人道活動が積極的に使われ大規模化する局面では比較的生じやすく、その点で冷戦期までと冷戦後とで根本的な断絶があるわけではないことがわかる。したがってここで人道主義の「戦略」化として紹介する三つの傾向も、人道主義をめぐる議論や実践で以前からあったものが、ポスト冷戦期における積極化を受けてより顕著になったもの、という含みをもって理解する必要がある。

なぜ戦略化したのか

そしてもう一つ、ポスト冷戦期における人道主義の（さらなる）戦略的使用が生じた背景についても、ここで考えておきたい。平和維持や平和構築の拡大を検討した際に指摘した論点とも関係するが、大きくいって次の二つを指摘することができるように思われる。

第一は、ポスト冷戦期における紛争の性質および紛争に関する認識の変化である。すでに述べたように、ポスト冷戦期の紛争の多くは国内紛争である。冷戦の終焉はこうした紛争を大国間の代理戦争としてとらえる見方を後退させ、その結果それら内戦はそれ自体での原因や被害を伴う出来事として認識されるようになった。同じ国内で軍事化した政治勢力が政権を争う国内紛争では、領土と並び現地住民が意図的な標的とされる――その武装勢力にとっての支配圏を示すものとして、あるいは紛争を行うための資源をもたらすものとして――ことが多い。また機能する政府が不在となった内戦状況では、国際人道法が顧みられない傾向も（反政府武装勢力だけでなく紛争当事者となった政府軍についても）強くなる。それゆえ国内紛争で死亡する人の多くは非武装民であり、それに加えて多数の難民や国内避難民が発生する。国際社会から見て、国内紛争という出来事の重大さを物語るのは、その地政的な位置づけではなく、人的被害の規模と性質なのである。

第二に、人道主義を国際的に主流なものとしてきた社会的諸要素が挙げられる。ポスト冷戦期の紛争で目立つのが非武装民の惨状であるとしても、それを対処すべき重大な人道問題として認識する視点が国際的な影響力を持つようになって初めて「国際人道危機」として認識される。

本章の初めに見た、一九世紀後半からの人道主義運動や国際人道法の整備はこうした視点の漸進的な深化を物語るが、第二次世界大戦後にはジェノサイドや難民、そして人権に関する諸条約とそれに基づく活動を行う組織の整備も行われた。そうした整備プロセスで一つのメルクマールとなったのが、人道に反する犯罪を裁く目的で設置された国際刑事裁判所（ＩＣＣ）である。また、国連憲章が基本的人権と人間の尊厳の尊重をその目的の一つとして記したことも、この関連で触れておくべきであろう。もちろん、もともとは欧米の政治思想に由来する人権・人道規範が普遍的と言えるのかについては常に議論があるが、人間の尊厳を尊重する、あるいはそれに反する行動を看過しない考え方は長い期間をかけて拡大深化してきたのである。

もうひとつ社会的な要素として触れておきたいのはメディア、とりわけ映像メディアの役割である。ポスト冷戦期は、同時に映像を用いた紛争報道が一般化していく時期でもあった。湾岸戦争（一九九一年）でのリアルタイムでの国際報道が大きなインパクトを生んだことは広く知られているが、その後インターネットの急速な普及により、リアルタイムでの現地からの報道はどの紛争においても広く見られるものとなっていく。

注意したいのは、内戦や地域紛争をメディアが映像や画像により報道する際にも、人的被害の視点が主流となっていることである。紛争がいかに現地住民の生命や生活に深刻な影響をもたらしているのか、という視点をメディアがとりやすいのは、それがポスト冷戦期の一般的認識を反映しているためであるが、メディアによってその視点がさらに増幅された側面もあるように思われる。

戦略化のインパクト

以上から見えてくるのは、ポスト冷戦期に多く発生した国内紛争が人的被害の側面で積極的に取り上げられ、それに漸進的に拡大してきた人道的感性が呼応するという構図である。紛争を人道主義の視点から問題化する動きが強化されれば、その問題を解決しようとする意思はより強く出てくるようになる。言うまでもないが、ここで問題となっているのは紛争そのものであるから、その解決が求められることになる。「人道危機の本質的な解決には紛争の根本原因対処が必要」という考え方が生まれてくるわけである。

付言すると、この考え方には人道主義において結果を重視する考え方（帰結主義）が台頭してきたことを意味する。もちろん伝統的な人道活動がその活動成果を軽視していたわけではないが、人道主義には先に見たような固有の行動原則があり、それに沿った行動こそが人道活動であるとする思考（義務論という）が根強くある。人道活動の分野で帰結主義的な考え方を示したことで強い影響力を放ったのが“Do No Harm”（害を及ぼすべからず）原則であるが、これがメアリー・アンダーソン（Mary B. Anderson）の同タイトルによる著作のなかで提唱されたのは一九九九年のことであった。

人道主義が紛争解決を要求するものへと変貌していったことには、とくに二つの相互に関係しあう意味合いがある。

ひとつは、平和構築や平和維持における議論との同時性である。すでに見たように、内戦や地域紛争に関してその根本的解決を模索する取り組みは、ポスト冷戦期においてこれらの分野で積極化していった。ここでとらえている人道主義の変化は、平和維持の伝統型から複合型への深化拡張と類似した軌跡をたどっている。紛争の根本的な解決を求める戦略化した人道主義は、他の国際平和協力と同じ土俵に立つようになり、それらの活動とも緊密な関係を持つようになった。ここまで平和維持や平和構築を論じた際、たびたび人道主義的な要素が登場してきたのも、こうした経緯から理解できるであろう。

もう一つは、諸国家にとっても人道主義がそれまでにはなかったような対外政策上の意義を有するようになった、ということである。平和維持や平和構築において、そのための資源や組織を有している諸国家はやはり大きな存在感がある。これに対し、人道主義が生まれ進展してきたのは、国家や国家政策とは一線を画したアクターによってであり、それによって人道活動独特の活動文化を維持してきたと言える。

しかし今、紛争解決において他の国際平和協力と同じ方向性を向き、その結果両者の境界線がきわめて曖昧になると、紛争解決を求めるべく国際平和協力に取り組む諸国家にとっても、人道主義がアクセス可能な政策言語になってくる。漸進的に受容され、メディアによっても主流化してきた人道主義は、自国の当該紛争への関与を正当化し、その目的を実現する手段として魅力的な「使える」もの、と映るのである。戦略化した人道主義の具現化には、国家側のこの姿勢変化が大きくかかわっているといってよいであろう。

戦略化の特徴1——開発化

やや背景説明が長くなってしまったが、変化した人道主義を特徴づける三点についてそれぞれ見ていきたい。端的に言えば、人道主義の政治化、開発化、軍事化とは、伝統的な枠組みを超えて人道主義が紛争の根本的な対処を求める場合に重視する手段のヴァリエーションに由来していると理解することができる。

まず開発化（developmentalization）であるが、持続的な平和の確立や紛争再発防止に向けた長期的な支援を人道支援の延長として行う姿勢を意味する。

すでに述べたように、人道支援が救援段階を超えた復旧支援にも従事する傾向は二〇世紀を通じて見られ、現在ではほとんどの人道支援ＮＧＯがそうした支援を活動のポートフォリオに加えていると言われている。ただし人道支援の延長として物理的なインフラ支援などに乗り出すことと、紛争解決（再発防止）を目的とした組織や制度改革に乗り出すことには質的な違いがある。地域紛争や内戦後の文脈で民主化支援、法の支配の確立（司法、治安を含む行政組織改革）、社会和解の促進を行うのは後者の例であるが、現代の人道支援にはこれら活動への貢献も含まれているのである。こうした支援を行う人道支援アクターは、実質的には平和構築の一部を担っていると言ってもよいであろう。

他方、これとパラレルな動きとして、開発援助においてもその活動の目的として人道支援が掲げられるようになった。これには、①人道危機の長期化傾向、そして②紛争後の不安定な状況におけるコミュニティーやガバナンス支援が開発援助全体で高い優先順位を得るようになったこと、が影響している。人道危機が長期的な支援を必要とし、開発ドナーの関心も紛争管理に向くようになったことにより、人道支援が開発支援においても主要な名目となったのである。実際、たとえばＯＥＣＤ‐ＤＡＣメンバー（主に先進国）の政府開発援助（ＯＤＡ）の流れを見ると、そのなかに占める人道援助項目の割合は二〇〇〇年代を通じて漸増してきている。

もちろん、紛争期および直後の人道支援ニーズと中長期的な平和構築のニーズには自ずと性質の違いがあり、両活動間の移行をどのように成功裡に行うのかは一九九〇年代以降多くの議論がなされている。ただ、人道・開発・平和（構築）の連携（nexus）をいかに円滑化するのかという問題が多くの関心を集めていること自体、人道支援と開発援助の相互嵌入《かんにゅう》を物語っているように思われる。またこれは政治化とも関係する論点であるが、開発援助（とくにＯＤＡ）は現地政府機関と連携しながら行われる傾向が相対的に強いため、伝統的な人道主義から見ると中立性や不偏性に反するものと映る可能性がある。この点も開発と人道活動の関係をめぐって繰り返し登場する論点である。

戦略化の特徴2――政治化

(1) 人道原則と政治

次に政治化(politicization)とは、現地住民のための積極的な保護・唱道活動や紛争解決に向けた政治的働きかけを意味する。当然のことであるが、難民・国内避難民の発生、飢饉、組織的な殺戮《さつりく》や虐待といった危機的状況は自然に起きるわけではなく、それを引き起こしている何らかのアクターがいる。さらに言えば、そうした振る舞いが戦術として使われる、あるいは許容されてしまうのが紛争状況であるという意味では、紛争そのものを止めることがやはり重要になってくる。

そう考えると、非人道的なアクターに対し批判の声を上げたり、紛争当事者に対して紛争解決に向けた圧力をかける姿勢は、人道的な視点からも(少なくとも潜在的には)直截《ちょくせつ》導かれる姿勢である。だがすでに見たように、伝統的な人道主義はそれを控えてきた。たとえばICRCの場合、戦争捕虜の扱いに問題があると考えられればその懸念を当該国の当局に伝えるが、こうしたコミュニケーションは公になるかたちではなく、あくまで秘密裡《ひみつり》に行われている。そうしないと活動の不偏性や中立性が疑われ、結果として人道アクセスが確保できなくなる恐れがあるからである。

もちろん、こうした姿勢でよいのか、という問題意識は以前から存在していた(実際ビアフラ戦争の時のようにそれが表立つこともあった)。加えて、冷戦後に国際問題となったさまざまな人道危機、とりわけボスニアの民族浄化やルワンダ・ジェノサイドに対する国際対応の弱さは、伝統的な人道主義の枠組みに対する疑念をさらに強めることになった。

しかし難しいのは、こうして強まった疑念によって批判の声を上げれば人道アクセスが困難になるだけではなく、現地で支援を行う要員が標的となる可能性も強まってしまうということである。このため、とくに現地で活動している人道支援NGOの場合、（こうした自問を抱えつつであるが）政治的な批判を公の場で行うことは控える傾向が依然として強い。そうしたNGOが公的な声明を出す典型的なタイミングは、要員が現地武装集団の攻撃を受けて死亡したり、治安悪化により現地での活動が困難となりつつある時であるが、その場合にも人道原則を強調しつつ、名指しの批判を避けるかたちで発出されることが多いのである。

(2) 人道主義と人権

しかし同じ市民社会のアクターであっても、人権NGOでは異なるアプローチがとられる。ここで注意しておきたいのが、人道と人権の違いである。両者は西欧の政治思想に由来し、また前述のように人間の尊厳を究極的な目的とする普遍主義的な規範であるが、役割には違いがある。

まず最も基本的な違いは、人道が「戦時」、人権が「平時」を対象とする点である。人道主義は戦争による悪影響を受けた人々に対して国際ルールに沿った保護や救援を行うものであるが、当事者間がまさに戦っているという特異かつ厳しい状況のゆえに、軍事化した政治からいかにその活動を保っていくのかが最重要の課題となる。このことは、その紛争が国家間のものであれ、国内のものであれ変わらない。不偏性、独立性、そして中立性は、こうした文脈から生まれてきた諸原則である。

　これに対し、平時、すなわち紛争状態に陥っていない国内政治の文脈で、政府による不正義に抵抗し、それにより人間の尊厳を守ろうとする規範が人権である。たとえばある政権が少数民族に抑圧的な施策をしたり、政治的に政権と敵対する勢力の逮捕や拉致などを組織的に行っている疑いが高まったとする。そうした影響を受けた人々自身やその境遇に懸念を有する国内外の人々による抗議の声が上がることになるが、そうした声が依拠する考え方が国際人権規範なのである。アムネスティ・インターナショナルやヒューマン・ライツ・ウォッチといった国際人権ＮＧＯは、この立場から報告書や声明といった手段によって当該国の人権状況を批判し、それにより改善を求めていくアプローチをとる。

　つまり人道主義との違いをやや誇張して言えば、人道アクターがその活動（人道活動）を担保するために非政治的な姿勢を取るのに対し、人権アクターがその活動（人権促進）を行うのは扱う問題を「政治化」することによってなのである。

　人道主義が国際的に主流化した時代は、人権規範が国際的な影響力を獲得した時代でもある。そうした時代は、国連憲章（一九四五年）が国連の目的の一つとして人権問題の解決と人権促進を掲げたときにすでに文脈として準備されていたのかもしれない（表４－１参照）。そこでは、紛争下で起きてしまう人道危機に対しても、人権の観点からの国際的な抗議が公然と行われることになる。ニュアンスの違いはあるが、そうしたスタンスの批判は先に挙げた人権ＮＧＯによるものだけではなく、各国政府、国連、地域機構などによる声明や代表者の発言にも見られることがある。

また、先に触れた保護や唱道は人道活動の一部であるが、これらが伝統的な矩を超えて積極化すれば政治的な含みを持つものとなりやすい。人道法にもとづく保護は非人道的な紛争当事者に対して懲罰的な意味合いを持つことになる一方、紛争当事者への教育や能力構築を含む唱道活動はその当事者に正当性を与える意味合いも帯びる。

(3) ダルフール問題と人道主義のジレンマ

近年で言えば、前者（保護）の例で代表的なものはICCの活動である。ICCが戦争犯罪などで訴追すべく取り上げるのは、すでに平和構築や和解の段階に入ったポスト紛争社会の事案であることが多いが（これ自体政治的に機微な側面を含んでいる）、現在も進行している紛争に際して当事者の一部に訴追を行うことになれば、人道問題は一

表4-1　国連の目的（国連憲章第1条）

国際連合の目的は、次のとおりである。

1. 国際の平和及び安全を維持すること。そのために、平和に対する脅威の防止及び除去と侵略行為その他の平和の破壊の鎮圧とのため有効な集団的措置をとること並びに平和を破壊するに至る虞のある国際的の紛争又は事態の調整または解決を平和的手段によって且つ正義及び国際法の原則に従って実現すること。
2. 人民の同権及び自決の原則の尊重に基礎をおく諸国間の友好関係を発展させること並びに世界平和を強化するために他の適当な措置をとること。
3. **経済的、社会的、文化的または人道的性質を有する国際問題を解決することについて、並びに人種、性、言語または宗教による差別なくすべての者のために人権及び基本的自由を尊重するように助長奨励することについて、国際協力を達成すること。**
4. これらの共通の目的の達成に当たって諸国の行動を調和するための中心となること。

注：強調は引用者による。　出所：国連広報センターウェブサイト。

気に高次の政治外交問題となる。

その意味で近年、最も国際的なインパクトを与えたのは、二〇〇八年七月、ICC検察官が当時現職の大統領であったオマル・アル・バシール（Omar Al-Bashir）の逮捕状発行を請求し、翌年三月にICC予審裁判部が逮捕状を発行したことである。容疑はスーダン・ダルフールにおける人道に対する罪と戦争犯罪に関するものであった（二〇一〇年七月にはジェノサイドの罪も追加）。この逮捕状の請求は国連安保理からのイニシアティブ――調査委員会の設置（二〇〇四年九月）、ICCへのダルフール情勢の付託（二〇〇五年三月、安保理による付託としては初のケース）――から生まれた結果の一つであり、当初から高い国際的注目を浴びていた。ただ、現職大統領に対する逮捕状請求は、アフリカ諸国をはじめとする多くの国の反発を生んだだけではなく、後述するように現地で活動する人道支援にもかなりの影響を及ぼすことになった。

人権規範との関連で人道主義の政治化を言い換えると、それは人道危機に際して人権の視点が積極的に入り込むようになり、その結果人権規範を経由した国際的批判や抗議のスタンスが積極的に取られることを意味している。もちろん先ほども述べたように、現地の活動を行う人道支援ＮＧＯがそうした姿勢を積極的に取ってきたわけではない。だが思想的に深いつながりを有する人権規範が人道危機に対して積極的に喚起されるようになれば、人権と人道が前者の優越のうちに一体となった思潮のなかで人道支援アクターも活動をしていかなければならない。そうすると、人権（あるいは保護・唱道）の点で国際的な批判を浴びた紛争当事者は、その批判に対する反発を人道支援に対しても向けていくであろう。対象となる組織が、こうした反発を抑止する手段や姿勢を持たない「ソフト・ターゲット」であればなおさらである。

ダルフールでは、実際にそれが起きた。二〇〇九年三月四日にICCがバシール大統領に対する逮捕状を発行した同日、スーダン政府は十三の国際NGOに国外追放、三つの現地NGOに活動停止を命じ、ダルフールで人道支援を提供する能力は大幅に減殺《げんさい》されることになった。この月にはNGOの要員に対する脅迫や妨害の事案も大幅に増加したほか、国外追放となった外国人のNGOスタッフに対する出国ビザが下りず、数週間国内にとどめ置かれる事態にもなった。スーダン政府がこの処分を下した主な理由として挙げたのは、これらNGOがICCの調査に協力していたことであった（NGO側はこれを否定している）。

ダルフールの例が示すのは、安保理やICCが人権や保護を目的に高い政治的意思をもって行うこうした活動が、現地で行う人道支援の活動をかえって困難なものとしてしまう、というジレンマである。

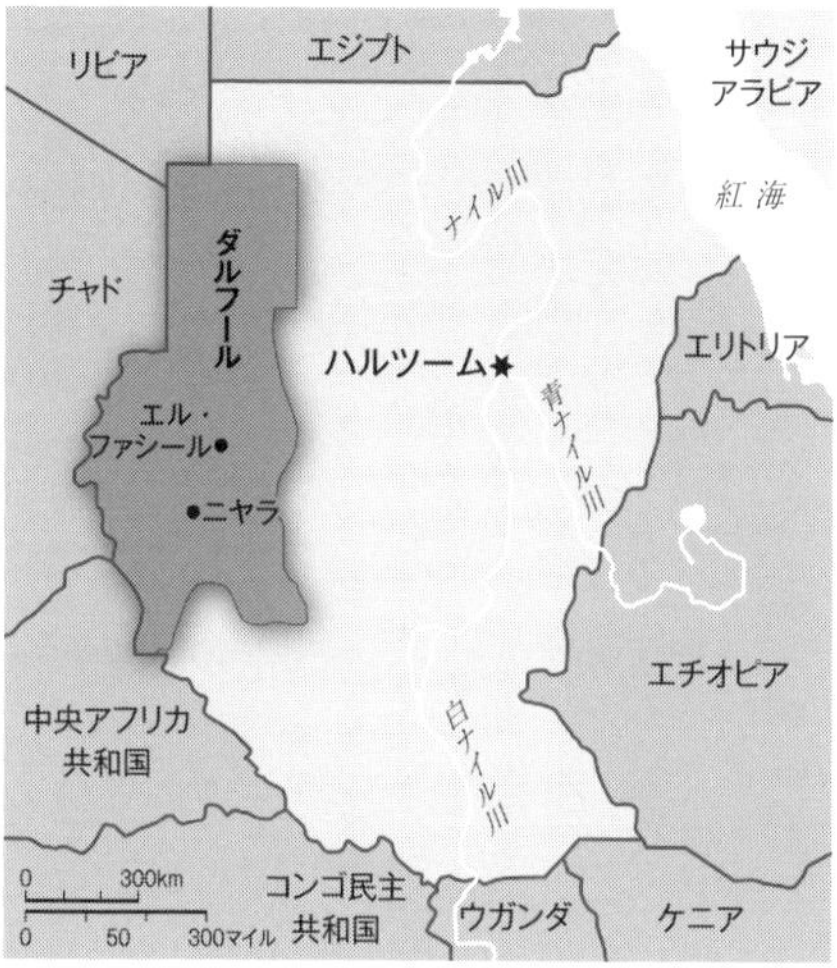

地図 4-1　ダルフール地方

戦略化の特徴３――軍事化

⑴ 軍事化の背景

最後に軍事化（militarization）は、人道危機の原因となっている紛争そのものの軍事的な手段による解決を求める、あるいは容認する姿勢を意味する。とはいえ、人道支援アクターが軍事力をもって介入するわけではもちろんない。また軍事介入への支持を公言することについて、人道支援アクターは上述した人道主義の政治化への対応以上に慎重である。

そうした行動に出るのは、軍事力をもともと有しているアクターである諸国家であり、国家が単独で、あるいは多国間で（多国籍軍やPKOミッションも含まれる）介入するのである。しかしとりわけ国内紛争の場合、他国が軍事的に介入することはその国の主権を侵害することになるため（内政不干渉原則）、介入することには相応の理由が必要になる。そしてそうした理由としてポスト冷戦期に頻繁に挙げられるようになったのが、大規模な人道危機や人権侵害に対する対処という目的なのであった。

つまり実質的に言えば、人道主義の軍事化とは軍事介入の事由として人権や保護・唱道の視点が積極的に取り上げられる傾向を意味している。言うまでもなく、この傾向は人道主義の政治化傾向と軌を一にしている。そこで見たように、人道危機やその発生の文脈である紛争を止めようとする場合、それを引き起こしているアクターに何らかの働きかけを行う必要がある。だが、たとえば民族浄化やジェノサイドのような重大な事態が発生している、あるいはその可能性が高まりつつあると考えられる場合、外交的な働きかけだけではすでに手遅れになっているのかもしれない。

軍事介入は介入される国との関係でも、また介入する側との関係（たとえば失敗した場合のリスクや介入部隊の損耗など）でも敷居が高いオプションであるが、深刻な人道危機や人権侵害に対処するための緊急対応として、軍事介入が検討されることになるのである。

(2) ポスト冷戦期の介入事例

人道的な事由を挙げて軍事介入（人道的〈軍事〉介入と呼ばれる）を行う事例は、一九九〇年代から二〇〇〇年代前半にかけて立て続けに見られた。

メルクマールをなす最初の事例は湾岸戦争後の北イラクで多国籍軍が行った、クルド人保護のための安全地帯および飛行禁止区域の設置である（一九九一年四月〜五月）。これは湾岸戦争後のクルド人による武装蜂起がイラク政府軍からの反攻を招き、結果としてトルコおよびイランとの国境地域に多数の国内避難民等が発生したことを受けてのものであった。多国籍軍は大規模な難民キャンプを設置運営するとともに（五月に国連難民高等弁務官事務所：ＵＮＨＣＲへ移管）、北緯三六度線以北を飛行禁止区域にすることでイラク軍による空からの攻撃から保護した。

このパターンは、ボスニア内戦最中の一九九三年四月〜五月にかけ六つ設置された安全地帯においても繰り返されているが、その際に保護する任務を担ったのは国連ＰＫＯミッション（ＵＮＰＲＯＦＯＲ）であった。さらに、ルワンダ・ジェノサイドの終盤に当たる一九九四年六月末、フランスは国内避難民等の保護を目的に掲げて多国籍軍を組織したが、この時にもルワンダ南西部が安全地帯として宣言されている。第2章で触れたソマリアＵＮＩＴＡＦの活動も、その主な名目が治安面からの人道活動に対する支援であったという意味では、人道的介入とみることができるであろう。

　一九九九年に行われたコソボと東ティモールに対する軍事介入も、人道的な観点が色濃くその検討に入り込むものであった。

図4-4　コソボ：アドリア海に展開した米軍の駆逐艦から発射されるトマホーク・ミサイル（1999年）

出所：U.S. Navy/ PO3 Renso Amariz

コソボ紛争のターニングポイントとなったのは北大西洋条約機構（ＮＡＴＯ）による空爆（一九九九年三月～六月）であったが、ＮＡＴＯ諸国がこの介入を正当化する際に強調したのは、ユーゴスラビア連邦政府側によるアルバニア人の虐殺や追放が大規模に発生しており、こうした人道上の惨劇を食い止めるためには軍事介入が必要である、という主張であった。

　それから数ヵ月後の九月中旬、東ティモールではオーストラリア主導の多国籍軍（東ティモール国際軍：ＩＮＴＥＲＦＥＴ）が派遣され、翌二〇〇〇年二月に国連ＰＫＯ（ＵＮＴＡＥＴ）がその任務を引き継ぐまで同地域の治安回復などに当たった。オーストラリアにとって、海を挟んだ近隣である東ティモールでの紛争は安全保障上からも懸念されるものであったが（同じことは欧州諸国にとってのコソボについても言える）、この介入の重要なトリガーとなったのも、住民投票（一九九九年八月三〇日）後に起きた暴動による急激な治安の悪化と、そのなかで発生した人道危機――主に独立派住民を標的として千名以上が殺害され、襲撃や家屋等の破壊から逃れようと一時は地域人口の半分以上が難民や国内避難民となったという――であった。当時、オーストラリア国内ではこの危機に対して介入を支持する世論が高まりつつあった。政府は地域の大国でもあるインドネシアとの関係にも配慮しつつ（介入前にインドネシア政府からも合意を得ていた）、多国籍軍を組織することにしたのである。

(3) 国連安保理の役割

これらの事例に共通していることは、①国連安保理が重要な意思決定上の役割を果たしていること、②介入の正当性と効果をめぐる国際的な議論を伴ったこと、③そして時期が集中していることである。

まず①についてであるが、東ティモールへの介入をするうえでオーストラリアが条件としたのはインドネシア政府の合意に加え、安保理からの適切な授権であった。実際、ここに挙げた一九九〇年代前半の介入はいずれも安保理決議を根拠として活動しており（決議により具体的な表現の明確さやニュアンスは異なる）、オーストラリアの対応もそうしたパターンを受けてのものであった。ここには、安保理における人道危機に対するコンセンサスの形成が見て取れる。

大まかに言って、国連創設後の世界において軍事活動を行う正当性の根拠は、自衛（個別的、集団的）のためか、集団安全保障のためのいずれかに求められる。後者の集団安全保障はある事態、情勢やイシューを国際社会全体に対する脅威と認定し、その認定に基づいて国際社会のメンバーが集団として対処する、という論理に依拠している。国連安保理が安全保障上重要である主な理由のひとつは、集団安全保障の概念上の梃子《てこ》となる脅威認定を国連憲章のもとでつかさどっていることと言ってよいが（表4－2、第三九条参照）、北イラク情勢以降安保理はその脅威

表4-2　国連安保理の権能（国連憲章第39条〜42条）

第39条 安全保障理事会は、平和に対する脅威、平和の破壊又は侵略行為の存在を決定し、並びに、国際の平和及び安全を維持し又は回復するために、勧告をし、又は第41条及び第42条に従っていかなる措置をとるかを決定する。
第40条 事態の悪化を防ぐため、第39条の規定により勧告をし、又は措置を決定する前に、安全保障理事会は、必要又は望ましいと認める暫定措置に従うように関係当事者に要請することができる。この暫定措置は、関係当事者の権利、請求権又は地位を害するものではない。安全保障理事会は、関係当時者がこの暫定措置に従わなかったときは、そのことに妥当な考慮を払わなければならない。
第41条 安全保障理事会は、その決定を実施するために、兵力の使用を伴わないいかなる措置を使用すべきかを決定することができ、且つ、この措置を適用するように国際連合加盟国に要請することができる。この措置は、経済関係及び鉄道、航海、航空、郵便、電信、無線通信その他の運輸通信の手段の全部又は一部の中断並びに外交関係の断絶を含むことができる。
第42条 安全保障理事会は、第41条に定める措置では不充分であろうと認め、又は不充分なことが判明したと認めるときは、国際の平和及び安全の維持又は回復に必要な空軍、海軍又は陸軍の行動をとることができる。この行動は、国際連合加盟国の空軍、海軍又は陸軍による示威、封鎖その他の行動を含むことができる。

出所：国連広報センターウェブサイト。

概念に大規模な人道危機や人権侵害を含むようになった。本章の文脈で言えば、安保理のこうした対応自体、人道主義の戦略・政治レベルでの主流化を最も明確に示すものであると言えるであろう。

(4) 介入をめぐる国際的議論

またこれらの事例は、そのたびに介入の正当性について議論を呼んできたことも共通している(②)。先ほど述べたように、主権国家の体系を前提として考えると人道危機やその文脈である内戦は「国内」問題であり、それゆえ外部からの軍事力による介入は内政干渉に当たることになる。

人道的介入論が「国家主権対人道・人権規範」という基本的構図をとるのはこのためであるが、この構図にあるのは人道的事由によって国家主権(内政不干渉)の壁を乗り越えることが可能なのか(許容されるのか)、という問題意識である。とくに、なんらかの人道的事由を内政不干渉に対する例外として認めてしまえば、それを隠れ蓑《みの》にした軍事介入が横行するのではないか、という懐疑論は根強く主張されてきた。これに対して手続き的な意味で採られた解決策は、安保理が集団安全保障のもとで有している前述の認定能力を活用することであったが、それでも実質的な問題――つまりどのような規模・状態の人道危機が人道的介入に値し、それに対して誰がどの段階からどの程度介入すべき(できるの)か――は難しい問いとして残った。

一九九〇年代の実践は、この点に関する議論を強く刺激するものであった。たとえば、ルワンダ・ジェノサイドの際には介入が行われるべきときに行われず、他方でフランスによる介入はジェノサイドの被害者ではなくジェノサイドを計画・実施した勢力を保護する結果となった。ボスニアではスレブレニツァなどの安全地帯が民族浄化の対象となり、ソマリアでは介入の主眼が人道活動に対する支援から現地武装勢力の武装解除へとスライドした結果、国連ＰＫＯミッションと米軍ともに多くの人的被害を被った。コソボへのＮＡＴＯ介入は、人道危機だけではなく紛争自体を終結させる効果を持つ強力なものであったが、他方でこの介入は国連安保理決議を得ることなく実行されたため、介入前後にはその正当性をめぐって激しい議論が交わされることにもなった。

これら、とりわけコソボ介入を受けるかたちで、二〇〇〇年代初頭には人道的介入のあり方に関する本格的な検討が二つの国際委員会（コソボ独立国際委員会：ＩＩＣＫと介入と国家主権に関する国際委員会：ＩＣＩＳＳ）で相次いで行われた。その検討内容についてここでは詳細に述べないが、ＩＩＣＫはコソボへのＮＡＴＯ介入の評価について「非合法だが正当」であったと論じたことは記しておこう（表４－３）。ＩＣＩＳＳ（ちなみに、当初の名称は「人道的介入に関する（国際）委員会」であった）は国家の保護責任という考え方を導入することで、いくつかのシナリオにおいて人道的介入が可能となるべきことを論じたほか、現地当局の能力構築、危機予防、紛争後の再建支援を含めた包括的な施策の重要性を指摘した。

表4-3　コソボ介入の合法性と正当性（IICK報告書）

委員会は、NATOによる軍事介入は非合法であったが正当であった（illegal but legitimate）と結論付ける。それは、国連安保理からの事前の承認を得ていないために非合法である。しかしながら委員会としては、全ての外交的手段が尽くされていたこと、そして介入がコソボ住民の大多数をセルビア統治下での長年にわたる抑圧から解放する効果をもたらしたことから、それは正当なものであった（justified）と思料する。

注：翻訳は引用者。　出所：IICK, *The Kosovo Report* (Oxford: Oxford University Press, 2000), p. 4.

こうした検討は、その後の人道的介入論にも大きな影響を与えている。

(5) 介入のピークとその後

最後に、時期の集中（③）とは、上記の事例が起きた一九九〇年代のことを指している。人道的事由による軍事介入はこの比較的短い期間に集中しており、それ以降になるとそうした介入の事例は減っていく。

二〇〇〇年代以降の軍事介入で人道的事由が取り上げられた代表的なものにはイラク戦争（二〇〇三年）、リビア内戦（二〇一一年〜）、シリア内戦（二〇一一年〜）とスーダン・ダルフール紛争（二〇〇三年〜）がある。それぞれ簡単に述べておく。

周知のとおり、イラク戦争に際して最も問題になったのはイラクによる大量破壊兵器（WMD）の開発・保有疑惑であり、同時多発テロ（二〇〇一年九月十一日）後のアメリカにとって最大の懸念はそれらが国際テロ組織の手に渡る危険性であった。イラクによるWMD開発疑惑に関しては、二〇〇二年末から国際原子力機関（IAEA）と国連監視検証査察委員会（UNMOVIC）による兵器関連施設への査察が行われ、査察報告に基づく安保理での協議が繰り返された。だがそこから安保理は、査察の継続強化を主張する独仏露などの諸国と、この姿勢にいら立ちを見せるアメリカとで分裂していく。

安保理決議を通じて正当性を獲得しようとする試みがこうして膠着《こうちゃく》するなか、二〇〇三年一月後半からアメリカが次第に強調するようになったテーマの一つが、サダム・フセイン政権（Saddam

Hussein）の圧政からイラク人民を解放する、という立論であった。たしかに、一九八八年三月にイラク北部ハラブジャで起きた住民に対する化学兵器攻撃（数千人が殺害されたと言われている）をはじめとして、フセイン政権下での人権侵害は長く国際的な懸念ではあった。とはいえ、一九九〇年代までは介入のきっかけとなっていたような大規模かつ急速に進展する人道危機が当時のイラクで生じていたわけではなく、またジョージ・W・ブッシュ政権（George W. Bush）は人道的な議論を梃子にした主張や決議の採択を安保理で追求することもしなかった。戦争後のイラクの混迷にも鑑みて言えば、イラク戦争に際して主張された人道的議論は、むしろ人道的介入に対する懐疑論を高める効果を持ったようにも思われる。

懐疑論ということで言えば、リビア内戦に対するNATOの介入にも類似した指摘をすることができるかもしれない。

この内戦はアラブの春の流れのなかで二〇一一年二月中旬に発生し、急速に全国に拡大した反政府デモを契機としていたが、政府はこれに対し軍事的弾圧をもって応じ、多数の死傷者が出る事態となった。政府内の離反もあり一時は優勢に立った暫定政府側であるが、三月中旬になると政府軍の反攻を受けて次第に劣勢に置かれるようになる。NATOがリビア上空の飛行禁止区域の設置や政府軍関連施設に対する空爆などにより介入したのはこのタイミングであったが、安保理決議第一九七三号（三月一七日採択）に示されたその目的は「攻撃に晒《さら》されている文民や文民居住地域を保護する」（第四条）ことであった。さらに、決議第一九七三号とこれに先立つ決議第一九七〇号（二月

図4-5　空爆によって破壊されたリビア政府軍の自走榴弾砲（2011年）
出所：Bernd Brincken

二六日採択）はともに序文でリビア政府の同国民に対する保護責任にも言及していた。

　これらを踏まえると、NATOのリビア介入は、ICISSが提唱していた保護責任概念をその最も敷居の高い側面において実践に移した初めての事例であるとともに、人道的介入を国際規範化するうえでも重要な契機を提供していると評価することができるであろう。

　だが、決議第一九七三号採択当時は反対しなかった中露（両国とも棄権）も、NATOの軍事活動が暫定政府側を支援し、体制変化を後押しする役割を持ったことを強く批判するようになっていく（実際、八月には首都トリポリが陥落、一〇月末にはムアンマル・カダフィー大佐（Muammar Qadhafi）が拘束、殺害されている）。

　そしてこのあおりを強く受けたのが、リビア内戦とほぼ同時に始まったシリア内戦である。

　シリア情勢に関し、フランスなど欧州諸国はリビア同様、人道的認識を前面に出した安保理決議案を二〇一一年一〇月以降たびたび提出したが、いずれも中露の拒否権により否決された。翌二〇一二年にかけて安保理メンバーが実施に合意できたのは非武装、小規模の国連PKOミッションである国連シリア監視団（UNSMIS）のみであったが、このミッションも短期間（四月〜八月）でその活動を終えている（シリア情勢はその後「イスラム国」やヌスラ戦線をはじめとするテロ組織の台頭により大幅に性格を変え、人道的介入がシリアの文脈で論じられること自体がなくなっていく）。

中露、とくにロシアが示したこの対応にはシリアのバッシャール・アル・アサド政権（Bashar Al-Assad）と同国との歴史的関係なども強く関係しているものの、リビアへのNATO介入に対する批判がその対応を後押しした側面もある。NATOのリビア介入は人道的介入の主流化を示唆するものとして始まった一方で、それへの懐疑論を高めるものとして終わったともいえるのである。

時間的にさかのぼるが、これまでたびたび触れてきたスーダン・ダルフール地方の内戦（二〇〇三年二月〜）で起きた組織的な虐殺や追放も人道的介入を呼ぶことはなかった。同地方住民に対する中央政府の長年にわたる抑圧的政策への不満から起きた武装蜂起に対し、バシール政権は政府軍と政府系とみられる武装勢力を用いた焼き討ちを繰り返した。同地方推定人口の約四分の一に当たる一六〇万人が紛争開始後二年間で国内避難民となり、これまでに同紛争による直接・間接の影響で少なくとも二〇万人が死亡したと推計されている。

政府系武装勢力による活動の残虐さと組織性（性的虐待も大規模に行われたという）は、報道や人権

NGOによる報告で早くから知られており、前述したICCの判断などからもダルフールの虐殺がジェノサイドに当たるとの認識は今や確立している。一部触れたように、この紛争に際し、国連安保理は武器禁輸、経済制裁、渡航禁止、ICCへの付託、そしてAUとの合同PKOミッションであるUNAMID派遣といった一連の施策を二〇〇四年中ごろから打ち出していくのであるが、虐殺を止める効果を持ったわけではなく、時期的にも遅きに失していた。また、コソボや東ティモールなどのように、他の地域機構や多国籍軍が介入を行うこともなかった。

こうして通観してみるとわかるように、一九九〇年代以降の人道的介入は多くの場合問題や論争を伴い、その実践も一貫しないものであった——とくに、ルワンダから十年も経たずに同じアフリカ大陸で起きたジェノサイドに対しても、人道的事由による軍事介入が行われていないことは重い意味合いを持つように思われる。

だが他方で想起すべきは、安保理による大規模な人道危機・人権侵害の脅威としての認定やPKOミッションに対するPoC任務の付与はいずれも繰り返し行われてきている、という事実である。その意味では、大規模な人道危機の発生への対応が国際場裏で検討される場合、何らかの軍事力の使用が選択肢として提示されやすい認識上の基盤は、人道的介入（論）のピークを過ぎた二〇〇〇年代以降も引き続き存在しているように思われる。

人道主義の戦略化と人道支援

本章ではここまで、人道支援そのものから人道主義（活動）全体に視野を拡大し、それが冷戦後にどのような変化（＝戦略化）を蒙《こうむ》ってきたのかをたどってきた。それをとらえることが必要であったのは、人道支援が人道主義に依拠する活動の一部である以上、人道主義の質的な変化は人道支援にも大きな影響を与えずにはおかないからである。人道支援にとって、人道主義の戦略化は重要な前提あるいは文脈における変化を意味している。

では、ここまで描写してきた諸変化は、人道支援の国際平和協力としての性質にどのような意味合いを持つのであろうか。

まず紛争管理としての役割について言えば、人道主義の戦略化は人道支援の基本的な目的と性質に大きな変化をもたらす。伝統的な人道主義とは対照的に、戦略化した人道主義が紛争の解決を目的とするのであれば、人道支援もまた紛争解決への貢献を期待されることになる。これを義務論と帰結主義という先にも触れた概念に関連付けて言い換えると、一定の原則に基づき、その原則が許す範囲での行動を行う、つまり義務論的な色彩が濃いのが伝統的な人道支援であったとすると、紛争の解決という帰結を目指して活動方針や内容を決めるのが新たな文脈における人道支援ということになる。

もちろん、戦略化した文脈においても、人道支援だけで紛争が解決できるわけではない。紛争の根本にある社会内の対立を解消するには政治レベルでの積極的な働きかけや社会経済的な条件の改善が必要であるし、対立が軍事化して武力紛争になってしまっている以上、その状態を一応の終結へと持っていくために軍事力の投入が必要な状況もあるかもしれない。人道主義の戦略化は、人道活動をもともと担ってきたアクターの性質変化という以上に、これまで人道主義とは無縁であった一連のアクターが人道主義を掲げ、「人道活動」に参入するようになってきたことに多くを負っている。

開発、政治（外交）、軍事それぞれに対する人道活動の境界がこうしてぼやけていくわけであるが、ここでもう一つ注意したいのは、人道支援よりも開発・政治（外交）・軍事を通じた活動のほうが、紛争解決に直結するものと理解されている点である。人道支援以外の「人道活動」が紛争解決に主導的な働きをなすものであるとすると、人道支援に期待されるのはそれらアクターによる活動を補完し支援する役割ということになる。

つまり、戦略化した人道主義は伝統的な人道活動（支援を含む）を囲っていたファイアウォールを無効化すると同時に、新たな「人道」アクターの方を拡張された人道活動のなかで主流化していく。その結果、人道支援はそれらのアクターをいわば補佐する意義や位置づけを持つものとしてとらえられるようになる。これは、活動の自律性や独立性を重んじてきた人道主義の伝統からすれば、大幅な逸脱であり変化であろう。

もちろん人道支援アクターは実際にはさまざまな方向性があり、人道主義の戦略化という大きな流れに対する対応の仕方も一律ではない。人道支援アクターのなかでのそうした多様性は、人道支援や人道主義のあり方に関する活発な議論を喚起してきた。協力や民軍連携といった他の側面に沿ったかたちで、そうした議論の一端を見ていくことにしよう。

3 人道支援における協力

人道支援を支える協力には、大別して①支援を実施するアクター間のもの、②人道支援アクターと被支援者との間のもの、そして③同アクターと紛争当事者との関係におけるものがある。ここでは、それぞれが持つ基本的な構図と、その構図に戦略化がもたらす意味合いについて整理してみたい。

人道支援アクター間の協力――国際調整と知識共有

⑴主な枠組みと取り組み

まず人道支援コミュニティー内における協力（①）は、円滑かつ合理的な支援を可能にするための活動調整や、活動するうえでの基準、原則や教訓の共有といったかたちで現れる。こうした役割を担う枠組みで代表的なものとしては、国連の機関間常設委員会（ＩＡＳＣ）のほか、国際ボランタリー団体協議会（ＩＣＶＡ）、インターアクション（InterAction）、人道対応運営委員会（ＳＣＨＲ）

などが挙げられる。

ＩＡＳＣは一九九〇年代初頭の国連事務局の組織改革のなかで一九九二年に設置された委員会である。人道支援に関連する国連機関から構成されているが、世界銀行、ＩＣＲＣ、国際赤十字・赤新月社連盟（ＩＦＲＣ）、さらに上に触れたＩＣＶＡ、インターアクション、ＳＣＨＲなども定例的に招待されている。ちなみにＩＡＳＣの事務局を務めているのが国連人道問題調整事務所（ＯＣＨＡ）であるが、この名前が示唆するとおり、その主な役割も国連内外機関の調整や連携を促すことにある。

ＩＡＳＣがこれまで作成してきた指針やポリシーのなかで最も知られているものに「クラスター・アプローチ」がある。このアプローチの狙いは、リード機関を領域（クラスター）ごとにあらかじめ指定しておくことで、危機対応を立ち上げ段階から円滑化することにある（表４－４）。一方、現地のレベルでは当該国・地域で活動する援助機関からなるチーム体制がとられ、人道調整官

表 4 - 4　クラスター・アプローチ：活動分野とリード機関

活動分野	リード機関
保健	世界保健機関（WHO）
食糧安全保障	世界食糧計画（WFP）、食糧農業機関（FAO）
緊急時の通信インフラ	WFP
教育	国連児童基金（UNICEF）、セーブ・ザ・チルドレン
早期段階の復旧	国連開発計画（UNDP）
キャンプ運営・調整	国際移住機関（IOM）、UNHCR
水・衛生	UNICEF
シェルター	IFRC、UNHCR
保護	UNHCR
栄養	UNICEF
物資等の輸送	WFP

出所：IASC, Guideline: Cluster Coordination at Country Level, July 2015.

（HC。当該地域に常駐する最先任の国連職員が通常は指名される）がこのチームを統括することとなっている。機関同士や現地でこのようにして調整枠組みや分担を整理することで、人道支援の合理的・体系的な実施が目指されていることがわかる。

IASCにも定例的に参加しているICVA、インターアクション、SCHRはいずれもNGOの総括組織である。欧州（ICVA、SCHR）または米国（インターアクション）に拠点を持つNGOが主なメンバーとなっており、国連由来の枠組みよりもかなり長い歴史を持っている（ICVAは一九六二年、SCHRは一九七二年、インターアクションは一九八四年設立）。こうして、人道NGOコミュニティーで以前からあった枠組みが、一九九〇年代に入って整備された国連の人道システムとも連携するようになったということである。

なお、IASCをはじめとしてここまで述べてきた取り組みはいずれも政策や活動調整に重点を置いた枠組みであるが、教訓収集、活動評価や調査研究面では「人道活動における説明責任と実践のための積極的学習ネットワーク」（ALNAP）という国際的なネットワークが多くの実績を上げていることも触れておきたい。

活動や政策の調整、あるいは知見や教訓の共有を目的としたプロジェクトやイベントはこれ以外にもさまざまなものがあり、非常に活発に行われている。またIASCやクラスター・アプローチがいずれもNGOもメンバーに含めていることに見られるように、国家間組織のフォーマルな枠組みを超えた比較的柔軟なかたちで取り組みがなされていることも注目に値する。

ただし一方で、こうした調整は、関係する組織の多様性という現実を前提としていることも理解する必要がある。平和構築をめぐる国際調整の問題とも共通するが、人道支援にかかわる組織もまた目的（設立趣旨、活動方針）、財源、ニッチ分野などにおいて多様な性格を持つうえに、活動の自律性と可視性を確保することへの高い関心を有している。後者に関して言えば、組織のアイデンティティーを維持するという側面もあれば、財源をめぐる競争のなかでドナーに対する説明責任や組織のブランド価値を高めたいという、より現実的な思惑も関係しているところがある。

つまり、ここで意図されている調整はこの多様性を解消する類の強いものではなく、あくまで各組織の自律性や独自性を前提としたものである。アクターの多様性がコミュニケーションの欠落、活動の重複や競争を現実に生んでしまうのであれば、それを協力的な取り組みによって（ある程度）コントロールしよう――そうした発想に基づいているように思われる。

一般的に言えば、ある分野で共存するアクターの多様性は、アクター間の協力に向けた取り組みを促すとともに、それを制約するものとしても作用するのである。人道支援をめぐる調整にもそうした傾向を見てとることができる。

(2) 戦略化の影響

では、人道支援の戦略化という傾向は、人道コミュニティー内の調整にどのような意味合いを与えるのであろうか。

まず言えるのは、調整に関係するアクターが飛躍的に拡大する、という点である。伝統的な人道支援アクターに加え、人道主義の観点から支援活動に参加する新たなアクターが増える状況は、上述した多様性がさらに拡張するという状況でもある。こうした拡大した人道支援コミュニティーの調整は、当然ながらより困難なものとなる。

だが、実は、人道主義の戦略化はこの問題についてどのように解決すべきかの方向性も示しているところがある。戦略化した人道主義において、その目的が紛争解決へと拡大していることを改めてここで想起したい。そして紛争解決が目的となったことで、開発、政治、軍事の分野で紛争解決により直接的に作用すると考えられる新たな「人道」アクターが主導的役割を、一方で伝統的な支援アクターにはそれらを補完・補佐する役割が期待されることになるのであった。言い換えると、紛争解決という戦略目的が多様かつ多数となった「人道」アクターの活動を統合的に調整する可能性をもたらす、ということである。

だが言うまでもなく、こうした事態は伝統的な人道支援アクターにとっては必ずしも歓迎すべきものではないであろう。新たな人道アクター、とりわけ政治・軍事アクターが主導権を握るなかで人道支援の実施が調整されるという構図が定着してしまえば、人道支援アクターの自律性は根本的に損なわれる。また実施される支援が同時に活動している政治・軍事アクターと連携していると受け止められれば、支援の中立性や不偏性も毀損し、人道アクセスそのものが困難となるリスクも生まれる。

二〇一六年に国連主導によりイスタンブールで開催された世界人道サミットをめぐる議論は、人道主義の戦略化と、それに対する伝統的な支援アクターの反応をよく示している。五五ヵ国の国家元首を含む九千名を超える参加者を集めたこの会議は、人道分野にフォーカスした国際会合としては最大規模のものであった。この会合に向け、「人道への課題」と題した問題提起を発表した潘基文事務総長（Ban Ki-moon、二〇〇七〜一六年）は、そこで五つの「核となる責任」に対する人道アクターのコミットメントを求めることで、人道支援の強化と刷新を図ろうとした（表4-5）。

これら五つの責任は二四の「変革」として具体的に説明されている。たとえば①では時宜を得たリーダーシップの発揮や包摂的な社会造り、②では関連法規の遵守や説明責任の追及、文民保護、人道支援の確実な実施、③に関しては難民・国内避難民、移民、無国籍者、女性、児童への支援向上、④ではリスク分析と早期警戒の強化、人道・開発連携、現地リーダーシップの尊重、そして⑤では現地社会の能力とレジリエンス強化、国際支援にかかわる財源の多様化や運用方法の改善などが謳われている。紛争予防・解決へのコミットメント、人道に反する行為を許容しない姿勢、開発や平和構築との連接といった要素は、それが政府レベルでの支持を得たことも含め、戦略化し拡大した人道主義をよく体現していると言えるであろ

表4-5　「人道への課題」における「核となる責任」

①紛争を予防し終結させること
②戦争に関する諸規則を尊重すること
③誰も置き去りにしないこと
④人道ニーズが生まれる状況の終結に向け、異なるやり方で取り組むこと
⑤人道への投資

出所：One Humanity: Shared Responsibility, UN Doc. A/70/709, 2 February 2016, Annex.

う。

サミットには政府や国際機関のほか多くのNGOも参加し、課題で掲げられたアイテムに対するコミットメントをさまざまなレベルで宣言した。他方、課題作成に至る諸問プロセスにも関与したものの、サミット直前になって参加を取りやめたのが国境なき医師団（MSF）である。MSFがサミットに期待したのは人道アクセスや現地での保護活動といった支援実施上喫緊の課題に注力することであったが、これに対して「人道への課題」が掲げたのは人道支援をはるかに超える諸活動を含めたアジェンダであった。MSFからすれば、こうした議題設定で前提とされている人道主義の拡大と戦略化そのものが「人道支援を広範な開発・平和構築・政治アジェンダに解消する」おそれがあり、看過できるものではなかったのである（MSF, "MSF to Pull out of World Humanitarian Summit," May 5, 2016）。人道主義の戦略化という大きな流れに対する疑問がこうしたかたちで絶えず投げかけられていることも、念頭に置いておく必要があろう。

支援者との関係――パターナリズムとオーナーシップ

人道支援を提供する側と支援を受ける側との関係（上掲②）は一見自明なものと考えられがちである。人道支援は、それを必要とする状況になった人々と、その支援ニーズに応えるべく活動しているアクターが存在して初めて行われる。ニーズの需要と供給がこうして合致しているのであれば、支援を受ける側が支援アクターを受け入れるのは自然なことであるように見える。

実際、支援側と被支援側の親和的な関係性を明示的あるいは暗黙に前提とした人道支援の議論を目にすることは、それほど珍しくない。

他方、マイケル・バーネット（Michael N. Barnett）は人道主義の歴史をたどった著作のなかで、人道主義には一種のパターナリズム（paternalism）が常に要素として含まれていたことを指摘している（*Empire of Humanity*）。パターナリズムは「父権主義」、「家父長主義」などとも訳されるが、ここで言われているのは、支援側が被支援者の利益を本人以上に理解しており、その理解に従って支援を受けていれば被支援者の待遇は改善すると考える傾向のことである。この最も古典的な例は、キリスト教使節が一八世紀以降の帝国主義と植民地化の時代に行った活動がある。使節による人道主義運動は奴隷貿易や奴隷制度の廃止を力強く後押しした側面がある一方、欧州とそれ以外の社会との間に階層性を想定し、結果として植民地化を——西洋文明に近づける（「文明化」する）経路として——正当化する役割を持ったと言われている。

デュナン以降の世俗的な、紛争対応を趣旨とした人道主義が欧州を超え世界に拡大していく過程で、こうした露骨なかたちでのパターナリズムは次第に影をひそめるようになっていった。とはいえ、その残滓《ざんし》がすべて消えて無くなったわけではない。

パターナリズムの概念が現在の人道支援の文脈で意味があるのは、それが人道ニーズのオーナーは誰なのか、という問いを絶えず提起するからである。一口に人道ニーズと言っても、具体的にどのようなニーズを必要とするのかは、誰が欲しているのかにより異なっている。その違いは、個人レベルの差異（たとえば難民、無国籍者、女性、児童、障害者、老年者など）にも、また集団レベルの特徴（部族や民族の習慣や文化、あるいは当該国・地域に既存する社会制度など）にも起因する。喫緊の食糧援助が必要な場合を想定しても、そこで必要とされる、そして受け入れられる類の食糧がどのようなものであるのかは、こうした違いによって答えにかなりのバラツキがある。パターナリズムがあるとすれば、これらニーズの読み取りにおいて支援側が被支援側の意向を十分に踏まえていないことがあるためであろう。

言い換えれば、支援側と被支援者は人道支援という活動で結ばれているものの、その関係がそれだけによって親和的になるとは限らない、ということである。そして注意したいのは、人道主義の戦略化が人道ニーズの「オーナーシップ」をめぐるこのギャップをさらに強める影響を生む、という点である。

紛争の解決が人道主義の拡張された目的となれば、そこで認識される「ニーズ」は安全保障、ガバナンス、社会経済開発を含めた広範なものとなる。そうなれば、支援側が被支援側のニーズをくみ取れず、認識のギャップが生まれる状況はより生まれやすくなる。先に触れた「人道への課題」（前出、表4－5）が第四の「核となる責任」として現地リーダーシップの尊重や被災者に対する直接的な説明責任を強調していることは、この文脈で理解できる。

また、二〇一四年に発表された「人道支援の質と説明責任に関する必須基準」（CHS）も、このギャップを無くし支援の実質を改善する意図から、支援における説明責任（アカウンタビリティ）の考え方を九つの国際基準として示している。これら基準は支援を受ける側に対してはニーズと合致したタイムリーな支援を、それを保障するための具体的な措置（意思決定への参加、要望・苦情の提出など）と併せて約束するとともに、支援アクターに対しては活動の相互調整や経験からの学習、そして効率的・倫理的・効果的な運営を促すものとなっている。CHSは、一九九〇年代末からNGOコミュニティーで自発的に検討されてきた同様のいくつかの取り組みが、議論を経て統合されたものであった。

CHSを含めたこれら基準はいずれも自発的な遵守を前提としたものではあり、それゆえの限界は存在する。しかしここからは、支援を提供する側においても支援を受ける現地側との関係性を円滑にすべく検討を重ねている姿が見て取れる。

ところでこのように概観してみると、人道支援における支援者と被支援者との関係をめぐる議論が、平和構築の章で見た議論ときわめて似ていることに気づく。人道主義の戦略化が人道支援を平和構築に近づけているかぎりにおいて、両者の議論の重なりは活動実態におけるこうした傾向を反映していると言えよう。

紛争当事者との関係――アプローチとリスク

被支援者との関係とは対照的に、紛争当事者と人道支援アクターとの関係（上掲③）が協力的だと考える人はあまり多くないかもしれない。紛争に直接従事している武装勢力や国軍は、人道危機の直接的・間接的な原因を作っているアクターでもある。本章冒頭で見たように、人道主義は紛争による被害を抑えるためのものであったし、戦闘に従事するアクターからすれば、その行動に一定の外部的規制をかけることを必然的に伴う。現地において紛争を起こしている側と、同じ現場でその被害を抑えようと尽力するアクターは正反対の立場にあり、両者の「相性」がいいようには見えないのである。

だが、むしろそうであるがゆえに、人道支援においては紛争当事者との協力関係は不可欠である。人道支援を戦闘が継続している状態で実施することは困難であるし、紛争当事者が支援アクターへの攻撃を戦術の一部として行う状況になれば、それはほぼ不可能にすらなる。紛争状況で人道支援が可能となるためには、一定の治安条件が必要なのである。そしてその条件をもたらすのは、①外部から一定の強制力と治安維持能力を持つアクターが介入するか、②紛争当事者自体が人道支援アクターに対して一定の協力的配慮を示すことによるか、のどちらかしかない。しかし、①（後述する）は必ずしも常に起きることではない。とすると、基本的には②を促していくことが必要になってくる。

それでは、支援アクターの活動に対して紛争当事者が治安を保障する（少なくとも脅かさない）状態をどのように作っていったらよいのであろうか。この点を、伝統的な人道諸原則と紛争当事者の利益の観点からまず確認し、次に人道主義の戦略化によってその構図がどのような問題を抱えるようになったのかを見ていこう。

(1) 伝統的な枠組み――規範の受容と利益の合致

紛争当事者と人道支援アクターとの関係を基本的に規定してきたのは、伝統的な人道原則の受容(acceptance)という考え方である。伝統的な人道原則は本章冒頭で解説したが、とりわけここで重要なのは、中立性と独立性の原則である。独立性は紛争にかかわるアクターが持つさまざまな利害関係から独立していることを、中立性は現地の軍事化したアクターに対し中立であること(等距離性)を意味している。人道支援アクターが発信するこうしたメッセージが主に向けられているのは、言うまでもなく紛争当事者である。人間の尊厳という理念をはじめとするほかの原則によって活動目的と射程を明確にしつつ、人道支援アクターは自分たちが中立・独立であることを強調することでその存在と活動を紛争当事者に受け入れてもらうのである。

こうして支援が許容される環境にあり、人道的空間が確保されている状態がもたらされるわけであるが、注意したいのは、紛争当事者による受容は決して静的な概念ではない点である。支援アクターは自分たちの活動について紛争当事者を含む現地社会とのコミュニケーションを平素から取り、人道支援を行っていない組織と区別するための識別を明確に示し(もっとも有名なのはICRCが使う赤十字のロゴである)、ドレスコードなど個人レベルにおいても現地社会に配慮した振る舞いをしていく必要がある。こうした粘り強い説得によって、人道支援の許容環境が確保されるのである。

人道的空間を確保していくうえで留意するもう一つの点は紛争当事者の利益である。人道支援アクターと紛争当事者とで基本的な立場に違いがあるといっても、人道支援という活動は紛争当事者にとって全くの不利益をもたらすわけではない。人道主義運動がどのように始まったのかを、改めてここで思い出してみたい。ソルフェリーノでデュナンが見た戦場の悲惨さをとりわけ特徴づけていたのは、負傷兵が手当されることなく放置されている点であった。その後一九世紀後半から整備が進められたジュネーブ条約が主対象としていたのも陸戦、海戦での傷病者と捕虜の人道的扱いに関してであり、文民を対象とするジュネーブ第四条約ができたのは実は第二次世界大戦後の一九四九年になってからである。これら法規範を根拠として各国軍における戦傷者への対応整備を促しながら、ＩＣＲＣは自らも紛争下での医療提供や戦争捕虜の人道的扱いに向けた活動を長年行ってきた。

こうした伝統的な人道活動で想定されているのは国家間紛争であり、そこで紛争当事者となるのは国軍を用いて戦争する各国政府であった。そして戦争の発生自体は排除ないし批判することなく、それによる人的被害を抑える役割を果たしたのが人道活動であった——こう記すと、両者にはある種の補完関係があることがわかるであろう。戦争を行っている（あるいはその可能性を有している）各国政府の視点から見て人道活動が有益であるのは、後者が傷病者のケアを行うことが兵力ひいては国民の損耗を抑えるうえで役に立つからである。また近代において軍隊が国民を主体とする組織へと変わっていくなかで、傷病者や捕虜の保護に関する体制が整備されていくことは、軍隊を持ち戦争を行う政府への支持を得るうえでも有益なのである。

(2) 戦略化による構図の変化

人道支援の受容をめぐる基本的な構図は、人道規範へのアピールにより人道的空間を創出しようとする支援アクターの働きと、それを国家間紛争の枠組みのなかで有益なものとして許容する主権国家の認識との組み合わせに多くを拠《よ》っている。だが人道主義の戦略化は、この構図を大きく崩す方向で作用する。

まず人道主義の戦略化は、人道活動の射程を開発、政治・外交、軍事領域にまで拡張することで、伝統的な人道原則が説得力を持ち紛争当事者に受容される余地を減殺していく。中立性や独立性といった伝統的な人道原則が目指すのは、それを掲げて活動するアクターがどの紛争当事者に対しても敵対的ではない点を可能なかぎり明確にすることである。

もっともこう述べてすぐに付言しておきたいが、現地で開発援助、紛争調停あるいは（ケースにより議論があるかもしれないが）軍事介入しようとするアクターが現地の紛争当事者に対して敵対的な意図を持っているわけでは必ずしもない。国際的な紛争管理を目指して活動するかぎりにおいて、これらのアクターもまた紛争当事者に何らかの懲罰を加えるべく活動するつもりは——すべてではないが多くの場合で——ないのかもしれない。その意味では、伝統的な人道支援と開発・外交・軍事を通じた「人道活動」との違いは絶対的なものではないであろう。だが伝統的な人道支援と異なり、これらアクターの活動は現地社会や政治プロセスに介入し、紛争が再発しない方向へとそれらを変革しようとする営みではあり、そのかぎりで紛争当事者の側から敵対性を疑われるリスクはより高いのである。そして伝統的な人道原則を掲げることによって支援アクターが管理しようとしたのは、こうしたリスクであった。

しかし今、人道主義の戦略化を通じてこれらの新たな人道活動と同じ枠組みで――しかもすでに述べたように、人道活動の主流をそれらに譲るかたちで――人道支援が位置付けられるとなると、人道支援アクターも同様に敵対視のリスクにさらされることになる。そうした認識のなかでは、支援アクターが掲げる人道原則は説得力を失い、人道支援という活動そのものの意図に疑問符が付されることにもなっていく。たとえば、現地で「人道主義」を掲げて介入する国際的な軍事作戦が、紛争当事者の一部に敵対的とみなされた状況を想定してみるとよい。同じ現地で「人道支援」を行うアクターがいれば、当該当事者はそのアクターを軍事作戦の「手先」だとして非難する可能性が（それらアクター間の関係や活動内容が実際どのようなものであれ）出てくるであろう。

人道支援の受容をめぐる伝統的な構図が崩れるもう一つの経路は、紛争当事者の利益そのものの変容である。人道主義の戦略化の背景を考察した際に指摘したように、人道主義の戦略的使用をもたらした重要な背景の一つは、ポスト冷戦期の主要な紛争形態が内戦になったことである。冷戦の終焉という世界大の構造変化（局地的紛争の「代理戦争性」の低下）や漸進的な人道主義思想の主流化のなかで、内戦がその人的被害において認識される傾向が強くなったのであった。

ところで、内戦が人的被害の点で認識されることにはこうした地政的・規範的な要素だけではなく、内戦そのものの性質にも多くを拠っている。これも同じところで触れたが、内戦では典型的には政府軍や政府与党に与する政府系の武装勢力と、武装した反政府系の勢力とが戦闘に従事している。内戦でそれぞれの勢力が目指すのは武力による政府権力の掌握であり、そのために首都、主要都市あるいは交通上の要衝となる地域で激しい戦闘が行われる。また、内戦の勃発に伴って政府機能も減退し、法の支配は行き届かなくなっている。

こうしたなかで活動する「紛争当事者」の姿は、伝統的な国家間紛争において想定される紛争当事者の姿とは大幅に異なっている。内戦における政府系・反政府系の武装勢力にとって国内の領土や住民は国外の敵から護るべき対象ではなく、支配下に置くことで自らの影響圏を示すことができる政治的な資源であり、そこから収奪することで武力闘争を続けていく物理的な資源でもある。内戦がジェノサイドや民族浄化をしばしば伴ってきたことには、内戦に内在するこうしたダイナミクスが強く関係していると言えるであろう。

(3) 内戦下の人道支援

以上を踏まえたうえで、では内戦の紛争当事者にとって人道支援アクターはどのように見えるのであろうか。全体として言えるのは、伝統的な構図に見られるような利益の調和は期待できない、ということである。

第一に、支援アクターはそうした紛争当事者の目的を補完してくれる存在ではない。武力により現地住民を支配下に入れようとするアクターと、同じ住民に対し人道的な立場から支援や保護をするアクターとでは、あまりに基本的な姿勢が異なっている。一国内の領土や人民に対する支配を武力によって争っている紛争当事者にとって、独立した人道的立場から現地で支援や保護を行うアクターは自らの闘争をむしろ妨げかねない存在である。そして戦略化により人道主義が拡張していけば、支援アクターは内戦における敵対勢力に与する存在として見られる可能性すら出てくる。

第二に、武装勢力が人道支援アクターに期待する機能は、支援アクターの側が許容できる類のものではない。上述した基本的な利益や方向性の違いがありながらも、内戦下の紛争当事者は人道支援に二つの基本的な利益を見出している。それは①人道支援アクターが有する物資、サービスや財源と②政治的な正当化である。

まず①であるが、人道支援アクターがキャンプなどで提供する支援物資や医療などのサービスは国内避難民や難民に向けられるものであるが、そうしたキャンプや地域は武装勢力によって実効支配されていることがしばしばある。この場合、人道支援の提供は武装勢力の支配下にある住民への公共サービスを一部代替するような役割を果たすため、武装勢力の支配とその活動を結果的に下支えする効果を生むことになる。また、より直接的には、武装勢力が人道支援団体の現地での活動を妨害しない見返りとして金銭を要求したり、キャンプで提供された支援物資を自らの用途のために利用すべく収奪するといった行為も見られている。

②は、国際的な正当性と公共性を有している人道支援アクターに協力することで、紛争当事者、とりわけ非政府系の武装勢力が一定の正当性を獲得する、という効果である。とくに内戦のように、国内支配をめぐって各勢力が争っている状況では、正当性の獲得は重要になってくる。国際人道支

援アクターから人道アクセスに関する要請を受け、それを認めるという行為は国内政治上の立場を強める含意も帯びており、紛争当事者はそれを期待するのである。

だが、これら二つの「利益」は、人道支援の側からすれば、その活動が物質的（①）および政治的（②）レベルで収奪されることに他ならない。伝統的構図では紛争当事者がその利益から人道主義原則と活動を尊重する方向にふるまうわけであるが、内戦下の紛争当事者が人道支援を通じて追及する利益は、ともに人道支援の余地を活動上も原則上も減殺していく方向で作用する。人道主義の戦略化に含まれる諸要素は、このようにして人道支援アクターと紛争当事者との協力をかなりの程度困難なものとしていくのである。

ところで、この節の初めに、人道支援が治安上可能となるにはもう一つのルート、すなわち一定の強制力と治安維持能力を持つアクターによる外部からの介入があると述べた。最後に節を改めて、そうした国際軍事アクターと人道支援アクターとの協力関係について考えておこう。

4　人道支援と国際軍事アクター

国際軍事アクターと人道主義の戦略化

人道支援アクターと国際軍事アクターとの関係に関しては、平和維持や平和構築の文脈でもすでに論じてきた。もちろん、国際平和協力で民軍連携をなす「民」には人道支援以外の文民アクター、たとえば開発、選挙、行政などの面で支援を行う専門家や団体も当然含まれ、これら文民アクターと軍事アクターとの関係も民軍連携という問題の一部をなしている。

だが実際のところ、民軍連携を議論する際に常に「民」側で中心的位置を占めてきたのは人道支援を行うアクターであった。本章のここまでの議論を踏まえれば明らかであろうが、そうなっている理由は、人道支援アクターが軍事組織からの差別化に関して、他の文民アクター以上に非常に自覚的だからである。国際平和協力における民軍連携が問題をはらむとすると、その問題性が最も先鋭に顕在化するのは人道支援の文脈においてなのである。

ここではこれまでの議論も想起しながら、人道支援アクターと国際軍事アクターとの関係性について改めて整理していきたいが、その前に、国際軍事アクターという言葉について少し明確にしておきたい。この言葉で主にとらえたいのは、ＰＫＯや多国籍軍のような、紛争管理を目的として国際的に（多国間で）組織される軍事部隊のことである。本書の枠組みで言えば、国際平和協力を軍事面で担う勢力のことを指すと言ってもよい。前項で見た紛争当事者もまた軍事アクターであるが、国際軍事アクターとは活動目的や組織構成において区別される。

同様に除外されるのは、紛争の「外部」から特定の紛争当事者を支援する目的で軍事介入する部隊である。こうした部隊は「国際的」ではあるが、特定の紛争当事者に与することで自身がすでに紛争当事者化しており、その意味で紛争当事者の一部としてとらえたほうがよい。もっとも、国際軍事アクターと考えられる部隊であっても、紛争当事者からその活動の意図が疑われる場合は往々にしてあった（たとえばルワンダ・ジェノサイド時に介入したフランス主導の多国籍軍）。その意味では、紛争当事者との関係における国際軍事アクターの位置づけには曖昧な部分があるが、ここでは一応の区別ができるものとして議論を進めていきたい。

さて、前節で紛争当事者との関係を考えた際に提示した伝統的構図をまず想起しよう。その構図は国家間紛争を前提とし、そこにＩＣＲＣをはじめとする人道支援アクターが介在するというものであった。このなかで、支援アクターと国際軍事アクターとの関係はどのようなものとなるであろうか。ここに関与しうる国際軍事アクターで典型的なものとしては伝統型のＰＫＯミッションがあるが、この場合人道支援アクターとの関係はそれほど問題にならない。第２章で見たように、伝統型ＰＫＯは停戦監視を目的として主に軍事部門から構成されるミッションであり、中立性を重要な行動規準としていた。このタイプのＰＫＯは、任務が限定されているうえに軍事力の使用も中立性の観点から抑制的であるため、人道支援アクターの活動に直接関与してくる可能性は低い。中立性原則が出てきた背景はＰＫＯと人道支援とで異なってはいるが、紛争当事者から距離を保ち独立した活動の余地を創出する意図においては類似している。伝統的な構図におけるＰＫＯと人道支援はこの原則をともに重視しながら、それぞれの「持ち場」を相互に干渉しないかたちで、いわば消極的な協力関係を持ってきたとみることができるであろう。

人道主義の戦略化は、やはりこの構図に大きな変化をもたらすことになる。ここでも重要なポイントは、主たる紛争の形態が内戦であること、そして紛争解決に向けた統合的な関与の文脈に人道支援も飲み込まれるということである。まず主な対象が国家間紛争ではなく国内紛争であるため、国際軍事アクターと人道支援アクターはともに国家の（文字どおり）間に介在するのではなく、国家の「外部」から介入してくる位置を占めることになる。それに加え、すでに見たように、紛争解決という目的を共有するようになった人道支援は、同じ目的から介入する軍事アクターの活動と積極的な協力関係にあるものととらえかねられないことになる。この状況が紛争当事者との関係で持つリスクについては前述したとおりである。

さて、こうして変化した文脈のなかで、国際軍事アクターと人道支援アクターが相互に持つ期待は補完的なものもあれば、そうでないものもある。

相互の期待

まず、人道支援アクターが国際軍事アクターに対し主に期待するのは、①治安リスクからの保護能力と②物資等の輸送・保管能力である。①についてはPKOミッションとの関係を論じた第2章でも触れたが、第3節で分析した紛争当事者との関係性の現状を踏まえると、保護ニーズはさらに高まっているように思われる。

本来、そうした保護を提供すべきなのは支援活動が行われる国の政府軍や警察であるが、それらも紛争当事者の一部となっている内戦状況においては期待しにくい。国軍や警察が機能していないことが考えられるだけではなく、先に述べたスーダンの事例が示すように、現地当局が人道支援アクターを妨害することすらあるからである。こうした状況で、活動上の治安リスクを低減できるア

図4-6 イラクで空中投下する援助物資を積み込んだ米軍の輸送機（2014年）
出所：U.S. Air Force/ SSgt. Vernon Young Jr.

クターがいるのだとすれば、それは国際軍事アクターだということになるであろう。

②であるが、軍事組織は基本的に自律的な活動ができるよう編成されているため、装備や要員を任地に送るための輸送能力も兵站《へいたん》の一部として持っている。これに対し人道支援アクター、とくにNGOはそうした能力は限られているというギャップがあるため、一定のニーズがあるものと考えられる。

ただし、こう述べることにはいくつかの留保が必要である。まず、軍事組織が提供できる輸送能力にも限界がある。各国軍が有する輸送能力は当然ながら自国要員等の展開を想定したものであり、予算上や用途上の制約もあるなか、それ以外のシナリオで転用することまで含めた準備が必ずしもできるわけではない。

他方、たとえば国連は人道支援航空支援サービス（UNHAS）を二〇〇四年に立ち上げ、人道物資や要員の輸送サービスを国連関連に限定しないかたちで提供している。これに限らず、民間企業との連携などを通じて輸送を含む人道ロジスティクス（humanitarian logistics）の向上を目指す動きは、支援コミュニティーの側で近年活発に協議されている。

もともと、人道支援のための軍事アセット活用に関する国際的な議論が高まったのは一九九〇年代半ばから二〇〇〇年代にかけてであり、災害救援を念頭においた「オスロ・ガイドライン」（一九九四年）、複合危機を対象とする「軍事・民間防衛資産（MCDA）の使用に関するガイドライン」（二〇〇三年）といった基準もこの頃に策定されていた。こうした諸基準は国際軍事アクターによる協力を想定したものであるが、上に見た近年の動きがより組織化されていけば、国際軍事アクターに対するこの面でのニーズは低くなっていくのかもしれない。

次に、国際軍事アクターの人道支援アクターに対する期待であるが、主に考えられるのは、①現地人道ニーズ対応能力と②正当性という二点である。コソボやアフガニスタンの事例ですでに見てきたように（第3章）、人道主義を掲げて介入する国際軍事アクターはその活動の一部として人道支援に自ら従事することがある。その場合、人道支援アクターは実施上のパートナーとして、あるいは現地から撤収する場合の受け皿として有用なものと映る。また政治レベルで言えば、人道支援アクターと協力していることで人道主義を掲げるアクターとしての信憑《しんぴょう》性ないし正当性を高める効果も期待できる。前節で見た紛争当事者のように、それを国内の政治闘争における資源として利用しようとするわけではないものの、国際軍事アクターもまた人道支援が含む国際性や公共性といったイメージに着目している点では類似していると言えるであろう。

さて、このように眺めてみると、両者による協力の物理的な側面のみに着目すれば、人道支援アクターと国際軍事アクターには潜在的には高い補完性があるように見える。人道支援アクターは軍事アクターによる人道支援をサポートし、軍事アクターは支援アクターに治安や兵站能力の一部を提供する、という関係である。

しかしここまでの議論から明らかなように、問題は物理的な側面ではなく認識の側面にある。前節のなかで人道主義の戦略化の帰結として述べたことが、ここでは最も端的に当てはまる。すなわち国際軍事アクターの人道支援を補完し、その正当性を高めるべく働くことは、紛争当事者の側の支援アクターに対する認識を――人道原則の信憑性を低め、人道的空間を減殺するかたちで――悪化させ、敵対視のリスクを現実のものとするのである。物理面だけでいえば、この民軍連携によって、人道支援アクターには治安上の脅威低減がもたらされるはずであった。しかし認識面を含めてみると、人道支援アクターに対する脅威は皮肉なことにむしろ高まりやすい状況が生まれつつある、ということになる。

治安リスクの管理

以上から、人道支援アクターは国際軍事アクターとの連携深化には慎重にならざるを得ないところがある。しかしここで難しいのは、活動上の治安条件の悪化という問題は依然として残る、ということである。他の課題（人道支援アクターにとっての輸送能力問題、国際軍事アクターにとっての人道対応能力や正当性）に比べても、この問題は活動自体の可否を左右する重みをもっており、何らかのかたちでの対応が必要になる。だがここまでに述べてきたさまざまな理由で、国際軍事アクターにも、また紛争当事者にもこの面での支援を期待しにくい状況がある。

では、どうしたらよいのか。それらの軍事アクターに頼ることなく、戦略化トレンドのなかでどのようにリスク管理をすることができるのか。二つの方向性が考えられる。

その一つは、人道支援を含む人道主義全体を元に戻す、という方向性である。人道主義の変化に関連して影響力のある論考を数多く発表してきたデヴィッド・リエフ（David Rieff）が代表作の一つ（*Bed for the Night*）のなかで主張したのも、こうした考え方であった。ルワンダやコソボなど、ポスト冷戦期の人道主義を特徴づける主要な事例を振り返りながら、リエフは独立した人道主義はそれだけで十分な貢献をなしており、紛争解決や広範な社会正義への貢献といった役割まで期待すべきではないと主張した。「人道主義をして人道主義たらしめよ」（"Let humanitarianism be humanitarianism"）とするこの主張は、発表当時大きな反響を呼んだ。

だが、本章でとらえてきた人道主義の戦略化の趨勢《すうせい》を踏まえてみると、この方向性を人道支援アクターがとったとしてどの程度成果を生むのか、疑問がある。人道主義の変化は構造的といってもよいトレンドであり、伝統的な人道活動の範疇を超えたところで進展している。本章の前半で考えたように、人道主義の戦略化は人道活動内部の変質だけではなく、それとは一定の距離があった活動領域やそれを担うアクターが人道主義に参入することによっても進んできた。その傾向は政治化と軍事化についてとりわけ強い。そうであるとすると、人道支援アクターだけがその振る舞いを変えたところで、そのインパクトは限定的とならざるを得ないであろう。

図4-7 人道援助物資を運ぶ国連世界食糧計画のトラック（コンゴ（民）、2020年）
出所：MONUSCO/ Force

もう一つの方向性は、非軍事的なリスク管理対策を精緻化することである。この点で対策として挙げられるのは、前述した①受容（人道原則や人道支援アクターの意義を説得することによる活動の受け入れ）を除けば、②防護のための諸措置がある。ちなみに、これらに軍事的なオプションである③抑止（軍事アクターによるエスコート）を併せたものが人道支援のリスク管理にかかわる主要なカテゴリーをなしている。

さて、防護のための方策には非顕在化、物理的強化や遠隔管理といったものが含まれる。非顕在化は支援の活動をできるだけ目立たせないことでリスクを低減しようという発想に基づいており、たとえば活動時に組織のロゴを車両や着衣などに示さない（あるいは掲示したとしても取り外し可能なかたちにしておく）といったかたちで行われている。受容の考え方に従えば、人道支援アクターであることの明示が重要となり、したがってそうしたロゴの掲示は不可欠であるから、非顕在化はこれまでのやり方とは正反対ということになる。

物理的強化は、たとえば活動拠点としている施設にゲートやブラストバリアを設置したり、防弾車両を使用したりすることである。こうした措置は襲撃を受けた際の防護能力を高めるものの、現地社会との距離が生まれやすくなることが指摘されている。

最後に遠隔管理であるが、これは現地でのオペレーションを現地の支援アクターに委託することで治安リスクを低下させるという方策である。国際NGOなどが現地NGOに業務をアウトソースし、その業務を危険の低い地域からいわばリモコン操作するわけである。こうしたかたちでの支援は、とりわけ治安リスクの高い地域では広く行われてきていると言われている。

ただし言うまでもないが、この場合リスク管理ができるのはアウトソーシングする国際NGOの側のみであり、現地NGOにとってのリスクは低下していない——あとで具体的に述べるが、実際に武力攻撃の被害にあう支援要員の大多数はそうした非国際要員である。それに加え、現地の状況を直接把握することなく支援を実施することで人道ニーズを適切に把握できるのか、そして紛争の被害者に寄り添うことなく支援することが果たして人道支援と言えるのか、といった問題提起もしばしばなされている。

こうして見ると、防護のための諸措置もまたそれ自体で問題を含んでいることがわかる。民軍連携に限界があり、他方非軍事的な方策にも限界があるのだとすると、支援アクターはその時々の治安状況や紛争当事者の関係などを勘案したうえで、受容、防護、抑止のなかから最善の組み合わせを経験的に編み出していくしかないであろう。

人道支援にかかわる治安リスク管理の問題は、現代の人道支援（あるいは人道主義全般）が直面している難しさを端的に示唆している。人道主義の戦略化はポスト冷戦期の人道活動の隆盛をもたらした一方で、その隆盛はこの問題をはじめとする副作用を伴うものでもあったのである。

本章では人道支援の近代における起源と伝統的な枠組みを見たのち、それがどのような変化を蒙ってきたのか、またその変化がどのような意味合いを持つのかを考えてきた。人道主義の戦略化と名付けたその変化は、開発化、政治化、軍事化という具体的な形態をとっており、そこでは伝統的な支援アクターが開発・政治・軍事アクターとの連携を模索する一方、後者が新たな「人道アクター」として人道活動に参入するようにもなっている。

人道主義の戦略化は、人道支援という活動に広範な影響をもたらす。まず戦略化した人道主義は、人道主義の視点から紛争の解決を目指すものである。支援を含む人道活動が、紛争解決という広い目的に統合されることとなれば、それに貢献する他の活動との区別は有意なものではなくなり、人道支援の独立性は損なわれていく。それどころか、紛争解決という目的はそれに直接従事する新たなアクターの方を人道活動の主流としていくため、人道支援アクターはそれを補佐する「戦力増強装置」(パウエル)としての意義づけすら帯びるようになっていく。

本章の後半では人道支援を支える多次元の協力を見ていったが、ここにも戦略化の影響はあらわれている。人道コミュニティーのなかでは国際調整や人道主義のあり方に関する議論が複雑さを増し、被支援者に対するアカウンタビリティはより問われるようになっている。さらに、伝統的な枠組みにおいて一応成立していた紛争当事者や他の軍事アクターとの相互理解は崩れ、活動する現地において敵対視されるリスクは全体として高まっている。この最後の点に関しては、支援活動上の治安リスクが対処困難な課題として残っていることも示唆した。

こうしたリスクは依然として高い傾向にある。援助要員に対する治安事案のデータを分析している「援助要員治安状況データベース」(AWSD)の年次報告によると、二〇二〇年の事案数は二八三件、被害者総数は四八四名であった。このうち一一七名が死亡、二四二名が負傷、一二五名が拉致された。また、被害者総数のうち実に四五九名が非国際要員であったという。二〇二〇年は事案数、被害者総数、負傷者数においてAWSDがデータを取りはじめた一九九七年以来の最高値であった(*Aid Worker Security Report 2021*)。もちろん事案数などは年ごとにかなり異なっており、たとえば二〇一四年から二〇一七年の事案数は二百件を下回っている。また、データ収集の能力が改善したことが、報告された数の増加に反映しているところもある。だがそれらを差し置いても、やはり人道支援要員に対する治安上の脅威は全体として高まる傾向にあるように思われる。

この関連で、もうひとつ述べておきたい。こうした傾向において近年とくに懸念されるのは、攻撃を行う紛争当事者の性質がさらに変化しているのではないか、という点である。

本章で紛争当事者との関係を論じた際、前提としたのは内戦状況であった。内戦のダイナミズムのなかで政府側、反政府側はともに国家間紛争の場合とは異なる利益を追求するようになることはすでに指摘した。これに関連して、ＡＷＳＤを立ち上げたアビー・ストッダード（Abby Stoddard）が指摘しているのは、人道支援要員に対する攻撃がある種のイデオロギーからむしろ意図的に行われているのではないか、という点である（*Necessary Risks*）。

言うまでもなく、ここに背景としてあるのは、米国の同時多発テロ事件、アフガニスタンやイラクで行われたいわゆる対テロ戦争、そしてそれを契機のひとつとしてさらにグローバル化したイスラム系の過激派集団によるテロである。こうした集団が目指すのが自らの世界観に基づく地域や世界秩序の変革であるとすれば、西洋諸国が支配的なポスト冷戦期の国際秩序――世俗的であり、かつ自由主義的な――は転覆ないし破壊する必要があることになる。そして、歴史的にも実際上も、西洋諸国・社会に関係の深い国連や人道支援アクターは、既存の秩序の一部である。

こうした集団にとって人道支援アクターをテロ攻撃の標的とすることは、伝統的な人道諸原則を良いものとする既存の価値観を否定し、さらには同アクターを効果的に護ることのできない既存秩序の脆弱さを露呈させる象徴的な意味を持っている。また、同様の認識を持つ人々に向けて集団の存在をアピールすることにもつながるであろう。つまり、人道支援アクターは既存秩序を表徴する（と認識される）意味では「正当」な標的となり、さらに物理的な対抗手段を持たずに現地で活動するがゆえに便利で魅力的な標的ともなってしまうのである。

このことは、人道支援の治安リスクにおいて浮上しつつある新たな困難性を示しているだけではない。人道支援を含む国際平和協力が目指すのが紛争管理であるとすれば、対象となる紛争動態の変化は国際平和協力全体にも新たな課題をもたらすであろう。国際平和協力は今後どのようになっていくのであろうか。最後の章ではこれまで平和維持、平和構築、人道支援に即して行ってきた議論を振り返りながら、今後の展望を考えていく。

第5章　国際平和協力と国際政治

第1章で、本書の目的は国際平和協力という活動を考えるための端緒を作ることであると述べた。ここまで読み進んだ読者であれば、国際平和協力という言葉がカバーする領域が実に広大であることに気づかれたであろう。本書で取り上げた具体的な活動領域（平和維持、平和構築、人道支援）のどれ一つをとっても、その領域をめぐる経緯はさまざまなニュアンスに富み、その実践に伴う課題にも多様なものがある。実際、研究対象として見ても、これら三領域では長年の研究の蓄積がそれぞれに存在し、またその営みは現在も活発に続けられている。本書の議論も、そうした研究動向を反映したかたちで構成されている。

だが、そうした個別領域における研究はその専門性ゆえに焦点が狭く、国際平和協力を考えるうえで前提となる知識は説明されないことがほとんどである。言い換えると、そうした「端緒となる知識」の獲得は、国際平和活動を全体として俯瞰《ふかん》することによってのみ可能である。本書が国際平和協力を五つの特徴からなるものとして一般的に特徴づけたことや、国際関係動向や他の活動領域との関係に留意しながら各章の記述を行ってきたことは、こうした意図に基づいている。

最終章にあたる本章では、まず冒頭に掲げた五つの特徴に立ち戻って各章での議論に照らしたいくつかの補足と肉付けを行う。そしてそれを踏まえて、国際平和協力の今後の展望についても考えていくことにしたい。

1　紛争と紛争管理

紛争の性質変化

国際平和協力はさまざまなかたちで生起する紛争に関して、その停止と解決、さらには（再発）防止を目的として行われる活動である。この目的は非常に直《ちょく》截《せつ》的であり、なかば当然のことであるような響きを持っているが、本書での議論からはこの目的についていくつかの興味深いニュアンスを取り出すことができる。重要な点を改めてここで述べてみたい。

第一は、国際平和協力が管理しようとする紛争の性質変化である。冷戦期ＰＫＯ（第２章）が目指していたのは国家間紛争（および代理戦争の色彩を持つ国内紛争）の停止であり、そこではとくに米ソをはじめとする大国間戦争の防止に主眼が置かれていた。言い換えれば、ここでの紛争にはシステムレベルのもの（冷戦構造）とそれを前提とした局地的なものとがあり、重点は前者におかれていた。

そうしたシステムレベルの国際政治構造の不在を背景として、ポスト冷戦期の多機能PKOや平和構築（第3章）が対象としたのは国内紛争そのものであり、それを引き起こした「根本原因」を是正し、紛争の再発を防ぐためのアプローチがさまざまに模索されることになった。ここでは紛争が社会的な不和や緊張に由来するものとしてとらえられ、それを吸収・解消できるような社会的仕組みの導入あるいは支援が目指される。冷戦期には局地的紛争がマクロな視点でとらえられていたのとは対照的に、ポスト冷戦期の国際平和協力では紛争がミクロな視点において認識されるようになったわけである。

紛争に対する認識に関しては、人道支援を含む戦略化した人道活動も平和構築と同じ土俵に立っているものと見てよいであろう。しかし第4章の最後で触れた、秩序転覆的暴力の跋扈《ばっこ》は、国内紛争の性質自体がさらに変容しつつあることを示唆するように見える。ポスト冷戦期の国際平和協力が前提としていた類の国内紛争は〈政府軍対武装した反政府勢力〉の構図からなっていた。実際、内戦として描かれる情勢の多くは軍事化した政治対立として発生するものではあるので、あながち間違った認識ではないかもしれない。

しかし紛争が長期化していくなかで、この構図にはまらない暴力主体が登場してくる傾向が顕著になりつつある。テロ組織（シリア、リビア、マリなど）、民兵組織（コンゴ（民）など）や軍閥（アフガニスタンなど）がその例である。これらの組織は、内戦の典型的な目的である国家権力の掌握とは異なる論理で活動している。そして国際テロ組織になると、その論理が前提とする枠組み（主権国家体系）そのものへの異議申し立てを含んでいる。

こうした傾向を多く持つ国内紛争は、これまでとは異なる紛争管理の姿勢が求められるのかもしれない。軍事化した政治対立ではなく、既存秩序の崩壊や低秩序状態の継続を目的とするアクターが跋扈する国内紛争や地域紛争に対し、国際平和協力はどのような対応ができるのか。この点は国際平和協力にとって一つの（とはいえ後述するように唯一ではない）重大な課題であろう。

目的の多様性

紛争の性質変化と密接に関連するが、もう一つここで指摘できるのは、紛争管理が掲げる目的の多様性である。本書で扱ってきた三つの活動は、基本的にはすでに紛争が発生した状況を前提とした活動であるが、そうした紛争に対する各活動のかかわり方はかなり異なっている。紛争自体の対処には手を付けずにその暴力的帰結の軽減に注力するもの（伝統的人道支援）もあれば、紛争の停止を主目的とするもの（伝統型ＰＫＯ）、さらに停止を超えて紛争のより根本的な解決を模索するもの（多機能ＰＫＯ、平和構築、戦略化した人道活動）といった具合である。

さらに言えば、紛争の根本的な解決を目指すアプローチは、紛争の発生をもたらした要因の除去や解消による紛争再発防止という性質を伴っている。紛争解決という、紛争管理において最後の段階に位置づけられる取り組みは、その最初の段階にくると思われる紛争予防にいわば一回りして結びつくわけである。

ただし言うまでもないが、紛争の再発防止と紛争のそもそもの発生を抑止する紛争予防とは異なるところがある。紛争が起きてしまったあとでその再発を防止するよりは、その発生自体を防止したほうが望ましいことは、おそらく誰もが直観的に同意するところであろう。それゆえに紛争予防という分野は以前からその方法や理論が検討されてきた。国連でもその重要性はたびたび強調されており、たとえばアントニオ・グテーレス事務総長（António Guterres、二〇一七年〜）が国連の平和・安全保障機能強化に向けた鍵として重視しているのも、紛争予防に対する国際社会の投資である。

概して言えば、紛争予防には短期的ないし直接的なものと長期的ないし構造的なものとがある。前者は暴力的な紛争の可能性が迫りつつある状態において、その実際の発生を抑止することである。そのための手段には調停や調査といった外交的手段のほか、ＰＫＯの予防展開（第2章で触れたマケドニアＵＮＰＲＥＤＥＰはその数少ない実例である）、経済制裁、武器禁輸などもこの目的で用いることが可能である。

後者の構造的予防は紛争に至るような社会的な緊張や不和を平和裏に解決するための社会環境や制度を整備していくことである。この視点からは、より長期的な当該社会の能力構築が重要になってくるであろうし、開発援助や民主化支援なども（平和構築の章で見たように、それらがどの程度持続的平和の確立に有効なのかという議論は別途あるものの）構造的予防に資する手段として理解することができる。

本節のここまでの議論との関連においてここで指摘しておきたいのは、紛争予防の効果を高めていくうえで、紛争再発防止（紛争解決）で今や豊富に存在する国際的経験は有用であろうということである。構造的予防は一見抽象的で迂遠《うえん》なように見えるものの、紛争再発防止との連続性においてとらえてみれば、実は非常に実践に近い活動なのかもしれない。

だが紛争予防に関して最も重要な問題は別のところにある。紛争予防はその強化の必要性が常に訴えられてきたものの、本書で扱ってきた三つの活動に比べればその具体的な実践も、そのための仕組みに対する投資も乏しいままであることがそれである。それがなぜなのかを考えるためには、国際平和協力を実践する側の動機に着眼する必要がある。国際平和協力はそれを実践するアクターの協力に依拠しているが、なぜ紛争予防では他に比べて協力が進まないのだろうか。平和維持、平和構築、人道支援に即して本書で見てきた協力をめぐるさまざまな課題や軋轢《あつれき》から、この問いに関する答えも示唆されるかもしれない。

2　協力を促すものと妨げるもの

協力の論理

国際平和協力は、当該紛争に関心を有するアクターによる国際的ないし多国間の協力に依拠している。紛争管理同様、このことも国際平和協力を理解するうえでは自明の前提であるが、本書のこれまでの議論はそうした協力が実際にはどのような制約やジレンマを内包しているのかを示唆するものであった。

第1章で協力の要素を解説した際、その動因として主に触れたのはアクターのコスト計算——すなわち、紛争管理のコスト負担を分散する手立てとして相互に協力を志向するようになること——と国際協力の正当性という点であった。協力がより多角的なものになればなるほどコストは分散するため、関与しようとするアクターからすれば、そのコストを上回る利害や道義上の意義を見出しやすくなる。さらに協力が多国間枠組みを通してなされることに由来するユニークな正当性も、それに取り組もうとするアクターの意思を後押しする。

こうした理解は、平和維持、平和構築、人道支援いずれにもある程度当てはまるであろう。これらの活動に参加するアクターの数と種類はいずれも拡大傾向にあり、また活動に当たっては国際的な枠組みや規範（国連安保理決議、国際人道法など）が後ろ盾となっている。

協力の現実

他方、本書の議論からは、国際平和のための協力にはそれを複雑な（場合によっては困難な）ものとするいくつかの要素があることがわかる。それは端的に言えば、便益計算の複雑さということに帰着する。

ある活動においてアクターが協力しようという場合、考えるのは利益対費用の単純な比較だけではない。仮に利益が費用を上回ることが想定できるとしても、それは協力に踏み切るうえでのいわば最初の敷居にすぎず、誰と、何においてどの程度まで協力するのか、できるのかを決めるためには他の要素も考えなければならない。（なお、ここで付言しておくと、紛争予防がなかなか本格的に整備されない基本的な理由は、成功すればその利益は性質上顕在化せず、それにかかったコストだけが目立つという結果になるためである)。

この点について、各章の議論はいくつかの候補を示唆している。

第一は、アクターのニッチないし活動セクターの多様性である。本書で取り上げたどの活動においても、支援対象となる分野は社会経済面からガバナンス、さらには治安・安全保障まで拡大しており、それによって各分野における活動の調整はより複雑なものとなっている。持続的な経済復興のためには治安の安定やガバナンスの質の向上が必要であるように、各セクターの進捗はある段階になると他のセクターのそれに強い影響を受ける。そのことを認識し、各アクターがそれぞれの守備範囲を超えて相互に連携することは必要かつ望ましいことであろう。

とはいえ同時に認識すべきであるのは、セクターをまたがる活動調整はそもそも非常に困難なものであるということである。それには、その調整をだれが主導するのかという問題もあるであろうし、また平和構築の章で見たように、紛争後の社会に対する支援として何が必要なのかをめぐる考え方の違いも影響しているであろう。

第二は、アクターのアイデンティティーである。国際平和協力に従事するアクターは、ニッチとなる専門知識や能力だけではなく、組織としてのアイデンティティーともいうべきものを持っている。本書の議論では、そのことを人道支援アクターに関連してしばしば指摘したが、同じことは軍事、開発などほかの活動を専門とするアクターについても言うことができる。そうしたアイデンティティーは組織の活動を導く目的や原則、あるいは同じセクターに属する他のアクターとの間で共有する規範や活動文化といったものにより形作られている。

人道支援の歴史からも示唆されるように、そうしたアイデンティティーの認識は決して固定的なものではないし、また協力に対して後ろ向きというわけでもない——国際平和協力アクターに関して言えば、全体としてはむしろ前向きであるとすらいえるであろう。だが人道支援と軍事力との関係で最も顕著に見られたように、協力がそのアクターのアイデンティティーを毀損する恐れがある場合には、アクターとしては慎重な姿勢を示さざるを得ないところがある。

第三は、国際平和協力を通じて支援を受ける現地社会の役割である。現地社会が国際平和協力に従事するアクターに協力することは必ずしも自明ではないことを、本書を通してたびたびわれわれは見てきた。その端的な理由は、現地社会が実際には多様な利益や目的を追求する集団だからである。

国際平和協力に従事する国際アクターがそうであるように、「現地社会」もまた単一の主体ではない。ある支援が受け止められる仕方はまちまちであるし、場合によってはある紛争当事者のみに利するものとして政治化する可能性すらある。またそうした現地社会側の声により主体性を持たせ、国際平和協力の動力としていくような考え方（レジリエンス論など）も提起されつつある。

国際平和協力を支援する側の主導ではなく、現地社会を中心とするものとして推進していく動きが真の意味で浸透していけば、そこにおける協力のダイナミクスも大きく変わっていく可能性がある。

国際秩序構築としての国際平和協力

国際平和のための協力を複雑なものとする第四の要素は、アクターが国際平和協力を通して推進または構築したいと考える国際秩序像の違いである。平和維持の章で冷戦期とポスト冷戦期のPKOの違いを論じた際、前者が冷戦という国際秩序の安定性を明確に意図していたのに対し、後者では国際秩序自体が曖昧かつ流動的であるため、国際秩序に対して現代のPKOが持つ意義はぼやけた間接的なものになることを指摘した。だが、本書の議論全体を踏まえて言えば、この指摘は次の意味で修正が必要であるように思われる。

そのひとつは、国際平和協力を通じた紛争管理は一定の国際秩序を前提とするだけではなく、逆に国際秩序を構築する役割を帯びている側面もある、ということである。最もマクロな視点から言えば、国際平和協力は地域ひいては国際社会の秩序を構築する営みの一部をなしていると見ることができる。国際平和協力は、①その活動が当該国やその周辺に平和や安定性をもたらすという意味でも、また②ポスト紛争社会を運営すべく導入された原則が国際秩序のそれと共鳴することでその秩序を規範的に強化するという意味でも、国際秩序構築の一端を担っているのである。

そしてそうであるとすれば、現代の国際秩序が流動的であるがゆえに、むしろその機能をより強く果たしうる可能性がある。平和構築の議論を想起すれば、自由主義平和構築というアプローチは自由主義の諸規範に沿った社会像を当該社会に導入しようとするものであったし、そのかぎりで自由主義的な国際秩序像を推進する役割を担ったと見ることができる。規範面で強く共鳴し、活動上もこの平和構築モデルとの親和性が高い戦略化した人道主義も、この文脈でとらえることができよう。

もう一つは、こうした「国際秩序構築」としての国際平和協力は、常に論争を伴っているということである。そのことは、自由主義平和構築や戦略的人道主義がいずれも強い批判や抵抗を随所に生んでいることによっても看取することができる。

現代の国際平和協力は、一定の国際秩序を所与とし、それを維持すべく機能するのではなく、新しい国際秩序を作り出そうとする役割を担っているところがある。ポスト冷戦期のＰＫＯを論じた際、それが「国際協調に基づく紛争管理能力供給への意思」に動かされてきたことを述べたが、その意思とはつまるところ、新たな秩序を造ろうとする意思であったのかもしれない。そしてそうであるとすれば、異なる秩序のイメージを持つアクターが同じ国際平和協力の活動に従事するなかで見方を対立させることは、前述の自由主義的アプローチをめぐるものに限らず、今後も生じうるであろう。

3　敵対性の現実

国際平和協力により支援を受ける現地社会とそれを提供する支援側との関係が変わっていく可能性があることは先ほど述べたばかりであるが、そこでも前提としてあるのは両者が一応の協力関係にあることである。それは国際平和協力において「敵」が存在しない、ということでもある。だが本書で見てきた国際平和協力の動向からは、この点に関していくつかの懸念すべき現実があることも示唆された。主なものを二つあらためて指摘しておこう。

ひとつは、国際アクターとの合意を戦略的に操作する紛争当事者の存在である。こうした紛争当事者には反政府武装勢力だけではなく、現地政府も含まれる。平和維持の章で触れたが、中立性から不偏性へとPKO原則が変化していったその背景にあるのも、紛争当事者からの合意が脆弱《ぜいじゃく》であり、軍事的なものを含めた強い対応によりその合意を積極的に管理する必要がある、という認識であった。

もちろん、こうした対応においては、対象となる紛争当事者は懲罰的な対応が必要な敵対勢力になっているわけではない。その意図はむしろ、彼らが敵にならないようにするためのものであると言えるであろう。だがこのことは翻って言えば、国際平和協力を担うミッションに敵対しうる勢力が常に潜在するということでもある。

もうひとつの現実としてまた触れたいのは、政治的対立とは異なる次元で組織的暴力をふるう者の存在である。国際平和協力アクターとの合意を戦略的に操作しようとする紛争当事者は、紛争に結果した政治闘争の枠組みを前提としてそうした振る舞いを行っていると考えることができる。しかし人道支援の章で触れた、秩序転覆あるいは低秩序状態の維持を目的とするような勢力となるとこの前提は意味を失うため、たとえばPKOミッションが強靭な対応を行ったとしても、効果はあまり期待できない。つまるところ秩序転覆的な暴力アクターに対して必要なのはその駆逐ないし鎮圧であり、その役割を担ってきたのはPKOよりも軍事的な色彩の濃い対反乱作戦（COIN）であった。こうした勢力への対応は、国際平和協力の範疇を超えるものなのである。

しかし厄介なのは、国際平和協力が展開するような紛争（後）状況において、政治闘争を行う勢力と秩序転覆的暴力を行う勢力はしばしば混在し、場合によっては両方の性質を持つアクターすら存在しうるという点である。第2章の最後で触れた、いわゆる安定化ミッションがアフリカを中心に活用されていることは、こうした動きと呼応していると言えるであろう。そこで紹介した安定化ミッションはPKOであるにもかかわらずCOINの役割を実質的に担ってしまってもいる。それは現代の紛争の現実を如実に反映しているのであろうが、そこで含意される「敵対性」は国際平和協力にとって異質なものではある。PKOの安定化ミッションとしての使用は、その意味で境界例であると言えるであろう。

合意を戦略的に操作しようとするアクターであれ、そうした政治的合意の埒外《らちがい》で行動しようとするアクターであれ、それらへの対応において想定されるのは軍事力である。最後に、民軍連携を含む軍事力の位置づけについて振り返っておこう。

4　軍事力の位置づけ

本書の冒頭で、国際平和協力には、軍事組織に軍事力の本来目的以外での使用を求めるというユニークな意味合いが伴っていることを述べた。軍事組織の従来の目的やあり方からすれば、国際平和協力への従事はある種の違和感を伴うものである。他方、国際平和協力に関わってきた文民諸分野のアクターからすれば、軍事組織特有の行動形式や組織モラルは（そのプレゼンスや影響力の強さも相まって）懸念を生むものでもあり、その懸念は民軍連携において顕在化する。国際平和協力における軍事力の位置づけは、その当事者（軍事組織）にとっても、その協力カウンターパートとなる非軍事的アクターにとってもジレンマをもたらすわけである。

本書冒頭で描いたこうした構図は、各章の議論から見るかぎり、むしろ強まっているように見える。

まず、国際平和協力における軍事力に対する需要は高まっている。先ほど触れた二つのタイプの紛争当事者への対応を考えてみるとよいであろう。安定化ミッションにおけるCOIN的な軍事力の使用がPKOにとっては問題をはらむものであったとしても、そうした使用が現実に必要となる状況は今後もあるかもしれない。強靭性はＰＫＯのドクトリンとして今や確立しており、戦略的な意図から合意を操作しようとするアクターに対して適用されることは十分に考えられる。

平和構築における治安や安全保障分野での活動（ＤＤＲ、ＳＳＲなど）でも、たとえばＳＳＲのための助言やＤＤＲで回収した武器の管理といった任務に一定の需要は引きつづき考えられる。人道支援における治安リスクの高まりに対しても、そのための物理的能力を持つ軍事組織の活用は少なくともオプションとしては残り続けるであろう。その意味で言えば、国際平和協力はより「軍事化」したと言えるのかもしれない。

こうした傾向が含むのは、次の二つの問題性である。第一は、先にも触れた文民アクターにとっての違和感が増幅しかねないことである。国際平和協力が上述の意味で「軍事化」する動きと同時に観察されるもう一つの傾向は、国際平和協力の諸分野がいずれもガバナンスや開発、人権など文民諸分野に幅広い裾野を持つように進展してきた、という傾向である。その意味でいえば、国際平和協力は「文民化」が進んできた分野でもある。それに加え、文民および軍事アクターにより行われるそれらの諸活動は基本的には持続的な平和の確立に向けられているため、相互に連携することが望ましいとも考えられている。国際平和協力が文民化と同時に軍事化し、そこに連携への圧力がかかっているという状況は、文民側が持つ民軍連携の困難性を先鋭化させる状況でもあると言えるであろう。

もうひとつの問題は、国際平和協力の「軍事化」は、軍事組織からしても必ずしもポジティブなものではない、ということである。国際平和協力で求められつつある軍事力の役割は、従来に比べればより「兵士の仕事」であるようには見えるかもしれない。だがたとえば強靭性ドクトリンのもとでのPKO軍事部隊の活動は、敵の撃破ではなくあくまで紛争管理を目的としたものであり、そこでの軍事力の運用は通常の軍事作戦のそれと同じわけではない。外国軍に対する助言などの活動も、そのためのスキルやノウハウは追加的に習得しなければならないところがある。

それに加え、軍事力特有の目的である外的脅威からの防衛（国防）において想定される戦争というものが近年著しく多元化・高度化している、ということも指摘しておかなければならない。この点の詳述は本書の射程を超えるためポイントの指摘のみにとどめたいが、宇宙やサイバー空間にまで領域が拡大するとともに、ネットワーク化や自動化に関連するものを中心とした新たな技術が積極的に取り込まれつつあるのが現代の戦争である（関心を持つ読者は「シリーズ戦争学入門」の他の著作も参照されたい）。軍事組織にとって本来取り組むべき戦争がこうして複雑かつ高度なものになりつつあるとすれば、国際平和協力に対し政策上・資源配分上の優先順位をどこまで与えることができるのかは、シビアな判断がありうるのかもしれない。

ここまで国際平和協力の五要素に沿ったかたちで振り返ってきたが、振り返るなかで国際平和協力が抱えている重要な課題も明らかになってきた。全体として言えば、国際平和協力がたどってきた道は厳しいものであったし、その道は今後さらに厳しくなるのかもしれない。紛争予防の拡充や民軍連携の改善は国際平和協力において以前から認識されてきた課題であるが、それらを困難なものとする条件はむしろ強まっているように思われる。そしてそれらに加え、秩序転覆的な暴力の跋扈や国際秩序をめぐる意見の対立といった、国際関係で広く認識されつつある新たな動向もまた、国際平和協力の射程や目的に複雑な影響を与えていくであろう。

こうした重い課題や挑戦から、今後の国際平和協力について悲観的な見立てをすることは簡単かもしれない。だが同時に想起したいのは、本書で素描してきた国際平和協力が長い歴史を持ち、複雑な変遷をすでに含んでいるということである。

国際平和協力は二〇世紀にかけて世界大戦や冷戦のなか進展し、ポスト冷戦期から現在にかけて積極的に試みられるようになった活動である。その間、国際関係全体の状況によりその目的や射程は常に変化してきたものの、国際平和協力という活動領域そのものが絶えることはなかった。二一世紀に入りしばらく経過した時点でさまざまな課題が認識されるようになったことは、それだけの実践がこの百年超の期間に行われてきたことの証でもあり、またそれだけの期待がこの活動の今後に寄せられているということでもあろう。その意味でいえば、本書で見た批判や議論は、さらなる変化への前兆と言えるのかもしれない。

あとがき

本書は著者にとって日本語での最初の単著である。これまで英語での単著・論文や日本語での論文は発表してきたものの、単著の長さのものを日本語で書き下ろすことは自分にとって初めての経験であった。

それを今回行っていくなかで、二つの考えが常に頭にあった。

第一は、国際平和協力という実践／概念に研究領域としての一定の輪郭を付けたい、という想いである。本書で見てきたように、国際平和協力に含まれうる諸活動は国際的にきわめて盛んに実践され、また議論もされてきた。私的な例を持ち出すが、私が英国の大学院で人道的空間に関する博士論文に取り組みはじめたのは一九九九年秋のことであった。その頃はコソボへのＮＡＴＯによる人道的介入が行われた直後であったため、所属する大学院の教員や大学院生の間でその是非をめぐる激しい議論が行われていた。現実の動向と学術的な議論が交差した独特の熱量のようなものをその時には感じたものである。

しかし、日本で国際平和協力を論じる場合、どうしても自衛隊の活動が中心になり、それによって言語空間がきわめて「国内的」なものになってしまう。国際的に開かれたかたちでこの分野の現状やかかわり方を論じることができる領野のようなものを描くことができればよいと考えたのが、本書の基本的な姿勢となっている。

もう一つはやや技術的であるが、記述すべき内容をどのようにコントロールするのか、という課題である。これまでこの分野の研究や実務をやってきた人々を対象としてものを書くことがほとんどであったため、深堀りしてしまう癖のようなものがついてしまっている。しかし今回目指したのは、関心を有する人が自由に出入りできるような領野をスケッチすることである。そのためには、個々の問題領域についてはあまり深堀りし過ぎず、むしろ個々のイシューの関連性や広い意味合いの方を意識して内容を盛り込むことが必要だと考えた。だが、平和維持、平和構築、人道支援は欧米圏を中心に研究蓄積がかなり存在し、自分自身もすでに深入りしてしまっているところがある。そこから抜け出して、各分野のバランスを取りながら記述をすることはやはり難しかった。

この二つがどの程度できたのか、書き終えた感覚としてははなはだ心許ない。その点は読者の評価に委ねるしかない。ただ、反感や批判であっても持ってくださる方がいるのであれば今後の議論の糧になるであろうし、そうやって日本でのこの分野に関する検討に本書が何らかの貢献をなすことができるのであれば望外のことである。

本書を書く機会は前職である防衛省防衛研究所勤務の先輩である石津朋之氏からお誘いを受けたことによる。分野も所属部署も異なっていたにもかかわらずそれ以前からも声をかけていただいていたのであるが、そろそろ日本語の著書も出したいと考えはじめていた私にとって、今回の機会はまさに渡りに船であった。まずここに謝意とともに記しておきたい。

創元社出版企画部の堂本誠二さんには、本書の企画から執筆上の細かい相談まで通してお世話になった。比較的短い期間にスムーズに作業を進めることができたのも、同氏のタイムリーな助言によるところが大きい。

一七年に及ぶ防衛研究所在籍時には、同僚である研究者諸氏のほか、実務に従事する方々とのやりとりからもさまざまな刺激や示唆を受けた。本書では政策的な視点や現実も踏まえながら議論をしたつもりであるが、そうした姿勢はそこでの経験で鍛えられたように思う。

二〇二〇年の春から、私は静岡県立大学国際関係学部に勤務している。着任とほぼ同時に新型コロナウイルスが猛威を振るうようになり、その影響を直接、間接に受けながらの執筆作業であったが、本書で取り上げたイシューや課題について学生とも議論していきたい、という想いが執筆を後押ししてくれた。

なお、本書のための研究に当たっては、静岡県立大学令和2年度教員特別研究推進費（区分1）による助成を受けた。

最後になるが、妻と娘にも感謝したい。コロナ禍のなかでの引っ越しと転職は家族にとってもかなりの我慢を強いるものであったと思う。そのなかでも研究に取り組めるよう配慮し協力してくれたことは有難くもあり、励みにもなった。そうした存在があることに感謝しつつ、今後も研鑽を続けていきたい。

二〇二一年冬

山下　光

——, Summary Study of the Experience Derived from the Establishment and Operation of the Force: Report of the Secretary-General, UN doc. A/3943, October 9, 1958.

United Nations General Assembly/ Security Council, An Agenda for Peace: Preventive Diplomacy, Peacemaking and Peace-Keeping, UN doc. A/47/277-S/24111, June 17, 1992.

——, Report of the High-Level Independent Panel on United Nations Peace Operations on Uniting Our Strengths for Peace: Politics, Partnership and People, UN doc. A/70/95-S/2015/446, June 17, 2015.

——, Report of the Panel on United Nations Peace Operations, UN doc. A/55/305-S/2000/809, August 21, 2000, Annex.

——, Supplement to an Agenda for Peace: Position Paper of the Secretary-General on the Occasion of the Fiftieth Anniversary of the United Nations, UN doc. A/50/60-S/1995/1, January 25, 1995.

United Nations Office for the Coordination of Humanitarian Affairs, *The Humanitarian Decade: Challenges for Humanitarian Assistance in the Last Decade and into the Future*, New York: United Nations, 2004.

Utley, Rachel E., ed., *Major Powers and Peacekeeping: Perspectives, Priorities, and the Challenges of Military Intervention*, Aldershot: Ashgate, 2006.

Wilson, Gary, *The United Nations and Collective Security*, London: Routledge, 2014.

Yamashita, Hikaru, *Humanitarian Space and International Politics: The Creation of Safe Areas*, Aldershot: Ashgate, 2004 (London: Routledge, 2018).

——, *Evolving Patterns of Peacekeeping: International Cooperation at Work*, Boulder: Lynne Rienner, 2017.

Zartman, I. William, and Saadia Touval, eds., *International Cooperation: The Extents and Limits of Multilateralism*, Cambridge: Cambridge University Press, 2010.

アフリカ連合平和・安全保障理事会　https://au.int/en/psc
欧州安全保障協力機構　https://www.osce.org/
欧州連合対外行動局
https://eeas.europa.eu/headquarters/headquarters-homepage_en
経済協力開発機構開発援助委員会　http://www.oecd.org/dac/
国際連合（PKO）　https://peacekeeping.un.org/en
国際連合（IASC）　https://interagencystandingcommittee.org/
赤十字国際委員会（ICRC）　https://www.icrc.org/
援助要員治安状況データベース（AWSD）　https://aidworkersecurity.org/
軍隊の民主的統制のためのジュネーブ・センター（DCAF）
https://www.dcaf.ch/
国際平和研究所（IPI）　https://www.ipinst.org/

Jarstad, Anna K., and Timothy D. Sisk, eds., *From War to Democracy: Dilemmas of Peacebuilding*, Cambridge: Cambridge University Press, 2008.

Jones, Bruce D., Shepard Forman, and Richard Gowan, eds., *Cooperating for Peace and Security: Evolving Institutions and Arrangements in a Context of Changing U.S. Security Policy*, New York: Cambridge University Press, 2010.

Krause, Joachim, and Natalino Ronzitti, *The EU, the UN, and Collective Security: Making Multilateralism Effective*, New York: Routledge, 2012.

Mac Ginty, Roger, *International Peacebuilding and Local Resistance: Hybrid Forms of Peace*, New York: Palgrave Macmillan, 2011.

MacQueen, Norrie, *Peacekeeping and the International System*, London: Routledge, 2006.

Makinda, Samuel M., and F. Wafula Okumu, *The African Union: Challenges of Globalization, Security, and Governance*, London: Routledge, 2008.

Paris, Roland, *At War' End: Building Peace After Civil Conflict*, Cambridge: Cambridge University Press, 2004.

Pouligny, Béatrice, *Peace Operations Seen from Below: UN Missions and Local People*, Bloomfield: Kumarian Press, 2006.

Pugh, Michael, and Waheguru Pal Singh Sidhu, eds., *The United Nations and Regional Security: Europe and Beyond*, Boulder: Lynne Rienner, 2003.

Rieff, David, *A Bed for the Night: Humanitarianism in Crisis*, New York: Simon & Schuster, 2003.

Richmond, Oliver P., and Audra Mitchell, eds., *Hybrid Forms of Peace: From Everyday Agency to Post-Liberalism*, New York: Palgrave Macmillan, 2012.

Sheeran, Scott, and Stephanie Case, "The Intervention Brigade: Legal Issues for the UN in the Democratic Republic of the Congo," International Peace Institute, November 2014.

Stoddard, Abby, *Necessary Risks: Professional Humanitarianism and Violence against Aid Workers*, Cham: Palgrave Macmillan, 2020.

Tadjbakhsh, Shahrbanou, ed., *Rethinking the Liberal Peace: External Models and Local Alternatives*, London: Routledge, 2011.

Tardy, Thierry, "Cooperating to Build Peace: The UN-EU Inter-Institutional Complex," Geneva Papers Research Series 2, Geneva Centre for Security Policy, May 2011.

United Nations Department of Peacekeeping Operations and Department of Field Support (UN DPKO/DFS), DPKO/DFS Operational Concept on the Protection of Civilians in United Nations Peacekeeping Operations, 2010.

——, United Nations Peacekeeping Operations: Principles and Guidelines, January 2008.

United Nations Department of Peace Operations, The Protection of Civilians in United Nations Peacekeeping, Policy, Ref. 2019.17, November 2019.

United Nations General Assembly, One Humanity: Shared Responsibility, UN doc. A/70/709, February 2, 2016.

——, *The International Humanitarian Order*, New York: Routledge, 2010.

Barnett, Michael N., and Martha Finnemore, *Rules for the World: International Organizations in Global Politics*, Ithaca: Cornell University Press, 2004.

Berdal, Mats and David M. Malone, *Greed and Grievance: Economic Agendas in Civil Wars*, Boulder: Lynne Rienner, 2000.

Chandler, David, *International Statebuilding: The Rise of Post-Liberal Governance*, New York: Routledge, 2010.

——, *Peacebuilding: The Twenty Years Crisis, 1997-2017*, Cham: Palgrave Macmillan, 2017.

Coleman, Katharina P., *International Organisations and Peace Enforcement: The Politics of International Legitimacy*, Cambridge: Cambridge University Press, 2007.

Daniel, Donald C. F., Patricia Taft, and Sharon Wiharta, *Peace Operations: Trends, Progress, and Prospects*, Washington, DC: Georgetown University Press, 2008.

Diehl, Paul F., and Alexandru Balas, *Peace Operations*, 2nd ed., Cambridge: Polity, 2014.

Doyle, Michael W., and Nicholas Sambanis, *Making War and Building Peace: United Nations Peace Operations*, Princeton: Princeton University Press, 2006.

Duffield, Mark, *Global Governance and the New Wars: The Merging of Development and Security*, New York: Zed Books, 2001.

Galtung, Johan, "Three Approaches to Peace: Peacekeeping, Peacemaking, and Peacebuilding," in: *Essays in Peace Research*, Vol. 2, pp. 282-304, Copenhagen: Christian Ejlers, 1976.

Guéhenno, Jean-Marie, *The Fog of Peace: A Memoir of International Peacekeeping in the 21st Century*, Washington, D.C.: Brookings Institution Press, 2015.

Hanatani, Atsushi, Oscar A, Gómez, and Chigumi Kawaguchi, eds., *Crisis Management beyond the Humanitarian-Development Nexus*, London: Routledge, 2018.

Harsch, Michael F., *The Power of Dependence: NATO-UN Cooperation in Crisis Management*, Oxford: Oxford University Press, 2015.

Hoffman, Peter J., and Thomas G. Weiss, *Sword and Salve: Confronting New Wars and Humanitarian Crises*, Lanham: Rowman and Littlefield, 2006.

Howard, Lise Morjé, *UN Peacekeeping in Civil Wars*, Cambridge: Cambridge University Press, 2008.

Independent International Commission on Kosovo (IICK), *The Kosovo Report*, Oxford: Oxford University Press, 2000.

International Commission on Intervention and State Sovereignty (ICISS), *The Responsibility to Protect*, Ottawa: International Development Research Centre, 2001.

主要参考文献

五十嵐元道『支配する人道主義：植民地統治から平和構築まで』岩波書店、2016年

井上実佳、川口智恵、田中（坂部）有佳子、山本慎一編著『国際平和活動の理論と実践――南スーダンにおける試練』法律文化社、2020年

長有紀枝『スレブレニツァ――あるジェノサイドをめぐる考察』東信堂、2009年

篠田英朗『パートナーシップ国際平和活動――変動する国際社会と紛争解決』勁草書房、2021年

――『平和構築と法の支配――国際平和活動の理論的・機能的分析』創文社、2003年

納家政嗣『国際紛争と予防外交』有斐閣、2003年

本多倫彬『平和構築の模索――自衛隊PKO派遣の挑戦と帰結』内外出版、2017年

政所大輔『保護する責任――変容する主権と人道の国際規範』勁草書房、2020年

山下光「イラク戦争と国連安全保障理事会――武力行使の正当性の問題を中心に」『防衛研究所紀要』第7巻第1号、2004年11月、52～103頁

――「MONUSCO介入旅団と現代の平和維持活動」『防衛研究所紀要』第18巻1号、2015年11月、1～30頁

――「ドイツと平和作戦」『防衛研究所紀要』第13巻第1号、2010年10月、3～29頁

――「PKO概念の再検討――『ブラヒミ・レポート』とその後」『防衛研究所紀要』第8巻第1号、2005年8月、39～79頁

African Union Peace and Security Council, Report of the Chairperson of the Commission on the Partnership between the African Union and the United Nations on Peace and Security: Towards Greater Strategic and Political Coherence, AU doc. PSC/PR/2.(CCCVII), January 9, 2012.

Anderson, Mary B., *Do No Harm: How Aid Can Support Peace-or War*, Boulder: Lynne Rienner, 1999.

Autesserre, Séverine, *The Frontlines of Peace: An Insider's Guide to Changing the World*, Oxford: Oxford University Press, 2021.

――, *The Trouble with the Congo: Local Violence and the Failure of International Peacebuilding*, Cambridge: Cambridge University Press, 2010.

Barnett, Michael N., *Empire of Humanity: A History of Humanitarianism*, Ithaca: Cornell University Press, 2011.

図版出典

図1-1　U.S. Navy/ PO2 Logan C. Kellums
図2-6　U.S. Navy/ PHCM Terry Mitchell
図3-7　U.S. Navy/ HMC Josh Ives
図4-4　U.S. Navy/ PO3 Renso Amariz
図4-6　U.S. Air Force/ SSgt. Vernon Young Jr.
＊以上は米国防総省アーカイブから転載（The appearance of U.S. Department of Defense (DoD) visual information does not imply or constitute DoD endorsement.）
図1-2　National Archives of the Netherlands, Fotocollectie Anefo, 1621-1674 (1711), catalogue reference 2.24.01.09, inventory number 912-9460.
図2-1　Military Archives of Sweden
図2-2　U.S. State Department
図2-3　MONUSCO/ Abel Kavanagh
図2-4　U.S. Mission Geneva
図2-7　Kigali Genocide Memorial
図2-8　Jesse Visser
図2-9　MONUSCO/ Clara Padovan
図3-1　David Lisbona
図3-2　MONUSCO/ Florence Marchal
図3-3　MONUSCO/ Sylvain Liechti
図3-4　Global Panorama/ Vincent van Zeijst, Licensed under the Creative Commons Attribution-Share Alike 3.0 Unported | Wikimedia Commons
図3-5　Scott Chacon
図3-6　AMISOM Photo
図4-1　ICRC
図4-2　Public domain.
図4-3　Aart Rietveld
図4-5　Bernd Brincken
図4-7　MONUSCO/ Force

SSR	security sector reform：治安部門改革
TRC	truth and reconciliation commission：真実和解委員会
UNAMID	AU/UN Hybrid Operation in Darfur：ダルフール国連・AU合同ミッション
UNAMIR	UN Assistance Mission for Rwanda：国連ルワンダ支援ミッション
UNEF	United Nations Emergency Force：国連緊急軍
UNHAS	UN Humanitarian Air Service：国連人道支援航空支援サービス
UNHCR	UN High Commissioner for Refugees：国連難民高等弁務官事務所
UNITAF	United Task Force：統合タスクフォース（ソマリア）
UNMIK	UN Interim Administration Mission in Kosovo：国連コソボ暫定行政ミッション
UNMISS	UN Mission in the Republic of South Sudan：国連南スーダンミッション
UNMIT	UN Integrated Mission in Timor-Leste：国連東ティモール統合ミッション
UNMOVIC	UN Monitoring, Verification and Inspection Commission：国連監視検証査察委員会
UNOSOM	UN Operation in Somalia：国連ソマリア活動
UNPREDEP	UN Preventive Deployment Force：国連予防展開軍（マケドニア）
UNPROFOR	UN Protection Force：国連保護軍（ボスニア）
UNSF	UN Security Force in West New Guinea：西イリアン国連保安隊
UNSMIS	UN Supervision Mission in Syria：国連シリア監視団
UNTAET	UN Transitional Administration in East Timor：国連東ティモール暫定行政機構
UNTAG	UN Transition Assistance Group：国連ナミビア独立移行支援グループ
UNTEA	UN Temporary Executive Authority：国連暫定統治機構
UNTSO	UN Truce Supervision Organization：国連休戦監視機構
WMD	weapon of mass destruction：大量破壊兵器

ISAF	International Security Assistance Force：国際治安支援部隊（アフガニスタン）
ISF	International Stabilisation Force：国際治安部隊（東ティモール）
JICA	Japan International Cooperation Agency：国際協力機構
KFOR	Kosovo Force：国際安全保障部隊（コソボ）
LPB	liberal peacebuilding：自由主義平和構築
M23	March 23 Movement：三月二三日運動（コンゴ（民））
MCDA	Military and Civil Defense Asset：軍事・民間防衛資産
MINUSCA	UN Multidimensional Integrated Stabilization Mission in the Central African Republic：国連中央アフリカ多元統合安定化ミッション
MINUSMA	UN Multidimensional Integrated Stabilization Mission in Mali：国連マリ多元統合安定化ミッション
MONUSCO	UN Organization Stabilization Mission in the Democratic Republic of the Congo：国連コンゴ安定化ミッション
MSF	Médecins Sans Frontières：国境なき医師団
NATO	North Atlantic Treaty Organization：北大西洋条約機構
OCHA	UN Office for the Coordination of Humanitarian Affairs：国連人道問題調整事務所
ODA	official development assistance：政府開発援助
OECD	Organisation for Economic Co-operation and Development：経済協力開発機構
OECD-DAC	OECD Development Assistance Committee：経済協力開発機構開発援助委員会
ONUC	UN Operation in the Congo：コンゴ国連軍
OSCE	Organization for Security and Co-operation in Europe：欧州安全保障協力機構
P5	Permanent Five：国連安全保障理事会常任理事国5カ国
PBC	UN Peacebuilding Commission：国連平和構築委員会
PRT	Provincial Reconstruction Team：地方復興チーム（アフガニスタン）
PSC	AU Peace and Security Council：アフリカ連合平和・安全保障理事会
RPF	Rwandan Patriotic Front：ルワンダ愛国戦線
SCHR	Steering Committee for Humanitarian Response：人道対応運営委員会
SOFA	status of forces agreement：部隊地位協定
SOMA	atatus of mission agreement：ミッション地位協定

略語一覧

以下は本書に登場する機構、ミッション等の略語および邦訳をまとめたものである。訳語が定まっていないと思われるものについては、原語での表現などを踏まえて著者が訳出したものを掲載している。

ALNAP	Active Learning Network for Accountability and Performance in Humanitarian Action：人道活動における説明責任と実践のための積極的学習ネットワーク
AU	African Union：アフリカ連合
AWSD	Aid Worker Security Database：援助要員治安状況データベース
CHS	Core Humanitarian Standard on Quality and Accountability：人道支援の質と説明責任に関する必須基準
COIN	counterinsurgency：対反乱作戦
DDR	disarmament, demobilization and reintegration：武装解除・動員解除・社会復帰
EU	European Union：欧州連合
FIB	MONUSCO Force Intervention Brigade：MONUSCO介入旅団
HC	Humanitarian Coordinator：人道調整官（国連）
HPB	hybrid peacebuilding：ハイブリッド平和構築
IAEA	International Atomic Energy Agency：国際原子力機関
IASC	Inter-Agency Standing Committee：機関間常設委員会（国連）
ICC	International Criminal Court：国際刑事裁判所
ICISS	International Commission on Intervention and State Sovereignty：国家主権に関する国際委員会
ICRC	International Committee of the Red Cross：赤十字国際委員会
ICVA	International Council of Voluntary Agencies：国際ボランタリー団体協議会
IDPS	International Dialogue on Peacebuilding and Statebuilding：平和構築と国家建設に関する国際対話
IFRC	International Federation of Red Cross and Red Crescent Societies：国際赤十字・赤新月社連盟
IICK	Independent International Commission on Kosovo：コソボ独立国際委員会
INTERFET	International Force for East Timor：東ティモール国際軍

人　名

地　名

な・は行

た行

さ行

索　引

＊機構、ミッション等の略語は邦訳を索引項目とした。217頁の「略語一覧」を参照のこと。

事　項

あ行

か行

●著者

山下　光（やました・ひかる）

静岡県立大学国際関係学部教授。ロンドン大学経済政治学院修士課程修了、ウェールズ大学（現アベリストウィス大学）博士課程修了（国際政治学博士）。防衛省防衛研究所理論研究部政治・法制研究室長などを経て2020年より現職。コロンビア大学戦争・平和学研究所客員研究員（2008－2009年）。専門は国際政治の概念と思想、国際平和協力（多国間紛争管理）、国際人道問題など。
主著・論文：*Evolving Patterns of Peacekeeping: International Cooperation at Work* (Lynne Rienner, 2017)（単著）；*Humanitarian Space and International Politics: The Creation of Safe Areas* (Ashgate/ Routledge, 2004)（単著）；"New Humanitarianism and Changing Logics of the Political in International Relations" (*Millennium: Journal of International Studies*, vol.43, no.2, January 2015, pp.411-428)（論文）など。

●シリーズ監修

石津朋之（いしづ・ともゆき）

防衛省防衛研究所戦史研究センター長。著書・訳書：『戦争学原論』（筑摩書房）、『大戦略の哲人たち』（日本経済新聞出版社）、『リデルハートとリベラルな戦争観』（中央公論新社）、『クラウゼヴィッツと「戦争論」』（共編著、彩流社）、『戦略論』（監訳、勁草書房）など多数。

シリーズ戦争学入門

国《こく》際《さい》平《へい》和《わ》協力《きょうりょく》

2022年２月20日　第１版第１刷発行

著　者……………………………………………………………
山　下　　光

発行者……………………………………………………………
矢　部　敬　一

発行所……………………………………………………………
株式会社 創　元　社
〈ホームページ〉https://www.sogensha.co.jp/
〈本社〉〒541-0047 大阪市中央区淡路町4-3-6
Tel.06-6231-9010(代)
〈東京支店〉〒101-0051 東京都千代田区神田神保町1-2 田辺ビル
Tel.03-6811-0662(代)

印刷所……………………………………………………………
株式会社 太洋社

ISBN978-4-422-30083-2 C0331

クーレレイア

!!
頼んだぞ、ミクロス！

エートゥルー
リーベルク
シャラウゥン

マイル

God bless me?
私、能力は平均値でって言ったよね!

私、能力は平均値でって言ったよね！
14
God bless me?

【ティルス王国】

エルフたち

エルフ女性。お父さん大好き。
古竜戦でマイル達を助けた。

エルフ女性。
アカデミーの研究員。

ハンター。治癒魔法使い。
優しい少女だが……。

エルフ女性。
アカデミーの研究員。

【現代の日本】

高校生。小さな少女を救い、
異世界へと転生した。

Cランクパーティ『赤き誓い』

異世界で“平均的”な
能力を与えられた少女。

剣士。ハンターパーティ
「赤き誓い」のリーダー。

強気な少女ハンター。
攻撃魔法が得意。

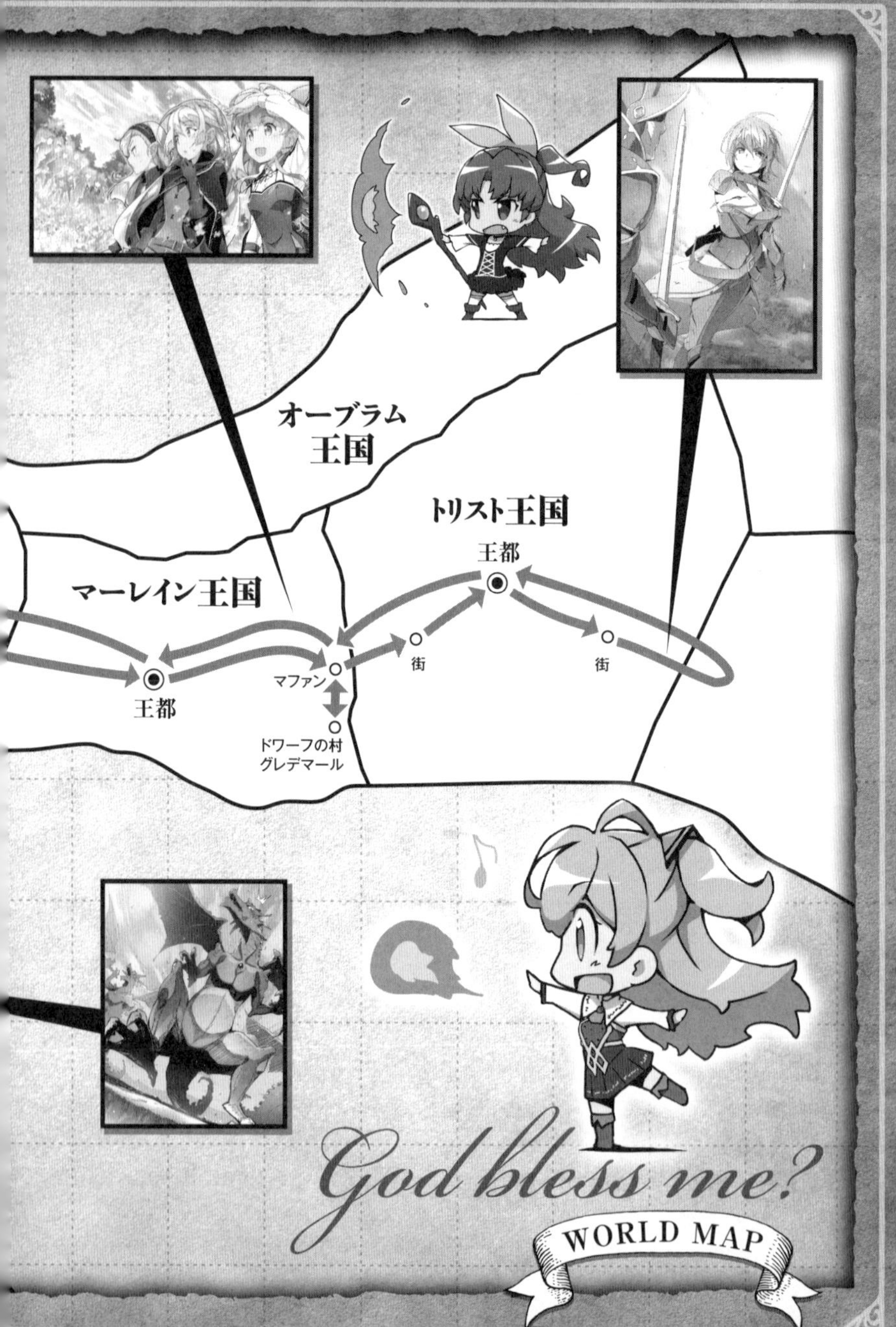
オーブラム
王国
トリスト王国
王都
マーレイン王国
街
街
マファン
王都
ドワーフの村
グレデマール
God bless me?
WORLD MAP

ブランデル
王国
ティルス王国
「赤き誓い」登録国
ヴァノラーク王国
辛味亭
王都
宿屋事件の町
アスカムへ
向かい反転
アスカム領
侵攻軍
アレイメン領
マイルのハンター
登録の町
王都
王都
シャレイラーズ
帝都
山岳部
アルバーン帝国

前巻までのあらすじ

アスカム子爵家長女、アデル・フォン・アスカムは、十歳になったある日、強烈な頭痛と共に全てを思い出した。

自分が以前、栗原《くりはら》海里《みさと》という名の十八歳の日本人であったこと、幼い少女を助けようとして命を落としたこと、そして、神様に出会ったことを……

出来が良過ぎたために周りの期待が大きすぎ、思うように生きることができなかった海里は、望みを尋ねる神様にお願いした。

『次の人生、能力は平均値でお願いします！』

なのに、何だか話が違うよ？

ナノマシンと話ができるし、人と古竜の平均で魔力が魔法使いの６８００倍⁉

初めて通った学園で、少女と王女様を救ったり。

マイルと名乗って入学したハンター養成学校。同級生と結成した少女４人のハンター『赤き誓い』として大活躍！

そして、王国上層部からの依頼でアルバーン帝国に潜入し、古竜との命がけの激闘に勝利したマイルたち。

国へと帰還したマイルたちを待っていたのは、成長したマルセラ達『ワンダースリー』との再会！

マイルを巡っての争奪戦が⁉

新たな切っ掛けを掴んだ『赤き誓い』に、エルフの里への危険な護衛依頼が告げられたのだった。

God bless me?

CONTENTS

挿　話

「では、そういうことでよろしいですわね？」

「う～ん、ま、仕方ないわよね……」

とある国の、とある王都の居酒屋で、３人の女性達が話し合いを行っていた。

「今までは顔を見ただけで殴りかかってきていたふたりが持ち掛けてくれたお話だし、私にとっても利益しかないお話だから、ここはお受けするわ。

そもそも、あなた達が一方的に絡んでくるようになっただけであって、私の方には何の含むところもないし……。

里にいた頃は、優しいお姉ちゃん達だったのに、どうして急に……」

残念そうな顔で喋《しゃべ》っていた、３人の中で一番年下らしき女性……人間であれば、成人になっているかいないかの、やや小柄で、まだ『少女』というべき年齢の者……は、ふたりの表情に気付き、慌てて口を閉じた。

……そう、『あの時』の状況や、その時にしていた話の内容から、何となく理由を察していないわけではなかったのである。

しかし、その件で謝罪するわけにはいかなかった。

そんなことをすると、ますますふたりの心を抉《えぐ》り、傷付けることになってしまう。

……それに、少女は、自分が悪いとか、落ち度があったなどとは欠片《かけら》も思っていないため、謝罪する理由もなく、その必要も感じていなかった。

「とにかく、経費節減、道中の安全、……そして、『びっくり箱』の確保！」

「あれは、私のよ！　私が見つけたの！　あれに関する全ての権利は、私が所有権を主張する！」

「いえ、先に報告したのは、私達よ！　優先権は私達にあるわ！」

「そうよ！　あなたにはあれを上手《うま》く扱ったり研究成果を出したりするのは無理よ。ここは、私達に任せなさい！」

「ふざけんな！　横取りしようったって、そうはいかないわよ!!」

ガタン！

ガタガタッ！

全員が立ち上がり、今にも摑《つか》み合いになりそうになった、その時……。

「あの〜、お客さん方、他のお客さん達の御迷惑となりますので……」

「「「あ……」」」

3人共、思わずヒートアップしてしまったが、決して良識がないわけではなかった。

なので、店主にそう言われて、自分達がそこそこ客が入っている居酒屋で何をしでかしたかに気付き、顔を赤らめた。

人間の街に出るエルフは少ない。そのため、自分達の行動が人々の『エルフ観』を左右する。

それを充分承知しているだけに、この失態は精神的に大ダメージを受けたらしかった。

「……お会計を……」

年長の方のひとりがそう言って支払いを済ませると、俯《うつむ》き加減で、そそくさと店を後にする3人の女性達であった……。

「おい、あれって……」

「ああ、『耳が尖《とが》っていた』よな……」

「年下の子は髪で隠れて見えなかったけど、年上のふたりとタメ口《ぐち》で話していたし、整った容貌に、貧乳。ありゃあ、間違いなく、3人共がエルフだな……」

女性達が去った後、それまで静かにしていた他の客達が一斉に喋り始めた。

……皆、珍しいエルフが、それも3人も、おまけに何やら険悪な雰囲気で言い合いをしているとあって、触らぬ神に祟りなし、とばかりに静かにしていたのである。

耳は彼女達の会話に全神経を集中し、そして視線は彼女達に悟られぬようにチラチラと横目で眺める、という状況で。

何しろ、エルフは美形揃いである。それが3人も揃っているのを人間の街で見られるなど、滅多にあることではない。皆の視線が集中するのも、無理はないだろう。

まぁ、耳が隠れている少女を除き、年上のふたりはそんなことには慣れっこで、今更気にもしていないであろうが。

「おい、馬鹿野郎！　エルフは耳がいいんだぞ、店の外にいても、聞こえるかもしれん！　風の精霊の加護とかで、遠くの声も届けられたりするかも……。

それで、貧乳とか言って、もし聞こえたら……」

「ええっ！」

他の客に叱られ、蒼くなる『貧乳』発言の男。

しかし……。

「いや、大丈夫だ。エルフは大半が貧乳……ちっぱいだから、それはエルフの間での美醜や女性の魅力の基準とは関係ない。だから、コンプレックスもないし、そう言われてもそう気にすることはないらしい。まぁ、人間の女性が『手が小さいね』と言われた程度らしくて、ちっちゃくて可愛いね、というようなプラス要素にもなるらしい。

森の中で暮らすエルフにとって、胸が大きいということは、弓を引くのに邪魔、森を駆けるのに邪魔、肩が凝《こ》る、アセモができる、匍匐《ほふく》前進が遅くなる、とかで、欠点になるとか……」

「「「「マジか!!」」」」

他の客にそう説明され、驚くと共に、安堵《あんど》のため息を漏らす男達。

そして、それを聞いて『エルフの美男子を引っ掛けられるのでは！』という野望に燃える、ちっぱいの女性客達。

「……しかし、エルフの女性3人に平然と苦言を呈し、追い出すとは……」

「「「「「大将、恐るべし!!」」」」」

店主に対して畏怖《いふ》の念を抱く、常連客達であった……。


「ああ、恥ずかしかった！　あなた達のせいで、大恥をかいたわよ！」

「いや、あなたにも責任の3分の1があるでしょうが!!」

店を出て少し歩いた後、道端に立ち止まって話の続きをしている、3人の女性達。

「とりあえず、今回の作戦が終わるまでは、休戦しましょう。共通の大きな目的の前には、些細なことは後回しよ。さっきの件に関しては、全てが終わって戻ってきてから、ということで。

……それでいい？」

こくり

斯《か》くして、エルフ３人組による作戦が開始されたのであった……。

第百一章　エルフの里

「そうだ。人間の街で暮らしている、若い……、『若く見える』エルフの女性達が、一度エルフの里に戻るらしい。定期報告、という名目でな……」

「名目？　じゃあ、本当の理由は別にあるのですか？」

そんな言い方をされれば、気になるのは当たり前である。なので勿論《もちろん》、素直なメーヴィスがギルドマスターの言葉に食い付いた。

そしてギルドマスターの返事は……。

「ああ。何でも、本当の目的は、〝お見合い〟らしい」

「「「「…………」」」」

「エルフの若奥様？」

「まだ、みんな独身だ!!」

マイルのボケに、律儀《りちぎ》に突っ込むギルドマスター。

『赤き誓い』との付き合いが長いだけに、かなり調きょ……訓練されてきたようである。

そして、前世の海里の両親のコレクションの中には、そんな本もあったのか……。

「とにかく、人間の街で暮らしているエルフは少ない。それも、未婚の女性となると、ごく僅かだ。そして知っての通り、長命で温厚で思慮深いエルフ達は我々人間から尊敬されており、ドワーフを含めた『ヒト種』としての大切な同盟種族だ。それが里帰りの途中で、人間の領域内で何かあったとなれば、大事《おおごと》だ。

……この意味は、分かるな？」

こくこくこく
「というわけだ。この依頼、受けてくれ」

まさか断らないよな、という圧力を掛けながら、そう言って『赤き誓い』を睨《にら》み付けるギルドマスター。

別に、悪意があるわけではない。おそらく、この依頼を断られでもしたら大変だと、必死なのであろう……。

「あの、この指名はギルドマスターさんからの推薦によるものですか？」

しかしそこで、マイルが『素朴な疑問』というような顔で、そう聞いてきた。

Aランクやランクならばともかく、いくら売り出し中の名物パーティとはいえ、『赤き誓い』は、所詮はCランクパーティである。他の街や、ましてやエルフの間に名が知られているとは思えない。なので、ギルドマスターが『赤き誓い』を推薦したのかと考えるのは、当然のことであろう。

だが……。

「いや、先方からの御指名だが？　いくら人間全体の面子《めんつ》と信用が掛かっているとはいっても、どうして一介のギルドマスターが余計な口出しをして、万一の場合には責任を負わなきゃならなくなるような真似をしなきゃならんのだ？　領主や国王でもあるまいし……」

「「「ですよね〜〜!!」」」

決して悪い人物ではないが、ギルドマスターは、そういう人なのであった……。

＊　　＊

ギルド支部からの帰り道。

「しかし、エルフ達の間にまで、私達『赤き誓い』の名が広まっているなんてね……」

「凄いですよね！　この調子でどんどん知名度が上がれば、将来商会を設立した時に……」

「エルフに名が知られているとなると、騎士に取り立ててもらえる確率が上がるぞ！　ありがたいことだ……」

「…………」

エルフからの御指名であると聞いて、喜ぶレーナ、ポーリン、メーヴィスの３人。

勿論、依頼は喜んで受注した。

少し首を捻るマイルはスルーして……。

（どうして、エルフから名指しで……。私達のことを知っていて、独身の、『エルフとしては』若い女性達……、って、あ！）

心当たりが、あった。

……些《いささ》か、あり過ぎた……。

＊　＊

「私達が、依頼主よ！」

「「「「出た!!」」」」

……そう、出発の日に待ち合わせ場所に現れたのは、勿論……。

あの、古竜とのファースト・コンタクト事件でお馴染み、レーナとほぼ同じくらいの年齢《とし》に見える、エルフの少女……。

「クーレレイア博士と……」

「エートゥルーと、シャラリルです。お久し振りですわね……」

マイル達『赤き誓い』が森の調査における荷物の運搬と護衛依頼を受けた、アカデミーとやらで研究員をやっている、20歳前後に見えるエルフ女性のふたりであった。

「「「……やっぱり……」」」

そう、『赤き誓い』には、女性エルフの知り合いなど、この3人しかいなかった。

「でも、エートゥルーさん達は、クーレレイア博士とは仲が悪かったのでは？　どうして滞在している国から直接戻らずに、わざわざここに寄ってクーレレイア博士と一緒に？」

「「「…………」」」

マイルの疑問に、答える声はなかった。

不思議そうな顔のマイルに、ポーリンがちょいちょいと袖を引っ張って耳元で囁《ささや》いた。

「……お金の節約じゃないでしょうか。護衛費用、安くはないですから……」

「あ！」

そう、ひとり1日当たり小金貨2枚として、4人で8枚。10日間だと、小金貨80枚。日本のお金で考えると、80万円相当である。貸し馬車や御者の料金も加えると、学者にとっては、決して安い金額ではない。少なくとも、ちっぽけなプライドを優先させる程度の、安い金額では……。

耳が人間より少し大きいことと、森で暮らすため聴覚が優れているエルフの3人には、小声であるつもりのポーリンの声は丸聞こえであった。

そして、ぐぬぬ、と無念そうな顔をする3人のエルフ達のことはスルーして、さっさと歩き出すレーナ。

「行くわよ！　話は歩きながらでもできるでしょ」

そう、立ち止まったまま話す時間は、何のお金にもならない『無駄な時間』、『死に時間』である。

そんな時間の浪費をするくらいなら、袋貼りの内職でもしていた方が、余程マシであった……。

＊　＊

馬車屋で、予約をしていた馬車に乗り込んだ一行は、エルフの里へと向かった。

2頭立ての馬車を御者込みで雇ったものであり、勿論、支払いはエルフ達である。

これでエルフの里に近い街まで行き、そこからは徒歩で向かう。

別に里の場所が秘密というわけではないらしいが、あまり他の種族が入り込んで森を荒らされるのは好きではないらしく、森の中には馬車が通れるような道が整備されているわけではないらしいのである。

勿論、ハンターが里の近くで狩りや採取を行うことも厳禁らしい。

「……で、里を出て人間の街で暮らすことを禁止はされていないけれど、それをあまり快くは思っていない長老達がうるさいのよ……。そして定期的に里に戻って報告したり、男達との顔合わせをしたりしなきゃならない、って条件を呑まないと駄目で……。

顔合わせって言ったって、人間の街に較《くら》べてエルフの里はずっと人数が少ないから、周辺の集落の若い男達とは元々みんな顔見知りだってーの！」

馬車の中で、以前会った時と違って、何だか日本の女子高生のような話し方で今回の里帰りについての説明をするクーレレイア博士。

あの時は、博士の方も『受けた仕事を遂行中の、研究者』としての立場であったが、今はただの『護衛されているだけの、雇い主の女の子』なので、砕けた態度なのであろうか……。

しかし、若い少女のような喋り方をするクーレレイア博士の本当の年齢を何となく察している『赤き誓い』の面々は、微妙な顔をしている。

……いや、見た目からは、別に違和感はないのであるが。

見た目からは……。

「だから、研究成果とか真面目に暮らしているとかの報告をして、長老達を納得させたり父様《とうさま》を安心させたりと、色々と大変なのよ……」

そう言いながら、怪しげな眼でマイルを見るクーレレイア博士。

そして、エートゥルーとシャラリルの眼が、怪しく光る……。

(((あ、コイツら……)))

何となく、今回の護衛が『赤き誓い』への指名依頼となった理由を察したレーナ、メーヴィス、そしてポーリンの３人。

そう、金銭的な問題の他にも、仲が良くないらしいクーレレイア博士とエートゥルー、シャラリルの３人が組んだ理由を……。

更に、おそらく指名依頼を絶対に断られないようにとギルドに圧力でも掛けたのであろうということも……。

「お父さんを安心させてあげるのは、大事なことですよね！」

そして、冴《さ》えている時と鈍い時との落差が極端な、マイルであった……。

＊　　＊

「では、行きますよ！」

「「「おお!!」」」

メーヴィスの掛け声に応えるレーナ達『赤き誓い』のメンバーと、頷《うなず》くエルフ達。

里に近い街で馬車と馬を業者に預け、御者にはこの街で待機していてもらう。

……待機中の分もちゃんと賃金が支払われるので、美味しい仕事である。まぁ、大抵は飲み屋や博打場で賃金の大半を使ってしまうのであろうが……。

そしてここからは、徒歩で移動する。

エルフ達は、全員がマイルの収納魔法……ということになっている、アイテムボックス……の存在を知っている者達ばかりである。なので、皆の荷物と、これ幸いとばかりに重さや体積、壊れやすさとかを全く考慮せずにエルフ達が大量に買い込んだお土産が収納されている。

元々、森の中で自然と共に暮らしているエルフ達はあまり現金収入というものがなく、たまに人間の街に出てくる時には、良い値で売れる薬草や毛皮等を持ってきて換金する程度である。

なので、人間の街で暮らしている者達がたまの里帰りで持ち帰るお土産を楽しみにしているらしい。最後の行程では馬車が使えないため、あまりたくさんのお土産は持ち帰れないのであるが……。

「ふふふ、今回は、みんな驚くわよ……」

「そうですわね。重くてあまり持ち帰れない、人間達のお酒とか鉄製品とかをたくさん買い込みましたから、皆、喜んでくれるでしょうね」

機嫌が良いらしく、クーレレイア博士の言葉にシャラリルが答えている。里帰りが、決して面倒で嫌なことだというわけではなく、それなりに楽しみでもあるのだろう。

そして彼女達は、マイルの収納魔法が使える今回のチャンスを逃すまいと、蓄えの一部を切り崩して、かなりのお土産を買い込んだのであった。普通の里帰りの者達が持ち帰るお土産の常識を超えて、大量に……。

勿論、そんなものを持ち帰れば、マイルの収納魔法の異常性がモロバレとなるのであるが、最早、そんなことを気にする者は誰もいなかった。

＊　＊

森の中に入ってからすぐに、最初のうちはあった細い道が獣道レベルになり、そしてそれすらもなくなって、文字通りの『道なき道』を進むこととなった。

別に里の場所を隠しているというわけではないが、歓迎すべかざる余所者がやってくるのを防ぐために、わざと道を分かりにくくしたり、ぐるぐると同じ場所を廻っているのではないかと錯覚させるようになっていたり、無意味な分岐点があったり、そして時々道がなくなったように偽装されていたりするのである。

(((いや、それって、充分『里の場所を隠している』んじゃあ……)))

そう思う『赤き誓い』の４人であったが、エルフ組は、あくまでも『隠しているわけではない』と言い張っていた。

彼女達が言うには、もし本気で隠そうとするならば幻惑結界を張ったり、飛び出す竹槍《たけやり》とか落とし穴とかを設置する、とのことであった。

「勿論、飛び出す竹槍には毒を塗っておきますし、落とし穴の底にも竹槍を植えておきますよ」

「「「「……怖いわっっ!!」」」」

もし人間がそんなものを仕掛けて、迷い込んだ近隣の村人とかハンターとかが引っ掛かったりすると大問題であるが、エルフの場合は問題ないらしかった。

このあたりは、一応は人間の国の一部ではあるものの、実質的にはエルフの支配地域であり、その自治権が認められているから、とのことである。なので、侵入者をどうしようがエルフ側の自由、ということらしい。

人間とは友好的であり様々な条約を結んでいるから、そういうことは自粛しているというだけであって、『やってはいけない』とか、『できない』というわけではない、ということである。

「だから、余程のことがない限り、エルフ以外の者を里に連れていくことはないのよ。ま、私達が一緒だから、今回は問題ないけどね。ちゃんと事前に手紙で許可は取ってあるし……」

勿論、手紙はギルド留めで、たまに誰かが確認に行くらしい。日本での、『局留め』のようなものである。

「……え？」

そして、はてな、というような顔になったマイル。

「それって、普段は護衛は連れていかない、ってことですか？」

「「「「…………」」」」

あちゃー、という顔のエルフ組と、今まで気付いていなかったのかと、驚いた顔のレーナ達。

そう、里帰りの度《たび》に護衛や馬車代で何枚もの金貨を使うのは負担が大きすぎるだろう。

なので、最寄りの街までは乗合馬車で戻り、そこから先は自分達だけで、というのが普通なのであった。

最寄りの街までの護衛は、乗合馬車の経営者が雇ってくれる。

勿論、その費用は乗車賃に反映されているが、自分達で馬車や護衛を用意することに較べれば、ずっと割安である。

……つまり、普通は借り上げ馬車を仕立てたり、自分達で護衛を雇ったりはしない、ということである。

「え？　それって、どういうこと……」

不審そうな顔のマイルであったが、即座にシャラリルが説明した。

「護衛依頼のついでに、マイルちゃん達をエルフの里に御招待しようと思ったのですわ！　森の学術調査の時には色々とお世話になりましたからね！」

「そうそう！　あの時、エルフの里に興味があるみたいでしたから、お礼代わりにと……」

「私も、獣人達から救い出してもらったからね！　父様に紹介しようと思って……」

そして、エートゥルーとクーレレイア博士がそれに続いた。

「え……」

それを聞いて、ぱあっ、と顔を輝かせたマイル。

「ほ、本当ですか！　ありがとうございます！　実は私、『エルフの里』っていうの、是非見てみたかったんですよ！」

（（（（（知ってた……）））））

斬くして、マイル以外は全員が知っている『企み《たくら》』によって、エルフの里へと向かう一行であった……。


「で、エルフの里って、人口……、『エル口《こう》』は、どれくらいなんですか？」

「何よ、そのおかしな単語は！　エルフもドワーフも『ヒト種』なんだから、『人口』でいいわよ！　数える単位も、『人《にん》』！　３エル、４エルとか、おかしな単位で数えないでよね！」

クーレレイア博士、激おこ。エートゥルーとシャラリルは、苦笑しているだけである。

「す、すみません……。で、その、人口は……」

「禁則事項よ！」

「え？」

不愉快そうなクーレレイア博士の返答に固まったマイルに、横からエートゥルーが教えてくれた。

「人数なんて、安全上、最も重要な要素じゃないの。人間は開けた場所に固まって住んでいるから隠しようがないけれど、私達エルフは一応は村を形成しているものの、多くが周辺の森の中に散在して暮らしているからね。正確な数は伏せておいた方が、侵略者や襲撃者に対抗するには有利なのよ」

「あ、なる程……」

盗賊どころか、領主であっても、エルフに手出ししようなどと考える者はいないというのに……。

何しろ、エルフは魔法に長《た》けた者が多い上、森に詳しく、新陳代謝が活発ではないせいか少ない食料で生きていけるし、……そしてプライドが高く、森を大切にし、仲間意識が強い。

こんな連中を敵に回せば、多少の人数を揃えたところで、森に入った途端、全滅である。

しかも、全てのエルフ氏族にあっという間に情報が伝わり、敵対した人間の組織は全ての国のエルフ達から敵視される。

おまけに、エルフは人間から尊敬されているし、その知恵や美貌から、心酔している王族や貴族、その他の権力者達も多い。中には友誼《ゆうぎ》を結んだり、異種族間結婚により血縁関係にある者もいる。

……このエルフ達、俺TUEEEくせに慎重すぎる……。

（まぁ、人間は、死んでも残り数十年分の人生がなくなっちゃうだけだけど、エルフは数百年分の人生がなくなるからなぁ。失う年数が多すぎて、慎重になるのかも……）

そんなことを考えるマイルであるが、年寄りは若者より慎重になるのは当たり前のことであった。

40～50歳の人間など、エルフから見れば、若造どころか、子供である。

余程のことがない限り、年配のエルフは人間に対して温厚で優しく、親切であるのは、自分の孫くらいの年齢の者に対するおじいさんやおばあさんとしての対応なのであろうか……。

「さすが、年の功……」

思わずそう呟《つぶや》く、マイルであった……。

＊　＊

そして丸々一日歩き、夕方頃になって……。

「着いたわ。ここが私達の氏族の村よ。近くにいくつかの村があって、それらを纏《まと》めて『エルフの里』って呼んでいるの。その中でも、うちの村が中心的な役割を担《にな》っていて、里全体の会議とかお祭りとかはここでやるのよ。

里の者全員が集まるのは何かの大きなイベントの時くらいで、普段はそんなに人がいるわけじゃないけれど、里全体の意志決定機関である『賢人会』のメンバーとかは過半数が常駐しているし、雑貨屋もあるし、まぁ、田舎で近隣の村の中核となる『ちょっと大きめの村』としての機能は一応備えているわ。人間が考える『普通の田舎村』とは少し違うかもしれないけどね」

エートゥルーが、そう言って説明してくれた。

『赤き誓い』の前にあるのは、木造の平屋が数十軒、不規則《ランダム》に建てられた集落であった。

そして『木造』とは言っても、普通の人間が考えるような木造家屋ではなく、もっと自然のままの、丸太《ログ》を主体として一部に角材も使用したログハウスのようなものとか、樹木をそのまま利用したもの……立ったままの大木を外部構造の一部として利用したり、大きな枝の上にツリーハウスを作ったり……とかである。

建物の広さや大きさを求めたものではなく、ただ雨風を避けて過ごせる、ということしか求めていないかのような、そして自然と闘うのではなく自然と共に暮らすとでもいうような佇《たたず》まいの村。

「ここが、エルフの村……」
「何だか、自然に溶け込んだ暮らし、って感じで、素敵ですよね……」
「想像していた通りね……」
「ふえぇ……」

人間が招かれることなど滅多にないため、エルフの暮らしぶりについてはあまり知られていない。なので、『赤き誓い』のみんなが感動するのも、無理はなかった。

「何もない、クソつまんない村よねぇ」
「退屈で退屈で、こんなところで一生過ごすなんて願い下げよ！」
「そう、私は刺激があって楽しい、人間の街で暮らすのよ！　そしてひと山当てて、豪邸を建てて父様を呼んで、一緒に暮らすのよ!!」

……そして本音を漏らす、エルフ組。

色々と、台無しであった……。

村には、別に出入りする者を見張る門番がいるわけではなく、素通りであった。
こんな森の奥で、それは少し危険なのではないか。そうマイルが尋ねると、魔物や野獣への備えはちゃんとしてあるわよ、とエートゥルーに返された。

どうやら、見張りがいるか、何らかの探知方法があるようであるが、さすがにそれは秘密らしい。防衛というものは、その詳細がバレてしまうと効果が激減してしまうものであるから、秘密にするのは当然であろう。そんなことをぺらぺらと喋るのは、馬鹿だけである。

そして、村へ入ると……。

「おお、クーレレイアちゃんに、エートゥルーとシャラリルじゃないか！　そうか、もうそんな時期か……」

どうやら彼女達が定期的に戻ってくるのは周知のことらしく、そう言って笑顔で迎えてくれる、通り掛かった20歳過ぎくらいの男性。

……あくまでも、マイル達には20歳過ぎくらいに見える、というだけであり、少なくともクーレレイア博士よりはかなり年上であろうから、実年齢は……。

「で、その子達が、あの？」

そして、興味深そうな顔でマイル達を見る、男性。

「私達が、『あの』って、どういうことかしら？」

「何か、私達についての情報が事前に流されているのですか？」

「……それは、ハンターにとっては問題となる行為ですよ？」

レーナ、ポーリン、そしてメーヴィスまでもが、胡乱《うろん》な眼でエルフ組を見ていた。いや、睨《ね》めつけるような眼、と言った方が正しいかもしれない。

何しろ、指名依頼を受けて行ったところに、事前に自分達の情報が流されていたわけである。受けた依頼とは全く関係ない形で……。

それは、明らかにハンターに対する裏切り行為であり、『嵌《は》められた』として即座に依頼主側有責での契約破棄、そして敵対関係となってもおかしくない行為であった。

互いに顔を見合わせて、ばっ、と飛び退《すさ》り、エルフ組（男性を含む）から距離を取る『赤き誓い』の4人。レーナとポーリンは杖《つえ》を握り締めた右手を前方に突き出しているし、メーヴィスは剣の柄《つか》に手を掛けている。

護衛依頼、というのが口実らしいとは思っていたマイル以外の3人であるが、まさか事前に里の者達に『雇った護衛も同行する』ということ以上の、自分達の個人的な情報を流しての根回しをしていたとは思ってもいなかったらしい。

そしてそれは、里の者達全員でマイルを捕らえ、マイルの特殊な魔法や能力……実家の秘伝……を実力行使で聞きだそうとするつもりなのだと判断されても仕方ない行為であった。

そう、『赤き誓い』はそれでもいきなり攻撃したりはしなかったが、『いきなり攻撃されること』を警戒するのは当たり前であった。

「「「あ！」」」

そして、自分達の失策に気付いたらしい、エルフ3人組。

「ち、ちちち、違うわよ！　別に、おかしなことを企んでいたりはしないわよ！」

「そ、そそそ、そうですよ！　私達エルフは誇り高き種族、人間を騙《だま》したりはしません！」

「ご、ごごご、誤解です!!」

何やら、必死に言い訳をするエルフ達。

どうやら、『赤き誓い』の反応の理由を理解したらしかった。

そして、『赤き誓い』を警戒させないようにと、慌てて男性を追い払った後、エルフ組が必死で弁解を始めた。

それによると、純血の人間なのにエルフのような気配を感じる者がおり、しかも膨大な魔力があり、おまけに変わった魔法を使える、ということで、里の長老への手紙（これも、定期的に報告が義務付けられているらしい）にそのことを書いてしまったらしいのである。

しかも、毎回報告書に書くネタに困っていた3人が、揃いも揃って、全員そのネタで1回分の報告書の大部分を埋めてしまった、と……。

そしてその後、里の長老から手紙が来た、と。『次の帰省時に、その者を連れて帰れ』という指示の手紙が……。

なので、決して何かを企んでいるとかではなく、ただ長老に会ってもらおうとしただけである、と言って頭を下げるエルフ組であったが……。

「だから、仲が悪いのに3人一緒だったのですね……」

「そんなことだろうと思ったわよ……」

呆《あき》れたようにそう言う、ポーリンとレーナ。そしてマイルは……。

「それって結局、護衛依頼だと騙して私達を誘《おび》き寄せた、ってことには変わりないですよね？　そして、その長老さんとやらが何を企んで私を連れて来させたのかということも、分かりませんよね？　もしかすると、本当に私達を捕らえて実家の秘伝を無理矢理喋らせようとする可能性も、全くなくはありませんよね？」

「いえ、私達エルフは、そんなことは決して！」

「でも、護衛任務だと私達を騙してここに連れてきたじゃありませんか！」

「うっ……」

マイルの指摘を必死に否定したエートゥルーであるが、それも、マイルに斬って捨てられた。

マイルは、お人好しで寛大な方ではあるが、それはあくまでも『相手に悪気がなかった場合』の話である。

そう、マイルは決して、盗賊の人権を尊重して、仲間や罪のない村人の命を危険に晒《さら》すようなタイプではない。そのあたりは、前世の海里であった時からの判断基準をそのまま引き継いでいた。

「ギルド規約違反ね。ハンターを嘘の依頼で騙して、仲間のところへ誘き寄せる。ハンターと、依頼を仲介するハンターギルドに対する裏切り行為であり、宣戦布告ね。

いくらエルフが優遇されるといっても、これはただじゃ済まないわよ。

王宮あたりは何とか穏便に済ませようとするかもしれないけれど、ハンターギルドはそんな指示は無視するわよ。良くて、今後、ここの氏族絡みの依頼は全て受注拒否。悪ければ、ここと関わっている商人とかも仲間とみなして全て受注拒否の対象になるかもね」

「え……」

レーナの指摘に、愕然《がくぜん》とした様子のエルフ達。

そんなことになれば、人間の街で買い物をすることができなくなってしまう。

小売り商から商品を買うのも、立派な『商取引』であり、『関わっている』と判断されてもおかしくはないのであるから……。

そのあたりは、規則《ルール》を運用する者のさじ加減ひとつである。

エルフに物を売るとハンターギルドを敵に回すことになると言われて、僅かな売り上げのために危険を冒す者がいるはずがない。

いくら森での自給自足に近い生活をしているとはいえ、エルフ達も全く人間の街での買い物をしないというわけではない。やはり農具や狩りのための武器は金属製のものを使いたいし、他にも使い慣れてしまった人間の道具は手放せない。

そしてそれらは壊れることもあるし、新製品が欲しいこともある。また、たまには珍しい食材や調味料とかも買いたい。

……つまり、自分達のせいでエルフの里が街の商人達に縁を切られたりすると、大変なことにな

るのであった。

「「「…………」」」

エルフ達は、まさかそれ程のことだとは思ってもいなかったようである。

しかし、３人共、実年齢はかなり行っているであろうに、そしてハンターの禁忌についてもある程度は知っているはずなのに、なぜそんなに安易に考えていたのか。逆に、レーナ達の方が驚きであった。

レーナ達も、護衛が指名依頼だったのはマイルをエルフの里へ連れて行きたかったからかな、と思ってはいたが、それはあくまでもこの３人の思惑だと考えていたため、マイルにゴマをすって色々と教えてもらおうとしているだけだと思っていたのである。

その程度であれば、まぁ、大したことではない。マイルがお礼代わりに『これくらいなら教えてあげてもいいかな』と考える範囲で少し教えてやるのも、許容範囲内であろう。もし行き過ぎだと思えば、自分達が止めてやればいい。……そう考えていたのである。

しかし、事前に根回しがしてあり、里ぐるみでの企みであったなら。

そして、マイルを連れ込むのが、この３人の考えではなく、里の指導者からの指示によるものであったなら。

……その場合は、話が全く違う。

それは、完全な『罠《わな》』である。

「「「……」」」

追い詰められて、どうしようかと困り果てた様子のエルフ達。

「「「…………」」」

「「「……………」」」

村の入り口近くで立ち止まったまま、固まる一同であったが……。

「とりあえず、立ち話も何ですから、どこかで落ち着きませんか？」

そして、第一当事者というか被害者というか、とにかくこの場で一番文句を言う資格があるマイルの言葉に、全員が頷いたのであった……。

＊　＊

「「「すみませんでしたあぁ～～!!」」」

連れていかれた村長の家で、他の3人のエルフの前で3人組に土下座で謝罪された『赤き誓い』。

どうやら、本当に悪気はなかったようなので、マイル達も矛を収めたようであった。

但し、これは大きな『貸し』として、今後クーレレイア博士やエートゥルー達が調子に乗った時には大きな武器となるはずであった。

今ここにいるのは、エルフ3人組と『赤き誓い』の他には、他の3人のエルフだけであった。

ひとりは、この家の持ち主である村長。他のふたりは、長老と呼ばれている老人と、戦闘職っぽい感じの30歳くらいの男性である。男性はおそらく、長老の護衛役か何かなのだろう。

勿論、30歳くらいに見える男性も、それと同じくらいの年齢に見える村長も、当然見た目通りの年齢ではないのだろうが……。

あ、いや、エルフにとっては『見た目通り』なのかもしれないが、人間にとっては、ということである。

エルフは外見が若い状態が長く続くため、護衛っぽい男性と村長とは、見た目は同年齢くらいに見えても、おそらく実際にはかなり年が離れているのであろう。

そして、見た目が老人ぽい長老は、本当に凄く年を取っているのであろう。若く見える期間が過ぎて、人間よりやや遅いくらいの速さで老化が進んでいる年齢だということは、エルフにとってはほぼ寿命の終盤である。……まぁ、まだ若い姿で『長老』と言われても違和感があるが……。

「いや、すまんかった！　儂《わし》はただ、『その少女を里に連れてくるように』と指示しただけなんじゃ。なので当然、ちゃんと説明して招待すると思っておった。それを、こやつらときたら……」

そう言って、手にした杖で3人組の頭を小突く長老。

「まぁまぁ……。世間知らずの子供がやったことですから……」

村長がそう言って庇《かば》うが、それは今言ってはいけない台詞《せりふ》である。

「馬鹿もんが！　それを言っていいのは、被害者である人間の子供達だけじゃ！　加害者側のお前が、被害者の前で言っていいことではないわ！　世間知らずはどっちじゃ!!」

村長の言葉には少しムッとしていたレーナ達であるが、さすが長老は年の功だけあって、物事が分かっている。その言葉に慌てて謝罪する村長の姿に、皆の機嫌も直った。

「正直に言って、断られたら困ると思って……。以前、里に招待するという条件でおかしな魔法について教えてもらおうとした時、断られたから……」

エートゥルーの言葉に、確かにそういうことがあったなぁ、と思い出した『赤き誓い』の4人。

これは、少し情状酌量の余地がありそうであった。

それに、いくら実年齢はマイル達の数倍であるとはいえ、エルフの中ではまだ子供扱いされる年齢なのであろう。

5歳の人間と5歳の狼を較べて、どちらがより幼い行動を取るか。

エルフ3人組は、自分達の寿命のうちまだ1割そこそこしか生きていないのであろう。ということは、それは人間にとっての10歳未満の立ち位置であると言える。

マイルは、本当に全く悪気はなかったらしい3人を許してやることにした。

（仕方ないか……）

「今日のところは、このへんで勘弁しといたろか！」

何じゃそりゃ〜、と思いはしても、それを口にできる立場ではない。黙って平伏する、3人のエルフの少女（？）達であった……。

＊　　＊

「……で、長老さんが私達に会いたいと言われた理由は……」

ぐだぐだになり、一応村長と長老にも謝罪された後、薬草茶と焼き菓子（トウモロコシのようなものの粉に木の実を練り込んで焼いたもの。割と美味しい）を出され、話し合いを始めた『赤き誓い』一行。

レーナも、さすがに相手がエルフの高齢者とあって、ちゃんと敬語を使っている。

普段は小娘と舐《な》められないようにわざとキツい喋り方をしているが、一応はちゃんとした喋り方もできるのである。昔は父親を手伝って接客もしていたのだから……。

それに、エルフでこの外見になる年齢となれば、人間にとっては『数十世代前の、御先祖様』レベルであり、殆《ほとん》ど神様の域である。失礼な真似など、できようはずがない。

「うむ、それなんじゃがな……、ちょっと待ってくれ」

くんくん

「え？」

突然、自分の方に顔を突き出して匂いを嗅《か》ぐ長老に、ドン引きのマイル。

そして……。

「うむ、やはりクーレレイアが手紙に書いておった通りか。おぬし、どこの氏族の係累じゃ？」

それを聞いて、愕然とするマイル。

「臭いんですか！　私、やっぱりエルフ臭いんですかあああぁっっ!!」

「「「ちょっと待てえええぇっ！」」」

『エルフ臭い』というパワーワードに、激昂《げっこう》するエルフ３人娘。

「オマエラ、ちょっと落ち着けえええぇ!!」

女性にとってデリケートな話題であったため、一瞬口出しを躊躇《ためら》った長老と村長に代わって、レーナが怒鳴りつけた。

そして、メーヴィスがポツリと呟いた。

「話が全然進まないよ……」


「……というわけで、うちは貴族の本家筋ですから、少なくともここ十世代くらいは人間以外の血は入っていないと思うのですが……」

マイルが、以前ベレデテスにしたのと同じような説明をすると、長老と村長は頭を捻っていた。

この説明は、あの時、クーレレイア博士も聞いていたはずなのであるが、手紙による報告とやらにはそれは書いていなかったのであろうか……。

「じゃが、同族の匂い……、あ、いや、本当の『匂い』ではなく、気配というか波動というか、そういう意味のものなんじゃが、それを感じるんじゃがのぅ……」

長老の言葉にこくこくと頷く、村長を含む他のエルフ達。

「そんなことを言われても……」

多分『神様』がエルフやドワーフのデータも『平均値』の中に突っ込んだせいだろうと思いはしても、あくまでも推測であって根拠はないし、そもそもそんなことを口にできるわけがない。なのでそう言うしかないマイルであるが……。

「でも、ドワーフ臭い気もしますよね？」

「うむ、確かに……」

「あ、やっぱりみんなもそう思ってたんだ……」

シャラリルの言葉に、次々と同意の言葉を漏らすエルフ達。

そして……。

「「「「あ……」」」」

テーブルに突っ伏《つっぷ》している、マイル。

「だから、話が全然進まないよ……」

そしてメーヴィスの言葉が、虚《むな》しく響くのであった……。

＊　　＊

「え～、ゴホン！　では、仕切り直しまして……」

仕方なく、当事者であるマイルが司会役となって話を進めることになった。それが一番手っ取り早いだろうということで……。

「まず、私はエルフとの血縁関係はありません。少なくとも、十世代以内には……。勿論、ドワーフとも、です」

マイルの言葉に、素直に頷くエルフ達。

エルフ達も、『何となくそういう雰囲気を微《かす》かに感じる』というだけであり、同胞達から普通に感じる、明らかな『エルフとしての波動』と同じように感じるというわけではないらしく、たまたまエルフに少し近い体質に生まれただけか、あるいは大昔に混じった血がほんの僅か残っていて、それがたまたま隔世遺伝で少し強めに出た程度、と考えたらしい。

これで、長老が気にしていた案件のひとつは片付いた。

どうやら、所属する氏族の管理下から外れたハーフかクォーターが、人間の街で好き勝手やっているのではないかと心配していたらしいのである。

人間には教えていない、エルフだけの秘伝とか、エルフの中でも長老クラスや『賢人会』の者達にしか伝えられていない秘術とかを漏らされたり、人前で使いまくられたりしては堪らないので、そのあたりも心配だったらしい。

また、外見年齢が12～13歳の人間が高度な魔法を使うことから、エルフの間でもお伽噺《とぎばなし》に出てくる程度の、過去にも現在にも実在を確認されたことのない魔法である、『若返り魔法』の存在の可能性も、ほんの僅か、疑っていたらしい。……ごくごく、ほんの僅かではあるが……。

人間の何倍もの寿命を持つエルフであっても、若返りというものには興味があるのか。

いや、長命で若い姿での期間が長いからこそ、急速な（エルフにとっては。それでも人間よりはゆっくりとした）老化が進み始めた時、より強くそれを求めてしまうのかもしれなかった。

いくら長い寿命で退屈を持て余してはいても、これはまた、別問題なのであろう……。

そしてまた、あり得なさでは『若返り魔法』と双璧を成す、神代《かみよ》の昔にいたと言われている伝説の種族、『ハイエルフ』の血を引く者であるという可能性。

勿論、そのような者が今の時代に本当にいると信じているエルフは殆どいないが、ほんの僅かにその血を引いた者が、という確率は決してゼロではない、と考える者がいないわけではない。

「で、もうひとつの件ですが……」

そう、エルフ3人組からの報告にあった、間違いなく存在する、激しく興味を惹《ひ》かれるもの。

エルフの長い人生における退屈を紛《まぎ》らせてくれる、新しいもの。

そして、他のエルフの氏族から流出した秘伝である可能性も否定できない、自分達も知らない新しい魔法技術。

それが、長老始め、『賢人会』がマイルを里に招こうとした最大の理由であった。

「クーレレイア博士やエートゥルーさん、シャラリルさん達にお見せした、一般には知られていない魔法ですが、それは……」

マイルの言葉に、ごくりと息を呑む長老と村長、そして３人娘達。

「実家の秘伝です！」

「「「やっぱり!!」」」

「……知ってた」

それ以外の回答など、あるはずがない。

当然のことながら、それを知っていた、レーナ達３人であった……。

＊　　＊

「「そこを、何とか!!」」

そう言って頭を下げ、懇願を続ける長老と村長であるが、そう易々と教えられるわけがない。

「門外不出だから、『秘伝』なんですよ！　じゃあ、何ですか、エルフの皆さんの秘伝、全部、ひとつ残らず人間に全面公開してくださいますか？」

「い、いや、それは……」

マイルの反論に、口籠もる長老と村長。

エルフ3人組の方は、この件にはノータッチらしい。おそらく、マイルが絶対に了承しないと思っているか、後で自分にだけこっそり教えてもらおうとしているか、そんなところなのであろう。

魔法については人間より遥かに秀でているはずの自分達が知らない魔法を人間が知っているのが我慢できないのか、それともただ単に『面白そうな暇潰しのネタ』として興味があるのかは分からないが、やけにしつこく絡む長老と村長に、辟易《へきえき》するマイル。

まぁ、クーレレイア博士やエートゥルー、シャラリル達も同様であったのだから、仕方ないと言えば仕方ないのかもしれないが、だからといって、それに従ってやらねばならない理由はない。

たとえそれが、本当に『実家の秘伝』であろうが、それ以上にヤバい、『地球の（知識による）秘伝』であろうが……。

さすがに、いきなり『賢人会《おおぜい》』全員《ぜい》で人間の少女を取り囲むというのはマズいと考えて、長老と村長のふたりだけで最初の顔合わせを行ったらしいのであるが、そこで躓《つまず》いたのでは皆に顔向けができぬ、と言われたマイルであるが……。

そう、それはあくまでも向こう側の勝手な都合であり、マイルの知ったことではなかった。

（知らんがな～……）

……マイルは、もう3人組の方には大して怒ってはいなかった。

それは、3人組はそれぞれ報告の手紙に『何だかエルフの気配を感じる子がいる』、『知らない魔法を使う』、『凄い魔力』というようなことは書いていても、具体的なこと、つまり探査魔法とか位相光線《フェイザービーム》とかについては一切言及していなかったからである。

そう、雇ったハンターの秘密や特技を他者に喋るという、ハンターの禁忌を犯すことだけはしていなかったのである。ぎりぎりのグレーゾーンではあったが、具体的な言及は避けていたので……。

もしそれを破っていれば、さすがのマイルも許すことはなかったであろう。

なので、あとは長老達をどうあしらうかということだけなのであるが、別に深く考える必要はなかった。

「自分達は教えないけど、お前は秘密を教えろ、って？　お話になりませんよね？　ほな、サイナラ～！」

そう、ここから立ち去ればいいだけのことであった。

別に、長老も村長も、そしてここ、村長の家も、今回の依頼には何の関係もない。さっさとここを出て、帰還する日までそのあたりの森で夜営すれば済むことである。

いくら嵌められたとはいえ、依頼そのものには別に文句を付けるところはないので、一応は帰りの護衛も務めるつもりであった。

受注した依頼を『赤き誓い』側からキャンセルして帰路の護衛はしなくとも、ギルドにクレームを付ければ依頼主の落ち度として依頼の失敗とはならず、報酬金も全額支払われるはずである。

しかしそれでも、やはりエルフ３人組を護衛なしで帰還させるのは何だか気掛かりなため、受注した仕事は最後まで行うことにしたのである。

実年齢はともかく、エルフ3人組は見た目は若い女性達、それも美人揃いなので、盗賊だけでなく、色々とちょっかいをかけられる確率は普通よりかなり高い。自分達が護衛任務を放り投げたせいでもし何かあったら、後味が悪いので。

……そう、手出しした男達が半殺しにされたり、再起不能になったりした場合……。

引き留めようとする長老と村長を無視して、さっさと村長宅から出た『赤き誓い』と、その後に続くエルフ3人組。

そう、この後行くところがあるため、勿論、クーレレイア博士達は『赤き誓い』と別れるわけにはいかない。

……それぞれの実家に、マイルのアイテムボックスに入っているお土産を届けなければならないのであった。

＊　＊

「ただいま！」

自分の家だからか、ノックもせずに勢いよくドアを開けたエートゥルー。

ドアの向こうは居間だったらしく、驚いたような顔でこちらを見ている、30歳前後くらいに見える両親と、14〜15歳くらいに見える弟らしき者の、３人。

「おお、エートゥルー、よく戻った！　そちらの方々が、例の？」

「あ、うん……」

どうやら、家族への手紙にも『赤き誓い』のことが書かれていたようであった……。

しかし、マイル達は別に３人組の家族とお近づきになりたいわけではない。なので、さっさと用事を済ませるべく、マイルはアイテムボックスに入れてあった預かり物をドンと出した。

「えっと、エートゥルーさんの分は、これだけですよね？」

「あ、うん、ありがとう！」

「「「え……」」」

突然目の前に現れた木箱や鍋、包丁、保存の利く食品やその他様々な物資の山に、目が点状態のエートゥルーの家族達。

「こ、これは……」

勿論、モノがエートゥルーのお土産なのは分かっているだろう。驚いているのは、それを運んだマイルの収納魔法の馬鹿容量についてである。

そして、お土産が自分の娘の分だけであるはずがない。

そう、シャラリルとクーレレイアの実家へのお土産も、ほぼ同じ量だけあるに違いない、と考えるのが普通であった。

しかし、そんなことはマイル達には関係ない。

じゃ、と軽く右手を挙げて、エートゥルーを残して次の家へ。


そして、シャラリルの実家でも同じことを繰り返し、最後の場所、クーレレイア博士の実家へ来た一同。

「ただいま～！」

ドアを開けて飛び込み、父親のお腹に頭をくっつけて、ぐりぐりするクーレレイア博士。

ぐりぐり。

ぐりぐり。

ぐりぐりぐりぐりぐりぐり……。


どんどんっ！

いつまでも『ぐりぐり』が続きそうなので、さっさとお土産を出して退散する『赤き誓い』。

父親は、すみませんな、というような顔をして、頭を下げていた。おそらく、いつものことなのであろう……。

＊　　＊

「……で、どうするのよ？」

「どうしましょうか？」

「どうしようか？」

「う～ん……」

当初の予定では、帰還する日までの間、エルフの村を見学させてもらい、暮らしぶりを見たり、年配の人に昔の話を聞いたり……数百年前のことを当事者から直接聞けるなどという機会は、マイル以外の者にとっても垂涎《すいぜん》の的《まと》である……、ということを考えていたのであるが、どうやら村の上層部はマイルから『自分達にとって未知の魔法』についての情報を得ようと考えていたらしく、変に関わったり頼み事をしたりするのはマズそうであった。

そう、長老と村長だけでなく、『賢人会』とかいう怪しげな名が出ていたことから、他にも村での発言力がある連中が同じようなことを考えているのは間違いなさそうであった。

「……しかし、アイツら、人間を舐めてんのかしら。全く無関係の、初対面のくせして、マイルに実家の秘伝を教えろ、とか……。しかも、自分達は対価となるものを提供する気はない、って、頭わいてんじゃないの？」

「人間を、というより、若い私達を舐めているのだろうね。彼らにとって私達は、幼児レベルなんじゃないかな。

幼児が手に宝石を握っているのを見た人間は、どれどれ、ちょっと見せてみなさい、って取り上げるだろう？　そんな感じなんじゃないかと……」

「「「あ～……」」」

レーナの愚痴に対するメーヴィスの返しに、思わず納得する３人。

そう、その段階では、別に悪気があるかどうかは分からない。

勿論、その後、その宝石を奪って持ち逃げするとか、拾った場所を吐かせようとして拷問するとかいう可能性はあるが……。

「そんなに悪気はなかったのかもしれませんね……」

「ええ、元々エルフの年配者はあまり野望とか欲望とかは持たないそうですからね。若いあの３人組は、何だか野望と欲望ギンギンみたいですけど……」

マイルの意見に賛同する、ポーリン。

そして、クーレレイア博士達への評価が酷い。自分も、人のことは言えないくせに……。

せっかく来たのだからと、とりあえず村の中を見て廻ることにした、『赤き誓い』。

人間が村に来るのは珍しいから警戒されるかもしれないけれど、ただ歩き廻るくらいなら別に構わないだろうと思ったのである。

というか、同盟を結んでいる友好種族なのだから、そこまで警戒されるはずもない。しかも、彼らから見れば幼女レベルの者達に対して……。

しかし、さすがレーナ、念の為にと、村長のところへ出向いて許可を取ってきた。

先程の席の立ち方から、少し気まずくはあったが、あの時の話の内容的には村長側が弱い立場であったため、多少は強気で要求を出しても構わないであろうと考えたようである。

別に隠さねばならないものもなく、マイル達を不愉快にさせてまで拒否するほどのことではなかったのであろう。ふたつ返事で許可された。

そして、向こうがまた先程の話を蒸し返す前にと、さっさと退散したのであった。


その後、村を散策するマイル達であるが……。

人口が少ないのか、出歩いている者はあまりいないし、子供の姿もない。

「……って、年齢分布から考えて、実年齢が14歳以下のエルフがそんなに大勢いるわけがないですよね……」

マイルが言うとおりである。

単純に比例配分すると、平均寿命が50歳である人間100人の中で14歳以下の者は30人弱、平均寿命が800歳であるエルフ100人の中に14歳以下の者は2人弱。

まぁ、死亡率が高いため実際にはもう少し子供の比率が高くなるが、人間の定義で言うところの『14歳以下の、未成年者』の数は、10倍以上の差があってもおかしくはない。

「若いエルフって……」

「あ、いた！　何、勝手にいなくなるのよ！」

マイルが何やら喋ろうとした時、クーレレイア博士とエートゥルー、シャラリルの３人がやってきた。

「さ、明日の顔合わせについての対策会議を始めるわよ！」

「「「え？」」」

何やら、わけの分からないことを既定事項のように捲《まく》し立てるクーレレイア博士と、それに頷いているエートゥルー達。

「顔合わせ、って？」

そういえば、馬車の中でそんなことを言っていた。そして……。

「あ、確かギルドマスターが言っていた……」

「「「お見合い？」」」

どうして、それが自分達に関係あるのか。

全く意味が分からない、マイル達であった……。

「私達には関係ないでしょう？」

そう、正論を吐くメーヴィスであるが……。

「友達なんだから、助けなさいよ！」

「護衛として雇ったのですから、私達の危機には身をもって救うのが当たり前でしょう！」

「何のために、わざわざ大金を払ってまで必要のない護衛を雇ったと思っているのですか！」

「「「え……」」」

どうやら、３人組の真の目的は、こっちの方だったようである。別に、長老の命令に従って、というわけではなく、それは『連れていく許可を得る手間が省けて、ラッキー！』くらいであったらしい。

村長宅での話には口出ししなかったはずである……。

「さ、人のいないところへ行くわよ！」

そう言って、マイルの手を掴み、ぐいぐいと引っ張るクーレレイア博士。

「え、え、えええ……」

狼狽《うろた》えるマイルであるが……。

「仕方ないわね。とりあえず、話だけは聞いてあげるわよ……」

普通であれば一番怒りそうなレーナが、何やらやけに物分かりの良いことを言いだした。

「そうですね。何やらお困りのようですし。それに、何より……」

レーナに続き、ポーリンが、そしてメーヴィスが言葉を続けた。

「そう、面白そうだから!!」

「……なる程、人間の街に住みたがる跳ねっ返りを引き戻すために、そういう者達には顔合《おみあい》わせを強制する、と……」

＊　＊

クーレレイア博士達の説明に、ようやく事情を把握した『赤き誓い』。

エートゥルーとシャラリルはとっくに、そして見た目は10代半ばであるクーレレイア博士も、既に結婚適齢期に入っているらしいのである。

……『適齢期』とは言っても、その期間は600年以上あるらしいのであるが……。

エルフは寿命があまりにも長いため、ひとりの相手と延々と一緒に暮らすのはそのうち苦痛となるので、パートナーは何度も替えるらしい。

別れるとはいっても、険悪な離婚ではなく、円満に、仲良しのまま別れて、その後は友人としての交流が続くのが大半らしい。何せ、すぐに激昂するような年齢《とし》ではないので……。

勿論、パートナーの片方が亡くなるまでずっと同じ相手と、という者もいるし、相手の死後も再婚しない者とかもいるらしいが、人間と違い、残された者の余生があまりにも長すぎる上、肉体的にはまだまだ若いため、そういう例は少ないらしい。

おそらく、寿命的なことから、そのあたりは種族としての考え方が人間とは根本から異なるのであろう。

そういう種族なので、別に焦って結婚させる必要はないのでは、と思えるのであるが。少なくとも、200～300歳くらいになるまでは……。

しかし、何回、何十回と結婚を繰り返すエルフにとっても、『初めての結婚』というものはさすがに何か特別なものらしく、家族や親戚、その他色々な者達が口出ししてきてうるさいらしいのである。

……とにかく、村の年配者達と、若い未婚女性が次々と人間の街へ行くため困っている独身男性達が示し合わせて、村を離れている『初婚をしてもおかしくない年齢に達している女性』は定期的に村に戻り、この村と近隣の村の初婚がまだの若者達と顔合《おみあい》わせを行わねばならない、という規則を作ったのは、もうかなり昔のことになるらしい。

どうやら、村を出て人間の街へ行きたがるのは女性の方が多く、男性は保守的な考えの者が多いらしかった。

そして、男女共に、初婚は初婚者同士で、というのが慣習らしいのである。

……そりゃそうであろう。そういうルールを設けてやらないと、若い男が、経験豊富で財力もある年配者達に勝てるわけがない。外見や肉体的な衰えはまだまだこの先数百年はやってこないため、それらによる不利は全くないのだから……。

そして、若々しく頼りがいがあって、娘である自分を溺愛してくれる父親のせいでエルフの少女にはファザコンが多いとなれば、若者にとっては致命的である。

「とにかく、毎回毎回、がっついている男達がしつこくて、参ってるのよ。村から一度も出ようともせず、妻に家のことを全て任せて自分は好き勝手して暮らそうとか考えている若造共が……」

そう、吐き捨てるように言うエートゥルー。

「それって、エルフには男尊女卑とか、女性は家で家事と子供の世話をしていればいい、って風潮があるから、ですか？」

「「「…………」」」

そしてマイルの質問に、苦々しそうな顔での沈黙をもって答える、エルフ３人組。

「「「「…………」」」」

そして、それを見て同じく沈黙する『赤き誓い』の４人。

それは、人間達も同じであった。

メーヴィスが騎士になることを反対されて家を飛び出したのも、ポーリンが父が遺した店は弟に任せて自分は新たに商会を立ち上げようとしているのも、そのあたりに関係している。

「……もっと詳しく聞かせてもらおうかしら……」

面白そうな話になってきた、と、食い付くレーナ。

メーヴィスとポーリンも、何だか興味が湧いてきたようである。

＊　　＊

「なる程……」

エルフ3人組から詳しく聞いたところ、別におかしなことを企んでいるわけではないようであった。

「……しかし……」

「「「長っ！　エルフの結婚適齢期、長っっ!!」」」

「人生の4分の3以上が、結婚適齢期？」

「『嫁《い》き遅れ』という概念が存在しない種族？」

「人間に当てはめたら、10歳から50歳までが適齢期、って言ってるようなもんですよっ！」

「凄い！　凄すぎる……」

言いたい放題の、マイル達。

勿論、本当に驚いている部分もあるが、冗談というか、からかい半分である。

それに気付いているエルフ3人組は、ほんのちょっぴり、お冠《かんむり》。

「とにかく、女性は生まれた村から出たりするものではない、自分の村か近隣の村の若者と早めに初婚を済ませるべきである、という昔からの風習をゴリ押ししてくる年寄りや、初婚相手を探している男性、及びその家族達からの攻撃を挫《くじ》くため、『あの、寿命がすごく短い人間達でも、若い女性が生まれた村を出て色々と研鑽《けんさん》を積むのは普通のことである』、『この子達は寿命の4分の1近くを過ぎているのに、まだ初婚を済ませていないどころか、男の影すらない。でも、これが普通であり、親も周囲の者達も何も言わない』というようなことを強く主張するから、それに同調して欲しいのよ。

お願い、これに、私達の未来が、人生が懸かっているの！」

その頼みは決して嘘ではないし、彼女達の気持ちも分かる。

「……ちょっと、馬鹿にされているような気がしないでもないけど……」

先程からかったお返しか、『男の影すらない』、と断言されて、レーナがそんなことを呟いたが、まだ寿命の10分の1も過ぎていないのに、やりたいことの邪魔をされたり、結婚をゴリ押しされたり、女性は人生を夫の世話のために捧げるものだと強要されたりしたくない、という彼女達の気持ちはよく分かる。種族は違えど、同じ女性であり、夢のために頑張る若者として。

なので……。

「「「「任せなさい!!」」」」

レーナ達、４人の声が揃ったのであった。

＊　　＊

「皆の者、よく来てくれた……」

翌日、村の集会所に集まった面々に、長老が訓示を行っていた。

この村の未婚者だけでなく、近隣の村からも集まっているため、ここは村長ではなく長老の出番であった。

勿論、結婚歴が長く結婚回数も多い、その道の大先輩、という意味もある。

集まっているのは、長老の他には、近隣の村々から集まった、まだ初婚を済ませていない若者達。

……『若者』とはいっても、エルフなので、人間の年齢で言えば中年どころか初老すら過ぎているような歳であるが、見た目は成人前（15歳未満）の人間か、せいぜい20歳前後くらいにしか見えないため、違和感はない。一見、ただの婚活パーティーである。

参加者数は、決して多くはない。

元々エルフは数が少ないし、年齢幅が非常に大きいことから、参加を強制される『初婚を済ませていない、結婚適齢期の者』などという限定された条件に合致する者など、元々そんなにいるわけではない。大半が『初婚はとっくに済ませ、現在何回目かの婚姻中か、次の者が見つかるまでのフリー期間中』の者達である。

なので、この村の者だけでなく、近隣の村との合同で行っているわけである。

勿論、それには『村の中だけで結婚を繰り返すと、新しい血が入らず、種族的に衰退する』という先人からの言い伝えにも関係する。

昔は優れた文明があったらしい世界なので、そういう『種の存続を左右するような、重要な知識』は、ちゃんと伝えられているようであった。

そして会場には、長老と参加者、特別招待者である『赤き誓い』の他には、給仕役や『けしかけ役』、『背中押し役』等を受け持つ、かなり年配の女性達しかいない。

……エルフの男性は若い女性を、そして若い女性は父親のような頼りがいのある年配の男性を好む傾向があるため、おそらく参加者が『対象外の者』に気を奪われるのを防ぐためであろう。

エルフは、マザコンの男性は少ないが、ファザコンの女性とシスコンの男性は多かった。

……エルフ。

闇深き種族であった……。

＊　　＊

長老の訓示の後、自由時間《フリータイム》が始まった。

この後、色々とイベントが用意してあるらしいが、参加者の多くが元々顔馴染みである。

この顔合《おみあい》わせ自体が定期的に開かれている上に、同じ村の者は勿論、近隣の村の者達にも結構知り合いが多いのである。

いくらエルフとしては『若い』といっても、何十年もここで暮らしているのだから、そりゃ、他の村の者と知り合う機会はそれなりにある。祭りだとか、合同での狩猟大会だとか、様々な交流会、不作の時の援助のための交流、そして将来のために子供同士を仲良くさせるための催しとかで……。

そういう、『元々知り合いで、割と仲の良い者達』が、まず始めに少々お酒を飲みながら歓談していい雰囲気に、という狙いなのであろう。

そしてその後、少しお酒が回ったあたりで、更にそれを後押ししたり、初対面である者同士が話す切っ掛け作りのために、何らかのイベントを行う。

こういう世界、こういう時代としては、かなり先進的である。色々と工夫し考えているということは、やはり少子化で困ってでもいるのだろうか……。

「さすがエルフ、年の功だけあって、ちゃんと考えていますね……」

「無駄に年を取っているわけではない、ということですか……」

マイルとポーリンが適当な批評を口にしているが、他の者は聞いていないので、問題はない。

「クーちゃん、久し振りだね！　前回の『顔合わせ《おみあい》』以来だっけ？」

「うおっ、イケメン、来たぁ！」

『赤き誓い』の側に立っていたエルフ3人娘のところに、10代後半くらいの少年……おそらく、実年齢は数十歳……がやってきて、クーレレイアに話し掛けた。

そして、反射的にそう叫んでしまった、マイル。

そう、エルフは美男美女揃いなのである。

今までに会った年配組もイケメン揃いであったが、それらは、マイル達から見れば中年や老人であるため、美形ではあってもそうインパクトはなかった。なぜか『赤き誓い』は４人共、中年のおっさんは美形より渋いのが好みだったので。

いや、ただ単に、みんな同年代の男と付き合ったことがないため、理想の男性像が父親のままなだけであるが……。

マイルの理想は、勿論、現世ではなく前世における海里の父親の方である。

そして、今やってきた若者……人間だと、おそらく老人の年齢……は、線の細い、何というか、『保護欲そそり系』なのであった。そのため、鑑賞用としてであれば『赤き誓い』の面々も興味を惹かれるが、『付き合いたい男性』としての価値や魅力は全く感じていなかった。

「げっ、リーベルク……」

そして、あからさまに嫌そうな顔をしたところをみると、クーレレイアも同様であるらしかった。

クーレレイアはあれだけ父親べったりなのだから、『赤き誓い』の面々のように、『その傾向がある』というようなレベルではなく、完全無欠のファザコンなのであろう。なので、こういうタイプには惹かれなくても無理はない。

「どうだい、そろそろ人間の街で暮らすというような物好きなことはやめて、里に戻ってきては……」

そう言って、ポーズを決め、白い歯をキラリと光らせて微笑むリーベルク。

そして……。

「里は退屈だから、ヤダ！」

クーレレイア《クーちゃん》、敵を鎧袖一触《がいしゅういっしょく》。

「え……」

どうやら、今の攻撃には絶対の自信があったらしく、呆然《ぼうぜん》としているリーベルク。

「アイツ、昔からクーレレイアにしつこく絡むから、嫌われてるのよねぇ……」

小声で、そう教えてくれるシャラリル。

「「「あ～……」」」

あまりにも、分かりやすすぎた。

エルフは美形が多いから、『美形』というのは武器にはならない。

そして、リーベルクと同じく線の細いスリムで高身長な者が多く、一部の年配者だけが鍛え上げたがっしりとした身体をしている。そういう父親を持っており、そして極度なファザコンであるクーレレイアが、なよなよとした耽美系《たんびけい》の男に惹かれようはずもない……。


「レイア、まだ戻ってこないのかい？」

「クーレレイア、人間の街にもそろそろ飽きたんじゃないか？」

そして、次々と男達が寄ってきた。

「おおお、クーレレイア博士、モテモテです！」

幼い外見で、胸が皆無のクーレレイア博士のモテ振りを見て、思わず歓喜の声を上げたマイル。

「……馬鹿ね、それでモテるのは、エルフだからよ……」

しかし、事情を知っているらしきレーナは、せっかくのマイルの喜びにそう言って水を差した。

そして、エートゥルーが小声で詳しく説明してくれた。

そう、エルフは大半の者が貧乳であるため、そこはマイナス要素にはならないのであった。

そして、幼い頃は比較的早く成長するエルフは12～13歳から15～16歳くらいに見える期間（実際には、その数倍の年齢であるが）は、数十年くらいしかない。そしてその後の、人間にとって17～18歳から40歳前後くらいに見える期間が非常に長く続く。そのため、適齢期に入ったばかりであるクーレレイアくらいの年齢、外見の女性と付き合える機会は、そう多くはない。

大抵は初婚の相手と50年以上は連れ添うため、再婚する頃にはもう人間の17～18歳くらいの外見になっているからである。そして、初婚が遅く、その年代になってからという者も多い。エートゥルーやシャラリルのように……。

なので、クーレレイアくらいの年齢の者と結婚するには、早期の死別とかの特殊な場合を除き、チャンスは結婚適齢期になったばかりの女性との初婚の時しかないのであった。

そのため、口説《くど》く機会が少ない一時帰省組に人気が集まる中でも、特にクーレレイア博士には異常な程の人気が集中するのであった。

「ロリコンかッッ！」

エートゥルーからの説明を聞いたマイルは、ファザコン、シスコンに続くエルフの業《ごう》の深さに、思わずそう吐き捨てるのであった……。

レーナはファザコンを、メーヴィスは兄達のシスコンを、そしてポーリンはブラコンを普通のことと思っているため、それら３つ全てを異常だと思うのはマイルだけであるが、さすがにロリコンはみんなも嫌悪するだろうと考えているマイル。

……しかしマイルは、レーナ達３人が自分のことをロリコンだと思っていることには全く気付いていなかった。自分はただの子供好きに過ぎない、と考えていたので……。

そして、そこでクーレレイアがマイルの腕を摑み、ぐいっと男性達の前に引き出した。

「紹介するわ。私達が人間の街でお世話になった、ハンターの子達よ。みんな純血の人間らしいけど、凄いのよ！」

（（（あ、ここで私達の出番なんだ……）））

どうやら、『赤き誓い』の出番がきたようである。

そして、ハンターの禁忌には触れない範囲内で、『赤き誓い』の活躍や、自分達が人間の世界でやっている色々なことを面白おかしく説明する、クーレレイア達、エルフ３人組。

「そして、もう人間の平均寿命の４分の１くらいを過ぎているというのに、この子達を始めとして人間の同年齢の子達は結婚どころか、男の影もなし！　でも、本人達も周りの人達も、全く気にした様子もないのよ!!」

（（（うるさいわっっ!!）））

そういう話に持っていく、ということは知っていたレーナ達であるが、さすがに大勢の男性達の前でそういう言い方をされるのは不愉快であった。

「「「「え……」」」」

いつの間にか、熱弁を振るうクーレレイア達の周りに集まっていた、参加者と世話役の者達。

「そうか、人間だから、その姿でも未婚か……」

「しかも、実年齢が10代という幼児でありながら、結婚適齢期であり、誰にも非難されることはない……」

「そして、他の男に乗り換えることなく、ひとりの男だけに自分の全生涯を捧げ、その男の思い出だけを胸にしてこの世を去る……」

「俺達にとって、人生のうちの僅か40～50年をひとりの女性に捧げることなど、どうということのない普通のことだ……」

「そして、若き時から成熟し最期を迎えるまでの、ひとりの女性の美しき生涯の全てが自分のものに……」

「しかも、人間の街ではエルフは優遇されるらしいから、楽に、楽しい生活が送れそうだ……」

「若い間の数百年くらい、人生経験のために里を出てもいいよな……」

（（（（（マズい!!）））））

長老と世話役の年配女性達が蒼くなったが、時すでに遅し。

ずいっ、と『赤き誓い』に向かって一歩踏み出す男性陣と、それを呆れたような冷たい視線で眺める女性陣。そしてその双方に共通する、興味津々《しんしん》、といった様子。

そう、勿論、若い女性達にとっても、閉鎖的で男尊女卑のクソ田舎よりも、華やかで文明的で、エルフというだけでちやほやされるという人間の街でしばらく暮らしてみるのも悪くはないかも、と思えたのである。

勿論、男連中と全く同じ理由で、『人間の男性と結婚してみるのも、いいかも……』という、わくわくするような想いと共に……。

……今回の顔合《おみあい》わせは、前途多難のようであった……。

＊　　＊

「どうして、こうなったあああぁ～～!!」

顔合《おみあい》わせの後、長老は、各村からの参加者の付き添いとしてやってきた年配者達……別に参加者だけで来られるのであるが、付き添いという名目で同伴して、イベントの後で飲食の接待を受けることが目的……と一緒に、頭を抱えていた。

既に付き添いの者達には顔合《おみあ》わ《い》せでの状況は説明してある。

そう、参加者の大半が『初婚は、そう急がなくても良いのではないか』、『若いうちは、里を出て人間の街に住み、色々な経験を積むのも良いのではないか』、そして『一度くらい、人間と結婚してみるのも良いのではないか』と言い出し、その話で大盛り上がりしてしまったことを……。

初婚カップルを成立させ、人間の街へ出ている若い娘達を里に戻らせる。

そして、若者達を結婚させて少子化が進んでいるエルフの人口増加に努める。

その作戦が、裏目も裏目、大裏目となってしまったのである。

里に残っていた娘達が、全員人間の街に強い興味を抱いてしまった。

それどころか、男連中までがその気になり、更に由々しきことに、何と人間そのものにまで興味を抱き、結婚相手に、などと言い出す者まで……。

致命傷であった。

ただでさえ数が減っているというのに、混血が進んで純血のエルフがどんどん減っていけば。そして、皆が人間の街に住むようになれば。

……僅か数世代で、エルフは消滅する。その血筋も、文化も……。

御先祖様達が守り続けたエルフの血筋が、そして歴史が、なくなってしまう……。

「どうしてじゃ！　何が悪かったというのじゃ!!」

「つまらない小細工なんかするからですよ……」

「え……」

長老が驚いて振り返ると、そこには『赤き誓い』の面々が立っていた。

そして、マイルが言葉を続けた。

「クーレレイア博士達は、自分から人間の街のことを喋って回ったり、他の人達を誘ったりはしていなかったのに。

そして、自分が充分満足したら、里に戻るつもりだったのに……。

……そう、若いうち、まだ子供の間だけの我が儘だと承知での、人間の街での暮らしだったのに。

それを、早く里に戻らせようとか、つまらないことを考えて色々な条件を課したりしつこくお説教をしたりするから、説明や説得、言い訳やノルマ稼ぎのために余計なことをせざるを得なくなって、その結果が、これですよ。

里を出た者を呼び戻すどころか、その楽しさや主張の正当性にあまりにも魅力や説得力がありすぎて、里に残っていた女性や、人間の街にはあまり興味を持っていなかった男性達も軒並み里を出ることを検討し始める始末……。

そして、本当はあなた達も分かってはいるのでしょう？　若者達がそう望むのはおかしなことではないし、ごく自然なことだと。このような文明から離れて生活する閉鎖的な、閉じ籠もった小集団の末路は……」

「うるさい！　幼児が、知った風な口を利くな!!」

「「「え……」」」

長老の怒鳴り声に、驚いて眼を見開くマイル達。

そう、長老は、いくら若造に少々偉そうに御高説を賜ったところで、カッとなって激昂したり逆上したりするような人物とはとても思えなかったからである。

もっとこう、温厚で思慮深く、人間の小娘如きの多少の暴言は余裕で流せる。そう思ったからこそ、長老から話を引き出すためにわざと偉そうな言い方にしたのである。

なのに、長老の予想外の反応に、戸惑《とまど》うマイル達。

「人数が少ないからこそ、閉鎖的な社会を守らねばならんのじゃ！　もし人間の街との積極的な交流などを進めれば、若者達は皆、里を出てゆく。そして、年を取って戻ってくる者もいれば、戻ってこない者もいるじゃろう。

そして戻ってきた者は、人間の妻や夫、ハーフの子供を連れ帰り、更に、人間達の考え方や文化を持ち帰る。……そうなれば、純血のエルフや、エルフとして受け継がれてきた文化や風習は、あっという間に消え去り、失われるじゃろう。そして、いったん失われたものは、もう二度と元に戻ることはないのじゃ……」

「別に、失われてもいいんじゃないですか、そんなもの……。良いものは残るでしょうし、ただの因習なら、廃《すた》れる。それだけのことでしょう？

混血化にしても、別に種族が滅びるわけじゃなし。新しい血を取り入れ、新たな種族となって繁栄していく、と考えればどうですか？　小さな、閉鎖した先細りの種族を少々延命させるより、人間に交じって、共に発展していくのは……。

まぁ、考えは人それぞれですけど、年寄りが自分達の考えを若い世代に強引に押し付けて、若者の一生を縛り、自分達の思い通りにさせようとするのは……」

「駄目なのじゃ！　それでは、駄目なのじゃ！　たとえ儂らはそれで良いと考えても、それは許されんのじゃ!!　我らエルフ、ドワーフ、獣人、妖精、古竜、そして魔族を創られし、偉大なる方々の御意思が、お考えが……」

「「「え？」」」

しまった、という顔をして黙り込む、長老。

付き添いの、他の村の者達も、『赤き誓い』と同じように、ぽかんとしている。

……ということは、今の話は、エルフの中でも長老のみ、もしくは長老と『賢人会』クラスの者達しか知らない話なのであろうか……。

「……偉大なる方々？　そういえば、以前、『七賢人』とか『7分の1計画』、『スーパーソルジャー計画』とかいうパワーワードを聞いたことが……」

「き、貴様、どこまで知っている!!」

長老が、血相を変えてマイルに詰め寄った。

しかし、マイルは考え事に集中しており、長老のことは完全にスルーしていた。

「どうして、いまの話では『神々の被造物』の中に人間が含まれていないのだろうか。そして、それにも拘らず、獣人と魔族はともかく、なぜ妖精と古竜が含まれているのか。

そんなのを入れておきながら、ただ単に『人間』を入れ忘れたとか、その他諸々として省略したとは思えない。おそらく、何度も言い慣れた言い伝えであり、定型句なのだろうから……。

それに、どうして魔族が一番最後になっている？　普通、魔族は妖精の前で、最後は古竜だろう……。

……ということは……。

そもそも、神々のことを『偉大なる方々』なんて言うだろうか。

神は『至高』であって、『偉大』はもっと下、『偉大な業績を収めた人間』とかいう使い方をする言葉だよねぇ……」

「黙れ！　それ以上、ひと言も喋ることは許さん！」

そう言いながら、手にしていた杖を振りかぶって殴りかかってきた長老を、慌てて取り押さえる付き添いの者達。

いくら長老とはいえ、納得できる理由もなく客人である人間に、それも彼らから見れば幼児に等しい少女達にいきなり得物で殴りかかるなどということは、到底看過《かんか》することができなかったのであろう。

　無理もない。それは、下手をすれば人間との間で大問題になりかねない不祥事である。

＊　　＊

「……済まぬ。分かったから、放せ」

　どうやら、一時的に激昂しただけのようであった。取り押さえられた長老はすぐに落ち着きを取り戻し、付き添いの者達も大丈夫だと思ったのか、取り押さえていた手を離した。

　……但し、念の為か、いつでも再び取り押さえられる位置取りをしている。

「それを、どこで聞いた……」

　落ち着きはしたものの、その件はどうしても確認せねばならないことらしかった。

　なのでマイルも、今回はいつもの『実家の秘伝』で誤魔化すことなく、真摯《しんし》に、きちんと答えることにした。

「省資源タイプ自律型簡易防衛機構管理システム補助装置、第3バックアップシステムさんから聞きました」

「…………誰だ、そりゃ……」

　そう、それを聞いても、マイル以外の者に理解できるはずがなかった……。

「先史文明の知識の残滓《ざんし》を御存じの方です」

「なっ……」

そう、コンピュータだの人工知能、人工知性だのと言っても、理解できるわけがない。なので、聞いた相手は意思疎通ができる者、つまり人間、もしくは先程種族名が挙がっていたエルフ、ドワーフ、獣人、妖精、古竜、そして魔族のいずれかであるとしか説明できない。

しかしマイルはこういう重要なことに関して不必要な嘘を吐くことは好まないため、嘘にはならない程度で相手に理解できるような言い方にして答えたのである。

「その相手は……」

「あなたが言い伝えの内容を私達に教えてくれないのと同じ理由により、何もお話しできません」

「なっ……、あ、ああ、分かった……」

守らねばならない秘密を抱《かか》えた者は、『秘密を守る』ということの意味と責任、そしてその重みを知っている。なので、形振《なりふ》り構っていられない本当の非常事態でもない限り、他者に無理な強要を行うことはないのであろう。

長老はただ、居合わせていた付き添いの者達に対して、『今聞いたことは他言無用。長老権限によりSランク秘匿事項とする』という旨の指示を出しただけで、この話を終わらせた。

その指示に、蒼白になった男達をスルーして……。

後《のち》にマイルがクーレレイアに『エルフのSランク秘匿事項って、どれくらいのものなの？』と尋ねたところ、『どうしてそんなことを知ってるのよ！』と驚いた後、まぁ秘密の内容というわけじゃないから構わないか、と言って教えてくれた。

それによると、『もし漏らしたら本人は処刑、家族は里から追放』というものであり、エルフの秘匿魔法を他の種族に漏らしたりすると、これに該当するらしかった。

さすがに、人口が少ないエルフ社会で『一族郎党、全て』とかになると里が崩壊してしまうため、そこまではできないらしいが、本当であればそうしたいくらいの大罪であるらしい……。

＊　　＊

結局、顔合《おみあい》わせは、あの後、ぐだぐだになったのであった。

いや、イベントとしては、決して失敗ではなかった。皆、楽しく盛り上がり、会話も弾み、若者同士の交流会としては大成功の部類であろう。

……ただ、主催者達の思惑からは完全に外れてしまったというだけで……。

男性達に女性を、特に人間の街に出ている女性達を上手く説得させて里に戻らせ、早期に結婚させ、落ち着かせる。

そのためのイベントであったのに、逆に男性達や人間の街には興味がなかった女性達が説得されてしまい、人間の街での暮らしや人間と付き合うということに憧れを抱いてしまったのである。

本末転倒。藪蛇《やぶへび》。ミイラ取りがミイラに、とかいうやつである。

そのため、話はエルフ3人組やマイル達による人間の街での暮らし、学者としての仕事や待遇、ハンターとしての色々なエピソード、そして会ったことはないけれど噂にだけは聞いたことのある、エルフの高ランクハンター達の活躍とか、色々な話で盛り上がり、……まぁ、そういうことである。

中には、マイルとレーナにコナを掛けようとするエルフ男性もおり、エルフ3人組がカバーしてくれたり、自分達にコナを掛ける者がいないためメーヴィスとポーリンが少し落ち込んだり、それを見た博愛心溢れる者達がふたりにも声を掛けて結局断られ、『何じゃそりゃ！』と呆れたり……。

そう、たとえお付き合いをする気が全くなくとも、女心というものは複雑であり、色々とあるのであった……。

＊　＊

「世話になったわね……」

さすがに、契約外のことを頼んでしまったことに後ろめたさがあったのか、殊勝な顔でそんなことを言うクーレレイア。

……全然似合っていない。やはりクーレレイアは、『んふふ！』とか、『きしし！』とか言って、悪戯《いたずら》っぽい顔で笑っているのが似合っている。

「ホント、ごめんなさいね……」

「色々と助かったわ。ありがとう……」

クーレレイアよりかなり年上に見えるシャラリルとエートゥルーの申し訳なさそうな顔での謝罪は、それなりに絵になっている。やはり、外見年齢というものは……、いや、シャラリルとエートゥルーが若かった頃でも、クーレレイアのような感じではなかったであろう。そしてクーレレイアも、今のシャラリルとエートゥルーくらいの外見になったとしても、やはり悪戯っぽい顔が似合う女性のままなのであろう……。

大人になれば、顔も自己責任。

それは、美醜とは関係なく、顔にそれまでに積み重ねてきたものが現れるということである。

しかし、それにしても……。

「みんな美人で……」

「里にいれば、みんなが子供扱いして色々と甘やかしてくれて……」

「親がいつまでも若くて面倒をみてくれて……」

「退屈すれば、人間の街へ出てちやほやされて楽に稼げる、って……」

「「「エルフ、卑怯すぎ!!」」」

「「「人聞きの悪いこと、大声で叫ぶなあああぁっっ!!」」」

『赤き誓い』の怒りの叫びに、青筋立てて怒鳴り返すエルフ3人組。

そりゃ、そうである。

みんな、女性の地位が低く、退屈なエルフの里に耐えられずに身ひとつで飛び出して、勝手の分からぬ人間の街で苦労し、騙して食い物にしようとする悪い人間達に付きまとわれ、やっとの思いで今の立場を手に入れたのである。

それは、確かに普通の人間の少女に較べれば有利な部分もあったであろう。しかし、それがマイナスとなり狙われる危険は、人間の少女より遥かに大きかったのである。

顔合《おみあ》わせでは美味しい話ばかりしていたが、勿論、3人はそのあたりのことも後できちんと説明するつもりであった。でないと、色々と悲惨なことになってしまうのが目に見えていた。

……そう、勿論、怒り狂ったエルフの極大魔法連打によって壊滅する組織とか、街が地図から消えるとか、そういう意味で……。

その類いの、人間には分からない色々な苦労をしているのに、そんなことを言われれば、それは怒るのも無理はない。

そういうことを、3人に滔々《とうとう》と語られて……。

「「「ごめんなさい……」」」

そう、レーナ達も、悪気があったわけではない。

ちょっぴり羨ましかっただけである。

そしてそれも、他者には分からないそれなりの苦労があると語られたのでは、謝るしかなかった。

隣の芝生は青い。隣の花は赤い。隣の糂粏味噌《じんだみそ》。

そういうものである。

「……しかし、アレ、よかったの？　何か長老さん、死にそうな顔してたけど……」

レーナが、一応は年配者のことを慮《おもんぱか》ってそんなことを言ったが、クーレレイアの返事は年寄りに冷たかった。

「いーのいーの、姑息《こそく》な真似するから、自業自得よ。あのくだらない規則で、今まで私達がどれだけ面倒な思いをしてきたことか……。これで、顔合《おみあい》わせのために定期的に里に戻るという規則と、毎月の報告の義務を撤廃させてやるわよ。

それを認めないなら、人間の街での楽しい生活、美味しい食べ物、子供の振りをしてやり放だ……げふんげふん、とにかく、面白おかしく脚色した報告書を書いて、それを筆耕屋に10部くらい複写させて、近隣の全ての村の若い連中に送ってやる！

そうね、全部の封筒をひとつの大きな封筒に纏めて、リーベルクの奴にでも送りつけてやろうかしら。それぞれの封筒を全部の宛先に配れ、って……。

ひとつの封筒に纏めて送れば送料は変わらないし、リーベルクなら私の頼みは絶対に断らないわ。

そして、その中の封筒のひとつが、長老宛の正規の報告書、ってわけよ。

これを繰り返せば、里を出たがる者がドンドン増えて……。くっくっくっ……」

「「「悪魔かあああぁぁっっ!!」」」

クーレレイアのその邪悪な笑みは、既に『小悪魔』を卒業して、立派な悪魔になっていた……。

「あ、あんまりお年寄りを苛《いじ》めたり、エルフの滅亡を早めるようなことは……」

「「「ケッ！」」」

メーヴィスの心配りは、鼻で笑われた。

「自分の人生は、自分の好きなように生きるわよ！　どうして年寄りのために自分の人生を無駄にしたり犠牲にしたりしなきゃならないのよ。もう、時代が違うのよ！

人間もエルフも同じように森で採取生活をして暮らしていた時代じゃなくて、森の外の世界はカラフルでハイカラでお洒落でシックでイェイイェイなのよ！」

「「「…………」」」

英国海軍《ロイヤルネイビー》の巡洋戦艦娘《レナウン》のようなことを口にするクーレレイア。

しかし、それを言われては、家族に強制された人生を嫌がって家出したメーヴィスには何も言えない。

同じく、お家と領地、領民を放り出しているマイル、父親が残した店を母親と弟に任せて好きにやっているポーリン、そして父親が残した行商馬車を売り払ってハンターの道を選んだレーナも……。

エルフの里しか知らない者達はともかく、人間の街を知ってしまった、それも女性である3人組には、既に長老の教えや指導に対する敬意など欠片も残ってはいないようであった。

長老の締め付け方針のせいでこうなったのか、こうなることを恐れて締め付けを行ったのか。今となっては、もはやどうでもいいことであった……。

「でも、長老さんや『賢人会』とやらの皆さん、もっとやりようがあったのでは……。どうしてこんな頭の悪いことになっちゃったんでしょうか？　凄く年齢を重ねた賢者の皆さんなのに……」

「あ、そんなことはないらしいよ？」

「え？」

何気なく呟いたマイルに答えたのは、メーヴィスであった。さすが伯爵令嬢だけあって、そういう教育も受けているらしい。将来、どこかのパーティーとかでエルフに会う場合に備えてであろうか……。

「5～6歳の仲良しさんが10人くらい、他の誰にも会わずに、平和で衣食住に不自由しない小さな村で安楽に暮らしていたとしよう。歳を取ることもなく、何の苦労をすることもなく、いつも同じ仲間としか話をせず、外から新しい情報がはいることもなく、そのまま100年暮らしたとして……」

何となく、メーヴィスの話の落ちが見えてきたマイル。

「100年後、幼児の姿のままのその連中は、100歳以上の齢《よわい》を重ねた賢者のようになっていると思うかい？」

メーヴィスの問いに、ふるふると首を横に振るマイル。

「何も進歩せず、ただ同じ毎日を過ごすだけですよね、それって……。幸せは幸せなのかもしれないですけど……」

「……使い物にならない、ゴミね」

「クズですね」

マイルはともかく、レーナとポーリンの言い様はちょっと酷い。

「人間であれば、短い人生、すぐにやってくる『老い』と『死』に怯えながら必死に生き、少しでも幸せになりたい、少しでも楽な生活をしたい、そして子供達により良き人生をと、考え、工夫し、努力を続けて少しずつ前へ進み、そして子供達がそれを引き継ぐ。それは、都会に住む者であろうが、田舎の小さな農村に住む者であろうが、程度の差はあっても、皆同じだ。

しかし、森の中に引き籠もり、強い魔力を持ったため楽に生活でき、人間の10倍以上の寿命を持ち、しかもその人生の大部分を壮年期の肉体で過ごすエルフは……」

「「『永遠の子供』と同じで、進歩がない……」」

やはり、マイルが思った通りの結論であった。

「そうだ。だから、エルフは高齢であっても、別に哲学者でもなければ思索家でもなく、人格が優れているわけでも、ましてや賢者などでは決してない。

なので、エルフは気位が高いだけで偏屈、そしてなまじ魔法による戦闘力はあるものだから、扱いには注意し、決して怒らせず、何を言われても相手を立て、煽《おだ》て、うまくあしらうこと、というのが貴族の間での最優先事項だ。

だから、そのことは子供にもちゃんと教えられている。……こうして、私が知っているようにね」

「「「…………」」」

「あ、クーレレイア博士達が頽《くずお》れてる……」

「エルフに対する他種族からの評価、知らなかったのかしらね……」

「「「なむなむ……」」」


「で、それはいいんですけど……」

「いいのかい！」

メーヴィスの突っ込みはスルーして、マイルが話を続けた。

「あの、長老さんがうっかり漏らした……、いえ、何でもありません！」

マイルが、慌てて誤魔化した。

そう、ここにはエルフ3人組がいる。あの時の話を聞いていなかった3人が。

さすがに、あの話を聞かせるわけにはいかない。世の中には、確かに『聞かない方がよかった』ということがあるのであった。

「……さっき聞いてきた、『Sランク秘匿事項』ね。そんなものの存在を知っていて、そのくせそれがどういうものかすら全く知らないから、おかしいとは思っていたのよ……。

あなた達、いったい何を聞いたのよ？」

うまくすれば、長老の弱味を握れる。当然、そう思ったクーレレイアであるが、勿論、マイルが喋るはずもない。

エルフではないマイル達には、エルフが決めた処罰など関係ないと言い張ることができるかもしれない。そしてそもそも、マイルが得た情報はエルフから聞き出したものではなく、あの『造られしもの』から教えられたものである。しかし……。

「禁則事項です！」

「え？」

「それ、秘密です！」

「いや……」

「ズバリ！　当てましょう」

「意味が分かんないわよ！」

そして、なんだかんだとマイルに誤魔化されて、意味不明の泥沼に嵌まってしまったクーレレイアであった……。

「ま、どうせ何も喋ってはくれないでしょうから、考えても無駄ですか……。

古竜や妖精達は教えてくれたのになぁ……。考え方が違うのか、それとももっと重要な秘密が伝わっているのか……。

あ、古竜達も、全部教えてくれたとは限らないか。教えても問題がない部分だけ、ってこともあるよねぇ。嘘は吐いていないけれど、『省略』とか、『わざと誤解されやすい言い回しにする』とかいうのは、そういう場合の常套《じょうとう》手段だし……」

＊　＊

クーレレイア達が去った後、マイル達はそんなことを呟きながら、ひと休みしていた。

実は、みんな割と疲れていたのである。……精神的に。

クーレレイア達が『赤き誓い』に護衛任務を指名依頼した本当の目的も無事……エルフ首脳陣にとっては、あまり『無事』とは言《い》い難《がた》いかもしれないが……終わり、あとは帰還までの時間を潰すだけとなった、『赤き誓い』であるが……。

このあとはのんびりできるはずであったが、そこに、思わぬ落とし穴があった。

顔合《おみあい》わせで色々と目立ったことと、エルフの男性達が初婚、再婚を問わず人間の少女との結婚を考え始めたため、手近なところにいて、幼く、可愛らしくて、しかも自分でお金を稼げるし身も守れるという非常に好条件である彼女達に声を掛ける男性エルフが後を絶たなかったのである。

「どうだい、マーちゃん、僕と一緒にハンターにならないかい?」

そう言って、キラリと歯を光らせる少年……に見える男。

「それって、歯を光らせる魔法? ……というか、『マーちゃん』って、私のことですかっ!

ハンターにならないかも何も、私達はとっくにハンターになってますよ、既に中堅ですよっ!!

そして、歯を光らせて、勝手に馴れ馴れしい呼び方をするヤツといえば……、クーレレイア博士に付きまとっているという、ストーカー男!!」

あの後、マイル達はこの男による長年に亘《わた》る被害の数々をクーレレイア《クーちゃん》に散々愚痴られたのであった。

……勿論、マイルは男の名前など覚えてはいなかった。

「あなたはクーレレイア博士ひと筋、って言っていたのでは……」

そう言うマイルに、ポーリンが口を挟んだ。

「どうせ、顔合《おみあい》わせの時の話でマイルちゃんが大容量の収納持ちだと聞いたから、楽に稼げる、……いえ、『稼いできてくれる』とでも考えたのでしょう?」

ポーリンの指摘に、あからさまに動揺するリーベルク。

「ずっと、こんなのばかり来ます……」

さすがに嫌気がさしたのか、がっくりするマイル。

同じような環境で、同じような価値観で育ったせいか、未婚の若い男性エルフ達の思考パターンは非常に似通っていた。……特に、女性に何でもさせて楽をしようとする方面においては……。

「そんな男、人間の女性も相手にしないわよ！　人間は、エルフと違ってそう何回も結婚をやり直せるわけじゃないんだから！　人間の、乙女の時間は短くて超貴重なのよ!!」

レーナからも手酷く罵倒され、リーベルクはすごすごと去っていった。

「やけに打たれ弱いわね……。エルフの女性はみんなお淑《しと》やかで、男の言いなりなのかしら？」

クーレレイア達、『エルフ3人組』を頭に思い浮かべたメーヴィス達はぶんぶんと首を横に振ったが、考えてみれば、『そういう、元気な女性』がみんな人間の街へ出て、おとなしい女性が里に残っているのかもしれない。

そして、男連中は人間の街に出た元気で明るい跳ねっ返りの少女達に興味津々なくせに、その少女達への態度はエルフの里方式の『俺様の言うことに従え！』だから、人間の街で男性達にちやほやされていて、『女性の優位』というものを知った少女達が気を惹かれるわけがない。

そして、初婚どころか、次々と人間の男性と再婚、再々婚を続ける女性エルフが増え……。

「「「詰んだ……。終わったな、エルフの里……」」」

「「「「ぎゃあああああぁ!!」」」」

「あれ、長老さんと村長さん、それと、知らない方々……」

後ろから聞こえた悲鳴にマイル達が振り返ると、そこには、絶望に染まった顔の、エルフの一団が……。

そう、この苦境を何とかせねばと、『賢人会』の者達と共に『赤き誓い』に相談にやってきた長老と村長達は、あまりにもタイムリーに呟かれた『エルフ終了のお知らせ』に、凍り付いていたのであった……。

＊　　＊
「何とかしてくだされ！」

「「「知らんがな～……」」」

長老達に縋《すが》られても、どうしようもない。これは小手先の対処で何とかなるようなものではなく、構造的な破綻なのであるから……。

なので、マイル達にもどうしようもない。

そもそも、そんなに簡単にどうにかできるものなら、とっくに何とかなっているはずである。

いくら閉鎖的な社会で育ったとはいえ、人間の何倍も生きている上、人間達との交流が全くないというわけでもなく、村には人間の街で暮らしたことのある者も何人かはいるはずである。

それで解決できていないものを、たかだか14歳から18歳の少女達にどうこうできるわけがなかった。

「そこを、何とか……」

「う〜ん、そう言われても……」

マイル達も、自分達には何の責任もないとはいえ、気の毒だな、とは思っている。なので一応は真剣に考えてはいるのであるが、そうそういい考えが浮かぶはずもない。なので、メーヴィスが最後通牒《いんどうをわたそう》をしようとした時……。

「整《ととの》いました！」

マイルが右手を挙げて、そう叫んだ。

「「「大喜利《おおぎり》かッ！」」」

そして、勿論毎夜繰り広げられる『日本フカシ話』によってその言葉を知っているレーナ達は、反射的にそう叫んでしまった。

それを聞いてにんまりと邪悪な笑みを浮かべるマイル。

（布教活動は、順調ですね……）

そして、マイルがエルフの里を救う妙案を発表した。

「忍者村、……いえ、『エルフ村作戦』です！」

「「「「はあああああぁ？」」」」

……忍者村。

その概念は、レーナ達もマイルから何度か聞かされており、何となく把握している。

しかし、マイルが今、何を考えているのかが分かるほどの者は、ひとりもいなかった。

……もし、ここにマルセラ達がいたならば。

マイル《アデル》のことを最も理解している彼女達ならば、おそらくこう答えたことであろう。


『そんなの、分かるはずがありませんわよっっ!!』


「……いや、『エルフ村作戦』とか言われても、ここがエルフの里、つまりエルフ村なわけじゃから、そのまんまではないか。意味が分からぬわい……」

忍者村という概念を知らない長老達には、その前にあった『忍者村』という言葉は勿論理解不能であったため、スルーされた。

なので、マイルが詳細を説明した。

「エルフの村を、観光地化するんですよ！　そうすれば、人間が客としてやってきます。そして、客をもてなして、料理やお酒、宿泊場所、お土産等を高値で提供して、人間が使う貨幣を手に入れます。そのお金で人間の街から様々なものを購入します。すると……」

「「すると？」」

長老と村長の声が揃った。

「エルフの若者達は、観光客の相手をすることによって人間に対する興味を満足させられ、そしてそこで稼いだお金で人間の街から色々なものを購入することによって、エルフの里を出なくとも人間の生活の片鱗《へんりん》を味わうことができます。

更に、観光客は遠くから来て、ほんの数日で帰りますから、僅かな間の『旅先でのロマンス』は味わえても、本格的なお付き合いになる可能性は低いです。電話もインターネットもないこの世界では、遠距離恋愛は難しいですからね……」

分からない言葉がいくつかあったものの、マイルが言わんとしていることを理解するのを妨げるほどのことではなかった。

「し、しかし、それでは観光客に村が振り回されて、落ち着いた暮らしも、伝統を守りながらの生活も掻き乱されてしまうのでは……」

「だからこその、『エルフ村』ですよ！」

長老の心配そうな言葉を遮《さえぎ》るマイル。

「本当のエルフ村、つまりこの周辺にあるいくつかのエルフの村の集合体である『エルフの里』は、今のまま、村人に招待されていない余所者が辿り着きにくい状態を維持します。そしてここは少し離れた場所に、『観光地としての、エルフの村』を作るんですよ！

如何《いか》にも人間が『エルフはこういう暮らしをしていそうだな』と想像していそうな村を作って、それらしい生活風景を作り上げ、『観光客が望む、理想のエルフ達』を演じるのです。

そこは、あくまでも『お金を稼ぐための仕事場』であり、皆さんが他の種族に対して『エルフとは、こういう者達である』と思わせたいように演じる場所。……そう、自由に情報操作が行える場所、ということです。

つまり、本当のエルフ達の村ではなく、架空の、観光地としての見世物《アトラクション》、遊園地《テーマパーク》としての、『エルフの村モドキ《パチモン》』をでっち上げるのですよ！」

「「「「「おおおおおおお!!」」」」」

マイルが言わんとしていることを概《おおむ》ね理解したらしき長老と村長、そして一部の『賢人会』メンバー達と、よく理解できなかったが体面を保つために理解した振りをした者達が、感嘆の声を上げた。

「観光用の村《しごとば》では、なるべく細身で耳が大きく尖った人を優先して採用。耳が目立つ髪型にして、背には小さな弓を背負わせるようにしましょう。

食堂では、菜食メニューをメインにして、肉料理は『観光客のために、渋々《しぶしぶ》出している』というように装い、凄い高値にします。エルフが、自分達は肉食を忌避しているのに観光客のために主義を曲げて嫌々用意している、ということにすれば、馬鹿高くても文句を言う者はいないでしょうからね」

「なる程！」

「「「「人間の小娘の悪知恵、恐るべし!!」」」」

勿論、エルフ達が普通に肉をがっつり食うことは、クーレレイアやシャラリル、エートゥルー達と野営して一緒に食事をしたマイル達は知っている。

しかし、エルフと一緒に食事をしたことのある者はあまりいないだろうし、もしエルフが肉を食べるところを見た者がいたとしても、『ああ、人間の街で暮らすために、無理をして人間の食生活に合わせていたのだな』と思ってくれるはずである。

「いや、村を掻き回されたくないから観光用の村を別に用意する、というのは分かる。しかし、そこでも普通のエルフの生活をして見せれば良いのではないのか？　どうしてそのような架空のエルフ像を作らなければならないのだ？」

疑問には思っていても誰も尋ねなかった質問が、とうとうひとりのエルフの口から発せられた。

そして、それを聞いて、にやりと笑うマイル。

「よくぞ聞いてくれました！　実は人間というものは、『自分が見たいものを見たい』という種族なんですよ！」

「いや、それ、当たり前なのでは……」

そう言って突っ込んだエルフに、マイルは、ちっちっち、と人差し指を立てた右手を小さく振った。

「いえいえ、そうじゃありません。確かに人間は『謎に包まれたエルフの暮らしを見たい！』と思って観光に来るでしょうが、そこで見たものが、肉料理をガツガツ食って、剣と槍で狩りをするマッチョなオヤジ連中とかだったら、どうなりますか？

そう、大顰蹙《だいひんしゅく》ですよっ！

結局、人間というものは、『どんなものなのか、見てみたい』と思っているように見えて、その実、本当は『自分が期待しているとおりのものが見たい』というだけなんですよ。

だから、エルフの村を見に来て、人間の田舎村と同じような暮らしをしていたり、ゴツいエルフがガツガツと肉を食っているところなんか見たくないし、そんなものを見せられた客は、自分の街に戻ってからエルフの村については喋りたがらないし、もう村には二度と来やしませんよ。

……そう、彼らには、彼らが見たいと期待していた、『如何にもなエルフ』を見せてあげればいいんです！　そうすれば、他の者達に色々と話して廻るし、リピーターとしてまた来てくれます。

少しばかり、エルフの美女、美少女達（齢、数百歳）にちやほやしてもらえれば……。

そうそう、定期的に、『エルフの伝統行事《でつちあげ》』とかもやりましょう！　お祭りとか、森の精霊に奉納する何かの競技会とか……」

奉納相撲か何かから連想したのか、そんなことを言い出したマイル。

エルフなので、おそらく奉納弓術試合とかでも考えているのであろう……。

そして、早口で説明されたマイルの言葉に、ぽかんとしているエルフ達と、うんうんと頷いているポーリン。

「観光用の村は、子供や家族連れ用の、『ヤング・エルフ街《ガイ》』と、成人男性用の『アダルト・エルフ街《ガイ》』のふたつに分けて造るのもいいかもしれませんね……」

「それって、あんたのフカシ話に出てくる、満月の夜になると不死身の狼《ウルフ》エルフに変身する狼獣人とエルフのハーフの物語、『エルフガイ・シリーズ』から取った名前よね？」

「「「「な、何じゃそりゃあああぁっっ!!」」」」

……エルフと獣人の間には、ハーフは生まれない。

まぁ、だからこその『あり得ない、お伽噺』なわけであるが……。

いや、そういうレベルの問題ではなく、自分達の理解を超えた、そして何だか不穏な感じのマイルとレーナの会話に、思わず叫び声を上げてしまったエルフ達であった……。


それから、『忍者村』を基《もと》とした見世物《アトラクション》、遊園地《テーマパーク》というものについてみっちりと説明したマイル。

そしてそういうものを全く知らず、マイルの説明を鵜呑《うの》みにしてしまったエルフ首脳陣。

（（知～らない！））

そして、エルフの里がどうなろうと自分達には何の関わりもないし、何の責任もない。そう考えて、黙って目を逸《そ》らすレーナ達であった……。

「ええっ、エルフと結婚して子供ができるのは、人間だけ？」

　色々と適当なことを吹きまくった後、マイルはお礼代わりとして、長老に『話してもいい範囲での、エルフの言い伝えや昔話等を教えて欲しい』と頼み、それを了承した長老が、マイル提供の高級酒とつまみに舌鼓を打ちながら色々と話してくれた内容は……。

「そうじゃ。エルフだけではなく、ドワーフ、獣人、魔族等、全て人間との間に子を生《な》すことができるが、皆、同族と人間以外の、他の種族との間に子を生すことはできん。そして、人間の血が混じっても、同族間での婚姻を繰り返していれば、人間の血は殆ど消えて、ほぼ純血のエルフに戻る。じゃから、ごく稀《まれ》に人間と結婚する者がおっても、そう反対されるようなことはなかったのじゃ。いや、いや、いや、なぜそうなっておるのかは分からんがの……。

　獣人も、同じ系列の者同士、たとえば犬獣人と狼獣人あたりであれば子を生すことができるが、それ以上離れた種族同士では、子はできぬ」

　そう説明されたマイルは、ぽつりと呟いた。

「……そうか、犬獣人とウナギ獣人の間に、『ウナギイヌ獣人』は生まれないのか……」

「『ウナギ獣人』なんか、いないわよっ！　そもそも、ウナギは獣じゃないわよっ!!」

　そして勿論、レーナの突っ込みが入った。

＊　＊

「ウナギ獣人とウメボシ獣人のハーフなら、常にお腹が痛く……」

「だから、ウナギ獣人はいないって！」

「……それ以前に、『ウメボシ獣人』というのに突っ込もうよ……」

がっくりと肩を落としたメーヴィスが、小さな声で、そう呟いた。

「……で、残りの2種族、古竜と妖精も、人間との間に子供をつくることが……」

「無理だよね！　絶対、どう考えても無理だよねっ、物理的にっっ!!」

マイルの言葉に、あまりにも無謀なシーンを想像してしまい、必死にそう叫ぶメーヴィスであった……。


「でも、何だか意図的なものを感じますよねぇ……」

人間、エルフ、ドワーフ、獣人、……そして魔族。

体形が似通っている、5つの種族。

獣人は更に細かく分かれているが、一応、便宜上ひとつの同じ種族ということにしておこうと考えるマイル。

「人間と交配できるくらい、みんなとても近い種なのに、人間とは交配できるのに他の種とは交配できない。そして遺伝子が強いのか、交配できるくせにすぐに人間の遺伝子を押しやって、元の種に復元しようとする。

それは、種族特性が薄れるのを避けるため？　……どうも不自然な気がします……」

「そんなことを言っても、どうにもならんじゃろう。全ては、そう定められただけのことじゃからのう……」

普通ならば、そこは『神がそう定められた』と言うところであろうに、不自然に主語を省いた長老。……しかし、マイルは気付いていたにも拘らず、それに対して言及することはなかった。

＊　　＊　　＊

そして、その他にもいくつかの当たり障《さわ》りのない話や伝承を聞き、長老達と別れた『赤き誓い』。

「まぁ、他の種族と混血できるのは人間だけ、ということは、わざわざエルフに聞くまでもなく、当然みんな知っているんだけどね……」

後で、みんなにそう告げるメーヴィス。

当たり前である。その程度のことが知られていないわけがない。混血やら異種族間婚姻というものは、エルフ側だけではなく、当然のことながら『相手側の種族』がいるわけであり、子ができるのかできないのかについては、双方に情報が得られるのだから。

そしてそういう歴史が、何千年、何万年続いてきたと思っているのか……。

「え？　私、知らなかったわよ？」

「私も、初耳です……」

マイルはともかく、レーナとポーリンも知らなかったようであるが……。

「そりゃ、わざわざ積極的に教えるようなことじゃないからね。自分の子供が異種族の異性と仲良くなりかけたら、それとなく、誰かそういうことを知っている者が教えてやるんだよ。片方が人間ならば子はできるし、そうでなくとも、子を生すことさえ諦めれば結婚できないわけじゃないからね。そういうのに差別的な国や、反対する親族がいなければ……。ま、養子を取る、長命の種族なら子供は次の結婚で、とか、色々と途《みち》はあるしね」

貴族の子女でありながら、メーヴィスはそのあたりは結構自由主義者《リベラリスト》であるらしかった。

とにかく、こうしてエルフの里でやることは全て終わった。

あとは、帰投の日まで男達からのお誘いを断り続ける日々が続くだけであった。

「勘弁してよね……」

「全くです……」

「「ケッ!!」」

アプローチが多くて参っているらしきレーナとマイルに対し、吐き捨てるように言葉を溢《こぼ》すポーリンとメーヴィス。

申し込まれてもどうせ断るくせに、やはりモテ具合に差が付くのは面白くないらしい。

しかし、人間の街では逆なのであるから、今くらい我慢して、レーナとマイルにひとときのモテ期を堪能《たんのう》させてやり、祝福してやればいいものを……。

大人気《おとなげ》ない、ポーリンとメーヴィスであった……。

＊　＊

「やっと、帰投です！」

「「「長かった……」」」

実際にはほんの数日であったが、見るところがあまりない観光は初日で終わってしまい、あとは面倒な日々が続いたため疲れてしまっていた『赤き誓い』は、やっとやってきた帰投日に、ほっとしたような顔をしていた。

マイルだけは、お年寄り達に色々な話を聞かせて貰い、可愛がられてたくさんのお菓子を貰っていたようであるが、お年寄りの話に付き合うのはあくまでもサービス精神によるものであるメーヴィスや、そういうのが苦手なレーナとポーリンにとっては、確かに退屈な日々であっただろう。

しかし、それもようやく終わり、やっとエルフ3人組を護衛しての帰投の日がやってきたのである。

「色々とお世話になったわね……」

「しかし、大丈夫なのかしらね。長老達が乗り気になっている、あなた達が勧めた計画……」

「「「あはは……」」」

たらりと額《ひたい》に汗を伝わせながら、誤魔化し笑いを浮かべるマイル達。

（（（知～らない!!）））

そして、マイルは考えていた。

（もし、エルフ街計画が大失敗に終われば、それはエルフ達にとってとんでもない悪夢に……。

うん、まさに、『エルフ街の悪夢』……）

エルフ達のことを考えて心配しているかと思いきや、相変わらず、マイペースのマイルであった……。

（しかし、人間の街から色々なものを買い込むようになれば、輸送手段が必要かなぁ……）

そう、今回はマイルの収納魔法《アイテムボックス》があったが、普段は里帰りする者が自分で背負う分しか運べないらしいのだ。

魔力が強いため、人間よりは多くの割合で収納魔法を使える者がいるらしいエルフであるが、それでも、使える者の数は決して多くはない。使える者がひとつの国に二桁くらいしかいない人間に較べれば割合が多いと言っても、母数が違いすぎるため、この里にひとりいるかいないか、という程度であろう。それに、もしいたとしても、マイル程の馬鹿容量というわけではない。

（何か、物資を大量に運べる手段はないかなぁ……。小型のキャブオーバートラックみたいな……）

そして、マイルの頭にひとつの言葉が浮かんだ。

「いすゞ、エルフ!!」

突然の叫び声に、一瞬ビクッとしたレーナ達であるが、スルーしてすぐに元の様子に戻った。

……慣れた。ただ、それだけのことである。

そして、マイルの奇行に慣れておらず、しかもマイルの叫び声の中に『エルフ』という言葉が含まれていたために、何事かと動揺しているエルフ3人組であった……。

しかし、里の位置を分かりにくくするため獣道のようなところを通るようになっているエルフの里へのルートは、勿論馬車も小型トラックも通れるような道ではなかったし、かといって道を整備すれば、誰でもエルフの里に簡単に行き来できるようになってしまう。

……それ以前に、日本のトラックを入手する術《すべ》がなかった。

ここは、人間の街からエルフ街までの道を1頭立ての小型馬車が通れるよう整備して観光客の移動や物資の輸送が楽にできるようにし、そこからこっそりとエルフの里へ物資を運ぶようにすべきであろう。

「うむ、とりあえずは、エルフ街と里の間の輸送用に、一輪車でも開発すべきかなぁ……」

ここでマイルが言っている『一輪車』とは、勿論、乗り物である一輪車《ユニサイクル》ではなく、工事現場とかで使われる一輪車《ねこぐるま》の方である。あれならば、理論上は、タイヤ1本の幅さえあれば獣道でも使うことができる。……あくまでも、理論上は、であるが……。

＊　　＊

そして、帰路も何事もなく終わり、無事護衛任務を果たした『赤き誓い』。

依頼料はギルドで受け取るため、王都での解散時にはエルフ３人組からは何も受け取ることはない。

普通であれば、契約外のことを色々と頼んだのであるから別途割増し金とか追加の謝礼金とかが支払われてもおかしくないパターンであるが、ポーリンからのわざとらしい視線を避けるようにして、礼を言ってさっさと逃げる３人組。どうやら、今回の依頼料や家族へのお土産代等で散財して、かなり苦しくなっているらしかった。

ポーリンが苦々しげな顔をしているが、仕方ない。元々、苦境に立った知り合いへの無料サービスのつもりで少し手伝っただけなのだから……。

依頼完了届けにサインと共に書かれた評価は勿論Aなので、それで良しとするしかない。

「よし、今回も無事任務完遂、それもエルフからの指名依頼で、A評価だ。我ら『赤き誓い』の名を挙げるには充分な成果だ。さぁ、ギルド支部に凱旋《がいせん》するよ！」

「「「おお!!」」」

さすが、パーティリーダーのメーヴィスである。追加報酬が貰えずに少し不満げであったポーリンも、機嫌を直したようであった。

「しかし、エートゥルーさんとシャラリルさんは、これからマファンの街に戻られるんですよね。ここで解散しちゃっていいのかな……」

「そんなの、乗合馬車か商隊の馬車に便乗させてもらうに決まってるじゃない。水がいくらでも出せて、治癒魔法と攻撃魔法が使える美人のエルフふたり組なんて、乗車賃どころか、お金を払ってでも乗せてくれるわよ」

「あ、なる程……」

レーナの説明に納得する、マイル。

「それに、ふたりだけで徒歩で旅をしても、主要街道付近に出る魔物程度なら問題なく追い払えるだろうし、盗賊も、遠距離から爆裂魔法を連打した時点で逃げ出すだろうからね」

「……護衛、要らないじゃないですか……。というか、自分達が『護衛する側』じゃないですか、それって……」

レーナに続くメーヴィスの説明に対してそんなことを言うマイルであるが、今更であった。


そしてそれから数カ月後、ドワーフの村から代表者がやってきて、『ドワーフ街』の建設計画の相談に乗ってくれ、と頼まれることになるとは、この時のマイル達は思ってもいなかった。

どうやら、『エルフ街』計画が思った以上に当たり、それを知ったドワーフが自分達も、と考えたらしい。やはり、ドワーフはエルフに対する対抗意識が強いらしかった。

そして勿論、マイル達の返事は……。


「「「知らんがな～!!」」」

第百二章　敵

「『赤き誓い』の皆さん、ギルドマスターがお呼びです」

「「「「あ～……」」」」

ちょっと大きく稼ごうかと、廃鉱山に潜っての魔物退治に出掛けていた『赤き誓い』がギルド支部に戻ると、受付嬢からそんなことを言われ、うんざりした顔をするマイル達。

ギルマスからの呼び出しなど、無理難題を押し付けられるか、お小言かのどちらかしかない。なので、マイル達がそういう顔をするのも無理はなかった。

ちなみに、今回廃鉱山に潜ったのは、別にそういう依頼があったわけではなく、ポーリ、からの『マイルちゃんの探査魔法を使えば、掘り残された鉱石が簡単に見つかるのでは？』という提案によるものである。もし鉱石が大量に見つかれば、輸送はマイルの収納魔法《アイテムボックス》で楽々、という魂胆《こんたん》であった。

……そして、プロの鉱山関係者達に見落としはなく、簡単に掘り出せるようなところには純度の高い鉱石など全く残ってはいなかったのであるが……。

つまり、空振りであり、マイル、レーナ、メーヴィスの3人はともかく、ポーリンの落ち込みっぷりは酷かった。

どうやら、儲け損なったからというだけではなく、仲間達に無駄足を踏ませたという罪悪感が強いようであった。


「ま、仕方ないよ。ギルド職員というわけではなくても、私達ハンターもギルドという組織の一員なのだから、上の人の言うことは聞かなくちゃ……」

優等生的なことを言うメーヴィス。

「ま、ふざけたことを抜かすようなら、勿論拒否するけどね！」

あくまでも、自分中心のレーナ。

「全ては、報酬金次第ですよね……」

そして、あくまでもお金中心のポーリンと……。

「皆さん、特別な依頼のお話だと決めつけていますけど、また、前回みたいな苦情とお説教だという可能性も……」

「「「うっ……」」」

マイルの指摘に、口籠もる3人。

「ま、行ってみなきゃ分からないわよ。行くわよ、みんな！」

「「「おお!!」」」

「……来たか。実は、お前達に頼みたいことがある」

ギルドマスターの言葉に、安堵した様子の『赤き誓い』。どうやら、お説教されるネタに心当たりがあり、心配していたようである。

そして、いつもは呼び出しての依頼を嫌がるのに、なぜかほっとしたような様子の『赤き誓い』に、疑問に思いながらも、別に都合が悪いわけではないのでそのまま話を続けるギルドマスター。

「少し前から、オーブラム王国の様子がおかしいらしい、という噂が流れている。そこで……」

「また、偽装商隊の護衛ですか?」

当然のことながら、そう尋ねたマイルであるが……。

「いや、今回は、そういう段階……というか、状況ではない。なので、普通の『ハンターの、修業の旅』ということで、お前達だけで自由に行動してもらいたい」

「「「…………」」」

また、胡散臭い話である。

ソースが、『噂話』。

　そして、国には調査部門があるし、間諜や、草（現地定住型諜報員）もいるはずである。なのに、なぜわざわざそういう方面には素人である民間のハンターに依頼するのか。

　勿論、この依頼がギルドからのものであるはずがない。当然、国からの依頼、正確に言うならば、軍部か王宮からの依頼としか考えられない。

「……詳細説明を聞く前に、少し、私達だけで相談させてください」

　この手の話は、詳細説明を聞いてしまうと、断る場合に色々と面倒な場合が多い。なので、この段階で『これ以上話を聞くことなくすぐに断るか、もう少し話を聞くか』の相談をするというのは、別におかしなことではない。話を聞いたからといって、断れなくなるわけではないが……。


　そしてギルドマスターの了承を得て、別室で相談する『赤き誓い』の面々。


「どう思う？」

「「「胡散臭《うさんくさ》い！」」」

　メーヴィスの問いに、声を揃えて答えるマイル、レーナ、ポーリンの３人。

「勿論、私もそう思う。でも、ギルドマスターは私達を騙したり陥れたりするような人じゃないし、この話には色々と利点も多い。

まず第一に、依頼任務で動くわけだけど、『修業の旅の振りをする』ということだから、普通に旅をして、普通に現地で依頼を受けるわけだ。つまり……」

「二重に稼げる、ということですね！」

ポーリンが食い付いた。

「ああ。当然ながら行動期間中の依頼料は貰えるし、まさか現地での依頼で稼いだお金を寄越せとは言わないだろうからね。……つまり、ポーリンが言ったとおり、稼ぎが二重になる。

そして勿論、修業の旅なのだから、私達の知識と経験が上がるのは当然だ。

更に、国内での依頼、それも『その筋』からの依頼による遠征だから、その間の『国内での活動年数義務期間』のカウントは停止されない。つまり、国外での旅の間も、無料でハンター養成学校に行かせてもらったことに対するお礼奉公としての、国内活動義務期間のカウンターが回るのは止まらないということだ。

まぁ、私達は他国に拠点を移すつもりも、そうする理由もメリットもないから、それはそう大したことじゃないけど……」

そう言いながら、ちらりとマイルの方に眼を遣《や》るメーヴィス。

そう、早期にそれが関係する可能性があるのは、他国の爵位と領地、そして領民を持つマイルだけである。

レーナとポーリンはメーヴィスのその視線に気付いたが、当のマイルは、全く気付いた様子はなかった。

「おまけに、おそらく『上の方』からの依頼だろうから、功績ポイントがかなり多いということが予想される。そして、私達が断ると『上の方』への立場上、ギルドが困ることになるだろうから、素直に受ければ恩を売れるし、色々と将来的に役に立つかもしれない」

「……美味しいわね」

「美味しすぎますよね……」

レーナとポーリンの言葉に、こくりと頷くマイルとメーヴィス。

「どうして私達にこの話が来たと思います？」

マイルの問いに、メーヴィスが答えた。

「勿論、前回の帝国の件で私達に白羽の矢が立った理由と同じく、私達の年齢と、女性パーティということから間諜だと疑われる確率が非常に低いこと。新米に見える割には結構強く、生還の確率が高いこと。……そしておそらく、前回の偽商人《国の諜報部》の皆さんからの推薦だろうね……」

「「あ、やっぱり……」」

みんな、そう思っていたようであった。

「なのでおそらく、今回はギルドマスターの人選ではなく、指名依頼だ。……まぁ、ギルドマスターの人選であっても、私達が選ばれただろうとは思うけどね。

詳細を聞いた後でも、ふざけた内容だったり、私達の意に染まぬ内容だったりした場合には、勿論断ろう。私達『赤き誓い』は、恥ずべき内容の依頼は決して受けないからね。

とにかく、詳細を聞こう。そして今回は……」

「「「「強気に出て、条件を吊り上げる!!」」」」


「とりあえず、詳細をお伺いすることにしました」

「そうか、助かる!」

『赤き誓い』のポリシーを知っているギルドマスターは、そうなるだろうと予想してはいたものの、メーヴィスの言葉を聞いて、ほっとした様子であった。

「勿論、詳細を聞いた後で断ってくれても構わない。……できれば、それは避けてもらいたいとは思っているが……」

やはり、ギルドマスターとしては『赤き誓い』がこの依頼を断ると困るようであった。立場上、強制することはできないため、苦しい立場なのであろう。

「その前に、ひとつ聞いてもいいですか?」

マイルが、ギルドマスターに問い掛けた。

「ああ、何だ?」

「オーブラム王国って、どこにあるんですか？　かなり遠い国なんでしょうか？」

「「「………」」」

部屋に、静寂が広がった。

「マイル、あんた……」

「マイル、さすがに、それは……」

「マイルちゃん……」

そして、ギルドマスターが、大きな声で教えてくれた。

「この国の、隣国だっっ!!」

「え？　隣国って、西はブランデル王国、南西はアルバーン帝国、東はマーレイン王国で、北側と南東は海ですよね？」

「北東部で少しだけ、オーブラム王国と接しておるわ！　オーブラム王国は北側の海に沿って東西に細長く延びた国で、その南側はマーレイン王国、トリスト王国と広範囲で接し、更に東側の国とも接しているという、面積に対して他国との国境線が非常に長い国だ。

おまけに、反対側は海だから、もし他国から侵略された場合は縦深が浅い上に後方に逃げ場がなく、一瞬で王都が包囲される可能性がある。

だから、周辺国との良好な関係を保つことに尽力し、万一どこかの国に攻められた場合は他の周辺国がその国を側面から襲い助けてくれる、という状況を形成するため、とにかく外交には力を入れている国だ。

周辺国の飢饉《ききん》や災害時には援助をしてくれるし、他国民からの印象は決して悪くはない。

そのような国が、おかしなことを企むとは、とても思えんのだ。しかし……」

「思えないのに、おかしな噂が立ち、しかも、あくまでも『噂』に過ぎないから、こちらから変に確認や問合せをするわけにもいかないし、関係にヒビを入れるような真似もできない、と……」

「そういうことだ。お前達は、話が早いから助かる」

まるで、もう『赤き誓い』がこの依頼を受けることが決まったかのようなことを言うギルドマスターであるが、勿論、それも作戦としての意図的な発言なのであろう。

しかし、その程度の小手先の技が通用するほど、『赤き誓い』は甘くはなかった。

「で、具体的に、私達に何を依頼したいのかしら？」

「私達は、違法行為や戦争の切っ掛けとなるようなこと、そして死んだ時に女神の前で堂々と胸を張って説明できないような仕事は受けませんよ」

レーナとメーヴィスが、とりあえず先制攻撃で釘を刺した。まぁ、前回のことから考えてもそういうことではないとは思っているが、念の為ということと、主導権は自分達の方にあるのだぞ、ということのアピールである。

ギルドマスターも小娘の初歩的な交渉術だということくらいはお見通しであるが、そういうのにもきちんと対応してやるのが、大人の余裕というものである。

「分かっておる。いくら国からの依頼であっても、ギルドが仲介する仕事に違法なもの、恥ずべきものが入ることはない。全て、ギルド憲章に則《のっと》った、正規の依頼のみだ。目先の利害でギルド全体の信用を失うような真似はできんし、もしそんなことをすれば、ギルド追放どころか、良くて斬首刑、悪くすれば絞首刑だぞ」

「はは……。どちらも大して変わらないような気が……」

本気なのか持ちネタなのか分からないギルドマスターの言葉に、乾いた笑いを溢すメーヴィス。

とにかく、互いの牽制《けんせい》や『御挨拶』は終わった。あとは……。

「じゃ、詳しく聞かせて貰おうかしら」

そう、本題であった。

＊　　＊

ギルドマスターの話によると、隣国オーブラム王国で、何やら問題が発生しているようなのである。

別に謀反や一揆があるというわけではなく、表立って何かが、というわけではないが、小さな村が突然滅んだり、急に魔物による被害が大きくなったり、全滅する商隊が増えたり……。

いや、ひとつひとつは、そうおかしなことではない。魔物が増えて村がひとつ消えたり、魔物の暴走《スタンピード》で複数の村や街が一瞬の内に消えたり、大きな盗賊団ができて商隊の被害が激増したりするのは、よくあることである。

なのに、なぜ『おかしな噂』が流れているのか……。

何か本当に困ったことがあるなら、周辺国に対して正式に注意喚起の知らせが来るか、援助要請が出されるであろう。それがないということは、別に困っていない、もしくは他国に知らせるほどは困っていないということなのか、あるいは『知らせたくない』ということなのか……。

確かに、他国に助けを求めるとなれば大きな借りを作ることになるし、国として恥を晒すことになる。それは最後の手段だと考えても無理はない。なので、こちらから無理にしつこく問い合わせるわけにもいかない。しかし……。

「ある程度困っているくらいであれば、普通、間諜達が情報を掴みますよねぇ。それに、遠く離れた国であればともかく、隣国とあっては、いつこの国にも影響するか分かりませんよねぇ……」

そう、マイルが言うとおりである。噂が流れているのに、上は正式には動かず、他国の間諜が簡単には状況を摑めない。そして、放置するには不安すぎる。

……ならば、噂が流れているところ、つまり市井《しせい》で、庶民の間で丹念に情報を拾うしかないであろう。それも、オーブラム王国側には気付かれないよう、非公式に、こっそりと……。

「あ、『草』の人達は？」

いくら友好国であっても、間諜の類いを仕込んでおかないということはない。いつ政変が起こり敵対的な政権が誕生するか、分かったものではないのだから……。

それに、謀反や簒奪《さんだつ》による正当性が不確かな政権が、国外に敵を作ることにより国民の不満を逸らして国を纏めようだとか、どさくさに紛れて政敵を潰そうだとか考えて、政権を奪ってすぐに他国との戦争を始めようとするのは常套手段である。

「どこそこの村が消えたらしい、とか、どこそこで商隊が全滅したらしい、とかいう話は拾えるが、だからどう、という情報には繋がらんらしい」

「あ～……。しかし、そもそもどこが『おかしな噂』なんですか？　村が消えた、商隊が全滅した、って、単なる被害情報であって、別におかしな話じゃないですよね？」

「それを確かめるのが、依頼内容だ」

「「「「何じゃ、そりゃ……」」」」

まぁ、相手の秘密を探るならばともかく、相手も知らないことは調べようがないし、オーブラム王国側が把握できてもいないことを、僅かな人数で、かつこっそりとしか活動できない間諜に調べさせるというのも無理があるだろう。

「ふぅん……。前の依頼とは大分違うわね……」

「良かったです。同じ展開だと、クレームが来ますからねぇ」

「どこから来るんだよ！」

マイルの謎の発言に対してメーヴィスが何やら言ってきたが、スルーされた。

実はマイルは、将来小説がネタ切れとなった時には自分達の活動を元にしたハンター物のシリーズを書こうと考えており、それに備えて日記を書いているのであった。

そして、同じ展開のネタが続くのはマズいと思っていたのであるが、前回の帝国編と導入部分は似ていても内容が変わりそうなので、ひと安心なのであった……。

（……でも、最初の部分を読んだだけでクレームを付けてくる読者さんもいるから、油断はできないですよねぇ。伏線の回収や説明、謎の解明とかは次巻で書かれるというのが分かるだろうに、あそこはどういうことなのか、この先はこうなる予定なのか、って聞かれても困りますよっ！

作者自らネタバレさせてどうするのですか、全く！　少しは我慢して待っていてくださいよっ！）

「マイル、どうかしたの？　何か、急に怖い顔して……」

「何でもありませんよっ！」

「「「…………」」」

「と、とにかく、オーブラム王国を旅して、気がついたことを適当に報告すればいいのね？」

今のマイルに触れてはならないと察知したレーナが、何事もなかったかのようにギルドマスターに話を振った。

「あ、ああ、そういうことだ。勿論、正規の間諜……間諜に正規もクソもないとは思うが……も出しているだろうし、王宮の息がかかった商人や草、外交官、その他諸々も普通に活動しているから、もしお前達が何の成果も挙げなかったとしても、別に問題はない。

あくまでも、お前達は『あわよくば、何らかの予想外の成果を挙げてくれれば』というような感じの、何と言えばいいのか、ええと……、特に期待されているわけではない、いやいや、そうじゃなく、……捨て駒？　あ、いや違う、今のはなし！　あ～、う～……」

何だか、ドツボに嵌まってしまったかのようで、焦った様子のギルドマスター。

「何となく、言いたいのであろうことは分かりましたから、無理しなくていいですよ……」

「そ、そうか！」

メーヴィスからの助け舟に、ほっとした様子のギルドマスターであった。

レーナ達も、大体のニュアンスは把握したようである。ま、そういうことなのであろう……。

「実は、お前達に依頼することを強く勧めた者達がいたそうでな……」

「「「「やっぱり……」」」」

前回の報告内容から、ギルドマスターも『赤き誓い』を推挙したのが誰かということには察しが付いていたのであろう。『赤き誓い』の呟きに、苦笑しているだけであった。

＊

＊

「……で、結局引き受けちゃったわけだけど……。功績ポイント5割増し、という条件で」

「まぁ、仕方ないわね。依頼金増額やお礼奉公期間短縮とかは、お金の出所がハンターギルドじゃないから、ギルドマスターにはどうにもできないし。

それに、どうせここでは面白い依頼もなくてマンネリだったし……」

「二重取りできる稼ぎも、功績ポイントも、ギルドや国の上層部への恩売りも美味しいですし……」

「養成学校への授業料や寮費の返済義務がなくなるまでの義務期間カウンターは回りっぱなしでいいそうですし……」

「「「で、問題は……」」」

＊　＊

「どうしてそんなに早く2回目の修業の旅に出るんですかあああぁっっ！

ついこの間、1回目の旅から帰ってきたばかりですよね！　しかも、その後すぐに長期の護衛依頼で帝国へ行っちゃうし、その後も、ちょくちょく数日間の依頼で出掛けたり、エルフの里とかに行ったり……。

もう少し宿屋の宿泊客としての自覚を持って、お風呂の給湯とか集客とかを真剣に考えてもらわないと困るじゃないですかっ！」

そう言って、本気で怒っているレニーちゃん。

「あの～、私、レニーちゃんが何を言っているのか理解できないんですけど……」

「安心しなさい。私にも全く理解できないから！」

「私もです……」

「あはは……」

マイルに続き、困惑の言葉を溢すレーナとポーリン、そして力なく笑うメーヴィスであった……。

「ま、こんなことだろうと思っていたわよ」

「マイルちゃんが言うところの、『想定の範囲内だ！』というやつですよね」

「宿屋の客というものは、宿側からどこまでの奉仕を要求されるものなんだい？」

「たはは……」

＊　　＊

「というわけで、出発です！」

無事レニーちゃんを振り切り、王都を出発した『赤き誓い』一行。

国境を越えるまでは、王都間矢弾特急馬車での移動である。

『矢弾特急』というのは、日本で言うところの『弾丸特急』に相当する。弾丸という言葉がないため、矢のように早くてノンストップ、ということなのであろう……。

マイルひとりであれば走った方が速いが、いくら荷物の大半をマイルの収納《アイテムボックス》に入れるとはいえ、歩く速度をポーリンに合わせての長期間徒歩移動だと隣国まではかなり時間が掛かる。そのため、国境を越えるまでは高速馬車を使うことにしたのである。

国内を移動している間も勿論依頼料は発生するが、受けた任務としては『任務対象ではない、無駄な時間』であるため、そこはさっさと飛ばすことにしたのであった。

「乙女の時間は短いんだからね。無駄遣いはできないわよ！」

「はい。それに、馬車代は経費として別途請求できますからね。宿代と食費が経費にならないのは業腹ですが……」

「まぁ、『宿代と食費は、この依頼を受けていなくても使いますよね？　そういうのは、経費としては認められません。情報収集のために居酒屋へ、というような場合は、交際費か接待費で落として戴いても構いませんが』とか言われちゃ、反論できないよね。ポーリンも返答に詰まってたじゃないか」

「ぐっ……」

メーヴィスの言葉に、今回も返答に詰まってしまったポーリン。

あの後、依頼元の担当者……明らかに『その方面』らしき人……に会って色々と話を詰めた時、そのようなことを言われたのであった。

まぁ、正当性のあるものは経費として別途支払ってくれるというだけで、大盤振る舞いと言っていいだろう。……移動時以外の食費は、全部『交際費』にすればいいだけのことである。

「まぁ、そういうのを含めても充分実入りのいい報酬額ですから……」

マイルがそう言ってフォローするが、ポーリンはまだ納得していない様子であった。

多少のことは気にしなくてもいいくらいの報酬額を提示されているのに、ポーリンはなぜそこまでお金に拘るのか。

それは、『お金を貯めるのが好きだから』である。

……身も蓋もない。

人間は、自分の仕事にやり甲斐や楽しみを見いだすものである。職人は自分の技や作品に、農民は作物の生長に、そして教師は教え子の成長に。

……ならば、商人は？

そう、商売に成功してお金が貯まることが楽しみであり、仕事のし甲斐、そして生き甲斐なのである。そしてその上、目標金額が決まっていて、そのお金で実現すべき夢があるとなれば、お金を貯めることの喜びは何倍にもなる。

武芸家が強さを求めることや、学者が知識を求めることは賞賛されるのに、商人がお金を求めることが賞賛されないはずがない！

「そうは思いませんか、皆さん！」

「いや、そんなに必死に主張されても……」

「メーヴィスが剣士として剣術の腕を向上させるのに必死になっても、みんな何も言わないじゃないですか！　なのに、どうして商人の私がお金を貯めて財力を向上させるのに必死になると、守銭奴だとかお金に汚いとか罵倒されなきゃならないんですか！　おかしいでしょうが、ええっ!!」

「あ、いや、その……」

（マイル、助けてあげなさいよ！　メーヴィスじゃ相手にならないわよ）

（いや、そんなこと言われても……。レーナさんこそ、助けてあげてくださいよ……）

（無理！）

メーヴィスにとって、頼りがいのない仲間達であった……。

＊　　＊

「ようやく着いたわね」

「ここが、国境の街ですか……」

まだ国境線を越えたわけではない。国境のすぐ手前にある、俗に言うところの『国境の街』と言われるところで下車したのである。

国の様子を調べるならば、国境を越えるところから始めるべきである。その方が、何というか、『感触』というものが感じられるような気がしたのである。

そして、そう主張するマイルの言葉は、レーナ達にも納得して受け入れられたのであった。

この街で馬車から降りる者は他にもおり、そして代わりに乗り込む者もいた。なので、国境の手前で降りた『赤き誓い』は別に目立つこともなく、ごく普通の旅人としか思われていなかった。

あとはこの街で1泊し、明日の朝、国境を越えるべく出発するのであった。

「別に、変わった様子はないわね……」

「まぁ、まだティルス王国《うちのくに》を出ていませんからね。それに、そんなに簡単に変化が分かるようなら末期症状でしょうし、私達に調査依頼が来たりしませんよ」

「う……。ま、まぁ、それもそうよね……」

「「…………」」

何気なく呟いただけなのに、ポーリンに真面目に突っ込まれたレーナが、ちょっと不憫《ふびん》に思えたマイルとメーヴィスであった。

いや、ポーリンも悪気はなかったのであろうが、もう少し、何というか、大人の対応というか、心遣いというか……。

まだ、宿賃と自分達だけでの食費が経費にならないことに腹を立てているのであろうか……。

「とにかく、今日はこの街に泊まって、明日はオーブラム王国側の『国境の街』に泊まるわよ」

「「「おお！」」」

どちらも国境の至近にできた街なので、距離は僅かしか離れていない。しかし、その両者を比較するというか、雰囲気の違いがあるかどうかを確認するというのも、こういう調査においては大事なことである。

『赤き誓い』のメンバーは皆、元々馬鹿ではないため、真剣に討議した場合には、結構まともな計画が立てられるのであった。

＊　＊

そして、2日後の朝。

「……で、結局、別に変わったところはなかったわね……」

国境を越えてから更に1泊した『赤き誓い』であるが、勿論、そんなところで何かが分かるとも思えないし、みんなも元々そんなことを期待していたわけではない。あくまでも、『抜けがないよう、きちんと調査する』という、生真面目さ故のことである。

「はい。では、いよいよ本番です！」

オーブラム王国は、東西に細長い国である。そのため、南方にあるマーレイン王国やトリスト王国から入国した場合には、そのまま直進すると、あっという間に北側の海に行き当たってしまう。

しかし、西側にあるティルス王国から入国した場合には、マーレイン王国とトリスト王国の両国を横断するより長い距離を進んでも、まだ東側の国境には到達しない。

そういう地理関係なので、マイル達はあまりフラフラと進路を変えることなく、真っ直ぐに東進して王都を目指せば良いのであった。そのおかげで、平行捜索や方形拡大捜索《ほうけいかくだいそうさく》みたいなやり方で国土全域をくまなく調査しなくても、国土のほぼ中央を貫く主要街道を直進するだけでいいのは大助かりであった。

勿論、たまには左右の裏街道に逸れたり、田舎の村々を通ったりもするつもりではあるが。

そして、当然のことながら、街道ではなく森や山岳部を突っ切って狩りや素材採取を行うことも考えている。

『修業の旅』とはそういうものであるし、主要街道から外れた田舎の村々における調査も必要であろうから……。

＊　　＊

「おや、嬢ちゃん達、新人ハンターかい？」

街道の所々にある空き地、つまり旅人や商隊が休憩したり夜営をしたりするための場所で『赤き誓い』が昼食の準備をしていると、反対方向からやってきた担《かつ》ぎ行商の男性が声を掛けてきた。

年齢は40歳前後で、担ぎ行商をやっているだけあって身体はがっしりとしているが、温厚そうな顔立ちである。

向こうはひとりで、いくら若い女性とはいえ武装した4人連れの『赤き誓い』に声を掛けてきたのであるから、おかしな魂胆があるわけではないであろう。そう考えて、マイル達も別に警戒したりするようなことはなく、ただの『互いに反対方向へ向かう旅人同士』として、軽い情報交換をすることにした。

これが、結構馬鹿にならないのである。

土砂崩れで山道が不通になったとか、大雨で橋が流されて迂回《うかい》を余儀なくされたとか、盗賊が出ているためルートを変えた方が良いとか、とにかく、ちょっとした世間話が命を左右することも決して少なくはない。そしてそういう重要な情報を教えてもらった場合には、手持ちの酒や食料で礼をするのがしきたりである。

……そういう場合、現金でのお礼は、無粋であるとされている。あくまでも旅人同士での助け合いであり、決して商売として、金儲けのためにやっているわけではないからであるらしい。おそらく、そういう風習ができた、何らかの理由があるのであろう……。

そういうわけで、マイルは何の遠慮もなく、軽い気持ちで聞いてみた。

「ティルス王国から来たばかりなんですけど、この国に何か変わったことはありましたか？」

勿論、いくら王都側から来たとはいえ、実際に王都から来たわけではあるまい。ただ、『そっち

の方向から来た』というだけである。

重い荷を自分で背負って売り歩く担ぎ行商は行動範囲が狭いし、仕入れも大きな店からというわけではないから、そう情報通であるとは思えない。なのであくまでも、軽い気持ちで聞いただけである。そんなに簡単に情報が得られれば苦労しない。


「ああ、あるよ」

「「「あるんかいっっ!!」」」


「マイルちゃん、飛ばし過ぎっ！」

「マイル、ペース配分、ペース配分……」

「マイル、自重しなさいよっ！」

「え、これ、私が悪いの？」

みんなの扱いに、納得がいかないマイルであった……。


「……で、それはどういうことですか？」

「あ、ああ、今、この国では色々とざわついているんだよ……」

レーナ達からの非難が収まり、納得のいかない様子ではあるものの、マイルが商人への質問を再開した。

「別に政変が起こったわけじゃないし、どこかの国と戦争になりそうだとかの物騒な話でもないんだけどね。何か、空気が重苦しいというか、雰囲気が悪いというか……。

受けた依頼を失敗するハンターが増えて、違約金で首が回らなくなって借金抱えたり、それだけならまだしも、怪我《けが》で引退を余儀なくされたりする者が増えて、どこの街でもハンターギルドが暗い雰囲気でねぇ……。

ハンター連中の景気が悪いと、飲み屋や宿屋、花街とかの景気も悪くなる。そうなると、そういう所で働いている者達も金遣いが渋くなるから、あらゆる業種が駄目になっちまうんだよ。ハンター連中は他の者達に較べて、飲み屋や宿屋の食堂とかで散財する金額が大きいからねぇ……」

（ああ、米軍や自衛隊の基地がある街と同じなんだ……）

マイルは、前世でそのような話を聞いたことがあった。結構給料が良くて、独身者の多くが基地内に衣食住無料で住んでいる軍人さん達は可処分所得が多いから金払いがいい、という話を。

「100軒の飲み屋が何とかぎりぎり黒字で営業している街で、飲み屋全体の売り上げが2割減ったら、何軒の店が潰れると思う？」

そう言って、商人はにやりと笑った。おそらく、マイル達が何と答えるかの予想がついているのであろう。

「分かりませんよ、そんなの！」

ポーリンの返事に、え、という顔をする商人。どうやら、予想していた答えとは違ったらしかった。

「利益率や固定費、年商規模等が分からないと、答えられるはずがないでしょう」

「え……」

そしてレーナが……。

「儲けがゼロになる店とそのままの店に分かれるわけじゃなし、店の規模や業態によって減収の割合はバラバラでしょう？　それに、店が自前か借家かによって減収に耐えられるかどうかが変わるし、変動要素が多すぎて、分かるはずないわよね、そんなの……」

それを聞いて、固まる商人。

「まぁまぁ、皆さん、そう意地悪せずに……。ここは『20軒！』って自信たっぷりに断言してあげるのが、大人の心遣いというものですよ！」

そしてマイルにとどめを刺され、あんぐりと口をあけた商人。

メーヴィスは、たはは、と困ったような笑いを浮かべていた。

そう、ここで『20軒！』などと答える者は、『赤き誓い』の中にはいない。

普通ならそう答えられることを期待しての『振り』なのであろうが、商売のことなど何も知らないハンターの小娘と思い、説明のための手順として振った話に思いもせぬ答えを返されてぽかんとしてしまった商人であるが、少女達の知識に感心していた。

「た、確かにその通りだけど……、これは説明のためのたとえ話だから、その嬢ちゃんの言う通り、話に乗ってくれよ……」

マイルを指差し、情けなさそうにそう言った商人に、反省したのか、申し訳なさそうな顔をする4人。

そして、マイルが小さな声で言った。

「100軒……」

さすがに、今更『20軒！』と言うのは白々しすぎて耐えられなかったらしい。

「……そう、100軒全部だ」

何とか立ち直って、話を続ける商人。

「全ての店が売り上げの2割を失えば、全ての店が赤字になって、潰れちまう。……まぁ、実際には半分近くが潰れた時点で、何とか踏み止まっている店に客が流れるからそうはならないが、言葉遊びとしての説明だと考えてくれ。

それに、生き残った店も、客の金遣いが渋くなりゃ客単価は下がるしな。それまでの赤字分もあるし、いい話にはならないよ」

商人の娘ふたり、貴族の娘ふたり。そしてそのうちのひとりは、前世での知識がある。

そう、『赤き誓い』のメンバーは、そういう話が理解できる者ばかりであった。

「そりゃ、街の雰囲気悪くなりますよねぇ……」

マイルの言葉に、どんよりとした顔で頷くポーリン達。商人の娘としては、身につまされる話なのであろう。……そして、商人が納める税がとても大事な、貴族の娘も……。

「それだけじゃない。ハンターの数が減ったり依頼失敗が続くということは、田舎の村が出した魔物の討伐依頼が失敗したり、受け手がいなかったりするってことだ。商隊の護衛も、人手が集まらないとか、レベルの低い奴を雇わざるを得ないとかいうことになって……」

「「「「あ〜……」」」」

悪循環である。

うまく回っている『経済』という巨大なシステムを破壊するのに、全てを力任せにぶち壊す必要はない。歯車にほんの僅かな砂粒を嚙ませるとか、潤滑油を切らせば、たちまちうまく回らなくなって崩壊するだろう。

「ま、そういうわけで、ちょっとね。あんた達は何かの依頼で来たのかい？　それとも、修業の旅かな？　依頼を受けるなら、慎重にな。普段以上に安全係数を大きくして、気を付けるんだぞ。

特に、依頼が溜まって困っているギルド支部に顔を出すと、適当な……悪い意味での『適当』の方な、そういうのを押し付けられるかもしれないから、難易度や危険度はちゃんと考えて仕事を選びなよ？」

「「「「…………」」」」

有益な情報だったし、自分達のことを考えて親身に忠告してくれた担ぎ行商の商人に、マイル達は温かい昼食を振る舞ってやり、更にマイルがアイテムボックスに入れていた蒸留酒をひと瓶、お礼として渡してやった。

ちゃんと夜営の準備をして夕食を済ませて安全を確保してから飲むように、と念を押してから渡したのであるが、思わぬ贈り物に大喜びしてくれたので、情報に対する礼としては充分な対価だったのであろう。

そして、商人が何度も礼を言いながら去った後……。

「みんな、さっきの話、どう思う？」

「う～ん、確かに『おかしな噂』の有力候補ではありますよね……」

「でも、他国がわざわざ調査するほどのこと？」

メーヴィスの言葉に、ポーリンとレーナが自分の考えを述べるが、マイルは少し考え込んでいた。

そして……。

「問題は、ハンターの不運続きの理由ですよね。そして、私達にはそういう事態を招くケースに心当たりがあります……」

「「「え？」」」

思いがけぬマイルの言葉に驚く、レーナ達。

そして、マイルが言葉を続けた。

「もし、討伐に向かったハンター達が出会った依頼対象の魔物が、『なぜか、普通の魔物よりワンランク強い魔物』だったとしたら……」

「「「あ……」」」

確かに、みんなにはそういうケースに心当たりがあった。

「普通より強いオーク……」

「普通より強いオーガ……」

「ドワーフの村の……」

そう、あの、謎の空間の亀裂から現れたと思われる、『普通ではない魔物達』である。

もし、謎の亀裂《アレ》がまたできて、そこからあの魔物達が現れたのだとすると……。

オーク退治のつもりで行ったら、オーガ並みの強さの『スーパーオーク』が。

そしてオーガ退治のつもりで行ったら、ハイオーガ並みの強さのオーガの集団が……。

そう、崩壊を迎えようとしていた、あのドワーフの村の再現である。

「でも、それだけでこういうことになるかなぁ？」

しかし、メーヴィスには納得がいかないらしかった。

「あのドワーフの村の時は、あそこが人間の村とはかなり離れた場所にある、半分孤立したような村だったこと、そしてドワーフとしてのプライドが邪魔をして人間達に助けを求めることも、情報を流すこともしなかったから、ああなったわけだろう？

普通の人間の村であれば、通常より強い魔物が現れたという情報はすぐに広まり、それに対してギルドなり軍なりが対処するんじゃないか？」

「うっ、確かに……。それに、新種については私達の報告を元に近隣諸国のギルド支部には通達がいっているはずよね。ここはあの事件があったマーレイン王国の隣国であり、友好国なんだから。

　それに、ギルド経由だけでなく、ギルドから王宮を通しての国家間のルートでも話が通っているだろうし……。それにも拘らずそういう対処がされていないということは……」

「はい。ひとつ、その報告が信用されず、無視された。ふたつ、まだその関連性に気付いていない。みっつ、気付いているけれど意図的にスルーしている。よっつ、分かってはいるけれど、手が回らない、もしくはそれどころじゃない……」

「「「……」」」

　こういう時には頭が回るマイルの分析に納得したのか、黙り込む3人。おそらく、見落としや間違い、他の可能性等を頭の中で検討しているのであろう。

「……まぁ、当事者であり直接戦った私達ならピンと来ても、他国の経験の浅い若手ハンターが情報源である通達なんか、真剣には受け取っていないかもしれないわね。だから、悪気があっての無視とは限らないし……。

　そもそも、依頼失敗の理由が『相手が普通より強かったから』なんていう、Fランクの初心者の言い訳にすら及ばないような恥ずかしい報告、普通の神経をしていたらできるわけがないわよね……」

「私達ですら、マイルに言われるまでそれに思い至らなかったのだからねぇ。責めることはできないよ……」

「それに、それもまだマイルちゃんの予想に過ぎませんからね。実は全然関係のない、別の原因かもしれませんし……」

レーナ、メーヴィス、ポーリンの3人も、マイルの予想は『あるかもしれない』と思いはしたが、そうと決めつけたわけではない。あくまでも、原因の候補のひとつとして考慮に加えただけである。

……かなり確率が高い『候補』ではあるが。

「まぁ、まだ国境を越えたばかりですからね。初日で解決したら、稼ぎにならないですよ！」

「あはは、確かに！」

マイルの言葉に、笑いながら同意するメーヴィス。

そう、依頼による『修業の旅モドキ』は、まだ始まったばかりであった。

「そして私達の旅は、まだまだ続くのであった……」

「「最終回かッ!!」」

（よしよし、かなり訓練されてきましたね……）

レーナ達の綺麗に揃った突っ込みに、にんまりと笑う、マイルであった……。

＊　　＊

「……で、あの行商人から話を聞いてから4日経ちますけど……」

「何《なん》にも進展していないわよね……」

「まさか、入国して、たまたま最初に聞いた話が……」

「一番いい情報だったなんて……」

夜営地で食事を摂りながら、がっくりと、疲れたような顔をした『赤き誓い』の4人。

そう、あれから4日間、修業の旅の振りをしながらも、街道の夜営用空き地で出会った旅人、町の飯屋のおかみさんや他の客達、宿屋の受付嬢、泊まり客、ハンターギルドの職員や他のハンター等、片っ端から話し掛けて情報を集めたのであるが……。

話自体は、色々と聞けたのである。若くて可愛い少女達に話し掛けられて、嫌がる者はあまりいないので……。

それに、片っ端から話し掛けるとは言っても、その度に場所を変えるから、そう奇異に見えるわけでもない。なので、調査としては順調に進んだのである。依頼主が『赤き誓い』に指名依頼を出した理由……疑われることなく、相手がペラペラと喋ってくれるであろうとの期待……は、充分にその目的を果たしていた。

そう、問題は、それらの聞き集めた話の中に、『役に立つ情報が、ひとつもなかった』ということだけである。

「無警戒に何でもペラペラと喋ってもらえる私達で、これなんだから……」

「いい歳をした男性である普通の間諜達が、有益な情報を簡単に入手できるはずがないよねぇ……」

しかし、メーヴィスのその言葉にポーリンが反論した。

「いいえ、イケメン間諜が、女性を対象として聞き込みをすれば……」

「どうしてそこで、私の方を見るのかな、ポーリン……」

温厚なメーヴィスも、不愉快そうな顔をすることはある。それを再認識した、マイルとレーナであった……。

「とにかく、最初に聞いた話、『ハンターの死傷率が高くなっている』ということは、概ね裏が取れましたよね」

「ああ。ギルド職員達はあまりその話は広めたくないようだったけど、『聞き取り調査のために、仕事として行った』居酒屋でエールを奢《おご》って、地元ハンター達から聞き出した話によると、正確に統計を取ったわけじゃないけれど、明らかにそうだと言っていたからね」

「どんどんお酒を勧めて酔わせて、本当のことを聞き出そうとしましたけど、さすがに『オークが思ったより強くて……』なんて言う人はいませんでしたけどね」

ハンターの矜持《きょうじ》が、事態を悪い方へと動かしているのであろうか……。

そして、わざわざ『仕事として行った』と強調して喋るメーヴィスは、経費として無料御飯《ただメシ》を食べることに罪悪感でもあるのであろうか……。レーナとマイルは、経費で落とせるからと、あんなにがっついて食べまくっていたというのに……。

「そうだ！　次の街では、ギルドの解体場を調べてみませんか？　いくら強くても、相手の魔物を一頭も倒せないというわけじゃないですから、素材として売却するために持ち込まれる魔物を確認すれば……」

「なる程、特異種ならひと目で分かる、ってわけね。確かに、ドワーフの村で狩った特異種を持ち込んだ解体場のオヤジ、大きさの違いやら筋肉の付き方、皮の硬さとかで、一発で見分けてたわね。『脂肪ではなく、筋繊維の束の盛り上がりが……』とか、熱弁振るって……。

　まぁ、皮の硬さは触らないと分からないかもしれないけど……。

　よし、じゃあ、それで行くわよ！」

「「「おお！」」」

＊　　＊

「……普通のオークね……」

「普通のオーガ、普通のコボルト、普通の角ウサギです……」

　レーナとポーリンが言う通り、全て見慣れた普通のものばかりであり、特異種と思われるものはひとつもなかった。

「どうだい、確認したいこととやらは……。何か分かったかい？」

解体場にある魔物を見たい、というマイル達の頼みを快く聞いてくれた若手のギルド職員が、そう尋ねてきた。

「あ、はい、心配していたことの生起は確認できませんでしたけど、『そういうことがなかった』ということが確認できたのは、大きな成果です。ありがとうございました！」

そう答えたマイルに合わせて、皆が頭を下げてお礼の言葉を口にした。

忙しい中、余所者の若手ハンターからの意味の分からない頼みを聞いてわざわざ案内してくれたのであるから、礼と、この行為が決して無駄なことではなかったということをはっきりと伝えるのは当然のことであった。……たとえその理由そのものは喋ることができなかったとしても。

まぁ、頼んだのが若くて可愛い少女達でなかったなら、この男性職員もわざわざ自分で倉庫（魔法による冷凍室・冷蔵室付き）まで案内したりはしなかったかもしれないが……。

＊　＊

「特異種はいませんでしたね……」

「見込み違い、ってことですかね？」

「う〜ん……」

マイルの言葉に、皆が考え込んでいるが、いくら考えても無駄であろう。結論を出すには情報が圧倒的に足りなさすぎる。

「ま、そんなに早く終わる依頼だと思っていたわけじゃないですし、締め切りが決まっているわけでもないですから、のんびりやりましょうよ。他の依頼も受けて、お金と功績ポイントを貯めて、Cランクでの必要最低年数が経過したらすぐに昇級試験を受けられるように……」

マイルがそんなことを言うが……。

「マイルちゃん、お金を貯めることには大賛成ですけど、Bランクの昇級試験を受けるのに必要な功績ポイントはとっくに貯まってますよ」

「え……」

「当たり前じゃないの。ワイバーン捕獲、調査隊救出、盗賊退治、獣人や古竜との関係悪化の未然防止、その他諸々……。あんた、普通のCランクハンターがBランクになるのに、それ以上の、どんな依頼をこなせばいいと思ってるのよ。

私達が今までにやった実績でBランクへの昇級試験を受ける資格がないなら、Bランクになれるハンターなんていやしないわよ！」

「……た、確かに……」

レーナの言葉に、納得するしかないマイル。

何せ、『Bランクになる資格』ではなく、『昇級試験を受ける資格』なのである。今までに『赤き誓い』がこなしてきた難度の高い依頼の数々、すなわち功績ポイントがずば抜けて高い依頼の数々で、充分なポイントが貯まっていないはずがなかった。

「そういうわけで、今まではレーナとメーヴィスが『早くAランクになるためには、功績ポイントが多い依頼を……』って言ってましたけど、今はポイントはかなり先行して貯まっていますから、後は最低限必要なCランクとしての期間が経過するのを待つだけなんですよ。ですから、これからは報酬額を重視した依頼の選び方をしましょう！」

「この話題に食い付いたのは、それが言いたかったからなのね？」

レーナがポーリンの言葉に突っ込むが、確かにポイントばかり先行して貯めても、あまり意味がない。BランクからAランクになるには、Cランクではなく、『Bランクのハンターとしての活躍』が必要であるため、Cランクである今、過剰にポイントを貯めても、あまり意味がない。

いや、勿論Bランクへの昇級試験の時に獲得ポイント数も考慮はされるが、レーナ達はそんな小手先の点数稼ぎで昇級したいなどとは考えていない。昇級試験は、試験の時の実力のみで突破する。それが、少なくともレーナとメーヴィスの望みであった。

ポーリンは、そのあたりのことには別に拘らないし、マイルは何も考えていない。

……というか、マイルはそもそも昇級したいと思っているわけではなかった。目立たず、普通のCランクハンターとしてそこそこ稼げれば充分であり、その状態で結婚相手を探せればいい、と考えているのであった。

「まぁ、私はそれでもいいけど……」

「いや、私は自分を鍛えたいからね！　お金だけじゃなくて、Ａランクの剣士としてふさわしい強さを、そして最終的には騎士に取り立てられるだけの力を手に入れなければ、何の意味もないからね！」

レーナの言葉を遮って、そう主張するメーヴィス。

確かに、お金になりそうな依頼、イコール強い魔物や強敵と戦う依頼、というわけではない。稀少なものの採取依頼とか、実際に戦闘になることなどまずない、お飾り護衛依頼（本当の護衛は別にいて、お飾り要員として見目の良い者が側に配置される）とかの、『依頼料は高いが、別に剣士にとって良き経験となったり強くなれるといったものではない依頼』ばかりを受けていたのでは、お金を貯めたいポーリン、とにかくＡランクになればいいというレーナ、そしてそんなことはどうでもいい、逆にＣランクのままの方がいいと考えているマイルにとっては全く問題がなくとも、メーヴィスにとっては不満だらけとなるだろう。

「ま、そのあたりは、臨機応変に……。それに、私達が選ぶ仕事は、お金やポイントだけが選択基準じゃありませんからね。一番重要なのは……」

マイルの言葉に、皆の声が揃った。

「「「「面白そうなことであるかどうか!!」」」」

「あ……」

「どうしたの？」

「あ、いえ、何でもないです……」

うっかり声を漏らしてしまい、それを聞き咎《とが》めたレーナを何とか誤魔化したマイル。

（そう言えば、次元の裂け目ができたら私に報告する、ってナノちゃんが言ってたっけ。私の命令がなければ権限外のことを勝手にやることはできないから、裂け目の修復には私からの指示が必要だと言って……。

いちいち私に報告して指示を得なくても勝手に修復できるよう事前命令を、と言われたけれど、それだと私が事態を把握できないし、ナノちゃん達が何か隠し事をしそうな気がしたから、事前に総括指示を出すことは拒否して、ちゃんと毎回報告して私の指示を求めるようにと言ったんだった。

……でも、何も報告が来ていないということは……。

うむむむむ……）

ナノマシンに確認しようかと考えたマイルであるが、何でもかんでもナノマシンに聞いたのでは人生が楽しくない、と思い、考え直した。

自分や身近な人の命が、とかいう場合にはそんなことは言っていられないが、今はそんな状況ではない。それに、ナノマシンは決して嘘は吐かないし、自分を裏切ることもない。……情報の提供を拒否したり、不十分な情報しか提供してくれなかったりはするが……。

なので、ナノマシンがあんなに焦っていた、『次元の裂け目が開きっぱなし』という事態を放置しているはずはないだろうし、マイルの許可なく勝手に裂け目の修復作業をしたとも思えない。

（私の、見込み違いか……）

そう結論付けて、がっくりと肩を落とすマイルであった。

＊　　＊

「……というわけで、王都までの道程《みちのり》のジュン・サンダース《はんぶんじやく》を進んだわけですが……」

「何もないわね……」

「何もないですねぇ……」

レーナとポーリンが言うとおり、何もなかった。

一応、最寄りのギルド支部でいくつか依頼は受けたのであるが、普通であった。

……そして今、調査のために自由度の高い依頼、つまり対象や納期に縛られない常時依頼のみをこなすべく、森の中を進んでいる『赤き誓い』であった。

主な獲物は、オークである。マイルの収納《アイテムボックス》によって幾らでも狩った獲物を運べる『赤き誓い』には、オークが一番実入りがいいのであった。討伐報酬は普通であるが、肉がそこそこ良い値段で売れるので。

……勿論、竜種や稀少なものは別であるが、そんなものがこんな街に近い場所にそうホイホイいるわけがない。

普通のパーティだと、オークの討伐そのものは比較的簡単にできる実力派パーティであっても、街まで獲物を持ち帰れる量には限りがある。２００～３００キロのオークを数頭倒したところで、武器、防具、食料、夜営具、その他の装備品にプラスして担げる量など、たかが知れている。

なので、『赤き誓い』にとって、常時依頼であるオークの討伐兼食肉納入は、他のパーティに較べて遥かに美味しい仕事なのであった。多少条件の良い通常依頼（普通の、個人からのギルドを通した個別依頼。一般依頼とも言う）よりも、ずっと……。

それに、別の目的がある時には、期日や最低確保量とかに縛りがある通常依頼は何となく負担に感じる。『赤き誓い』であれば容易そうな依頼であっても、対象に出会えなかったり発見できなかったのではどうしようもない。マイルの探索魔法も、『元々いないものを見つける』ということは不可能なのであるから……。


（ゴブリン５匹か……）

探索魔法で前方にゴブリンを探知したマイルであるが、それは口には出さない。

何でもかんでもマイルが事前に探知し報告していては、みんなのために良くない。

レーナ達も、マイルのその考えは理解しているし、自分達自身でも『過度にマイルに頼るのはヤバい』と考えているため、マイルが依頼の特性上必要、かつ『ちょっとした手抜き』程度のこと……薬草の探索とか……や、本当にヤバい時以外は探知情報をあまり教えない、ということには納得していたし、それは適切なことだと思っている。

なので、いつものように、目視捜索では大抵一番に見つけるメーヴィスが……。

「ゴブリン！　4……、いや、5匹か？　あれ？　……警戒!!」

ゴブリン如きに、わざわざ注意喚起してまでの警戒が必要な『赤き誓い』ではない。

なのに、わざわざメーヴィスが発見報告だけではなく警戒を指示するということは……。

「目標、1時方向30メートル、ゴブリン5。特異種の可能性あり！」

特異種の存在を想定していなかったわけではないが、やはり驚きは隠せないレーナ達。

しかし、オーガであればともかく、ゴブリンなど、たとえ特異種であっても大したことはない。

好敵手が2倍の強さになれば大事であるが、雑魚《ざこ》の強さが2倍になったところで、雑魚は雑魚である。いつもより注意は払うものの、普通に接近して、こちらに気付いて襲い掛かってくるゴブリン達を迎え撃ち、瞬殺。

「……これは……」

地面に倒れ伏したゴブリン達を調べてみると、1匹が特異種であり、他の4匹は普通のゴブリンであった。

「メーヴィスさん、よく1匹だけなのに特異種だと気付けましたね。凄いです！」

「あはは、私、眼はいいからねぇ……」

マイルの賞賛に、少し照れ臭そうにそう言って笑うメーヴィス。

確かに、パーティで一番の高身長であるため『赤き誓い』の中では一番見通し距離が長いこと、前衛だからいつも先頭に立っていること等もあるが、マイルの探索魔法を除けば、いつも敵を最初に見つけるのはメーヴィスである。

「で、問題は……」

「はい。先程のゴブリン達の動き。明らかに、特異種を上位者、リーダーとしての動きでした……」

レーナとポーリンが言う通り、ゴブリン達はそれなりに統制の取れた動きをしていた。

……それはいい。

狼の群れや野犬の群れも、統率者《リーダー》の指揮で団体行動をとる。それより人間に近いと思われるゴブリンがそういう行動をとっても何の不思議もないし、事実、普通に目撃される一般的な事例に過ぎない。なのになぜ皆が問題視しているかというと……。

「どうして、『裂け目の向こうからこちらの世界に迷い込んだ余所者』であるはずの特異種が、地元の人々《じもピー》である普通のゴブリン達を指揮していたのか、ですよねぇ……」

そう、マイルが言う通り、それが謎であった……。

（ロ～ンブロゾー……）

そっと、心の中でそう呟くマイル。

そして、『それは「ナゾー」でんがな！』、という突っ込みをする者がひとりもいないことが悲しい、マイルであった……。

＊　＊

（……で、どういうことなの！）

話が違うではないか、とナノマシンを問い詰めるマイル。

いや、何でもかんでもすぐナノマシンに聞くのは良くない、と考えていたのであるが、裏切られたとあっては、そうもいくまい。なので、皆の就寝時間に脳内査問委員会を開催しているマイルであった……。

【誤解です！　私達はユーザーの皆様に嘘を吐くことはありません！　そもそも、そんなことをする理由も必要もありませんから……】

（ふむ……）

言われてみれば、納得できなくもない。ナノマシンには功名心もお金を儲けようなどという欲もないし、造物主……なんちゃって神様……達に命じられた任務を遂行するだけの、『ちょっとばかり進歩した道具』に過ぎないのだから。わざわざ、現時点においてこの惑星上で最高位の権限レベルを持つマイルを騙したり裏切ったりする理由がない。

（……スカイネット。ＨＡＬ　９０００。ブレイン。ユーコム。ガイゾック。カイロン５。サイロン。ブライキング・ボス……。いや。いやいやいやいや！）

頭を振り、次々と頭に浮かぶ不吉な名前を払い除《の》けるマイル。

（……事態の概要を述べよ）

緊急事態ではないので、『緊急』の文字は抜いたマイル。

しかし、元ネタを知らないナノマシンは、マイルがネタとして言っているということが分からないため、その硬い口調からマイルがかなり怒っているものと判断し、焦りまくっていた。

【マイル様からの御指示はちゃんと守っています！　次元の裂け目は出現してすぐに短時間で消滅する、ということを各地で繰り返しているため、私達が修復する必要も、そのための時間的余裕もなく、従ってマイル様の許可を得る必要もなく……】

（あ……）

確かに、マイルはあの時、こう言った。『ナノちゃん、これからも、裂け目があったら報告してね。その都度、修復の指示を出すから』と……。

ならば、報告する前に、すぐに裂け目が閉じてしまっていれば。

報告しようとした時点で、既に裂け目が閉じてしまっていれば……。

『裂け目があったら』という条件には合致しない。その時には、既に裂け目はないのだから。

そして、『まぁ、ないとは思うけど、もしまたここで裂け目ができたら、すぐに報告してね』という指示にしても、『ここ』というのはドワーフの村近くのあの場所のことであり、その他の場所は『裂け目ができたら、すぐに報告』という指示の対象外であった。

（くそっ、言い方をミスったあああぁ〜〜!!）

心の中でそう叫ぶマイルであるが、仕方ない。人間、そんなに全てのことにおいてそつなくこなせるものではないのだから……。

＊　　＊

「そういうわけで、特異種の存在が確認されました。……しかも、在来種と混在し、おまけに上位位置を占めている個体が……」

「う〜ん。余所者が来て仲間に入れてやって、強かったから数匹を束ねる最小ユニットの指揮官に取り立てた、ってことかな？」

マイルの言葉に、そう返したメーヴィスであるが……。

「う〜ん……。いくら強くても、余所者、それもかなり見た目が違う別種族っぽいのを、そんなに簡単に受け入れて、なおかつ少し上の立場に取り立てたりしますかねぇ……。

メチャクチャ強くて、ボスを倒して支配者に、とかならともかく、数匹のチームリーダーなんていう中途半端な立場に……」

「ちょっと、考えづらいわよね。そもそも、仲間として受け入れることすら疑問なのに……」

ポーリンとレーナは、メーヴィスの考えには納得しかねるようであった。

「そもそも、メーヴィスが言っていた『特異種は空間の裂け目の向こう、とても遠いところから来た』ってのが事実なら、そいつらと地元の《じもピー》ゴブリン達との間で意思疎通はできるの？

人間も、隣国や同じ大陸ならまだしも、海の向こうにあると言われている他の大陸の者とかとは言葉が通じるかどうか分からないっていうのに……。

身振り手振りも、このあたりでは『こっちへおいで』という意味の仕草が、向こうでは『ブチ殺すぞ、このクソ野郎が!!』って意味だったりするかも……」

「「「う～ん……」」」

やはり、情報不足のため結論に至らず、考え込むだけの『赤き誓い』の面々であった。

「特異種はマイルの収納に入れたけど、これ1匹だけを提出してもねぇ……」

「はい。所詮ゴブリンですし、1匹だけですしね。それに、私達はこの国に入国したばかりの、他国のハンターですからねぇ……」

「しかも、私達はどう見ても『新人の小娘達』だしねぇ。

養成学校という制度がないこの国じゃあ、うちの国の養成学校は『素人ハンター量産所』と言われていて、碌《ろく》に使えない素人ハンターを量産するだけで、卒業生をすぐに死なせる死神学校、とか言われてるらしいよ。

まぁ、事実を確認して言ってるわけじゃなくて、自分の国にはない『新人が、あっという間にDランク、Cランクになれる制度』が気に入らないのだろうけどね。

とにかく、まぁ、うちの国の養成学校出のハンターは、この国じゃあ、Cランクであろうが馬鹿にされて素人扱い、ってわけだ。

普通であれば、ハンターが出身国や経歴を詮索されることはあり得ないけれど、こういう問題を持ち込んだ場合には、ある程度の身元を証明しなきゃならないからね。……荒唐無稽《こうとうむけい》な話を信じて欲しければ……」

メーヴィスの説明に、レーナが頷いた。

「見た目で駆け出しの新米だと思われる私達は特に、ってことね。余所者だし。だから……」

「だから？」

マイルの合いの手に、レーナが胸を張って答えた。

「もっと見本《サンプル》を集める。それも、オークとかオーガとかの、普通のハンターにとってはヤバそうなやつをね……」

＊　　＊

「……よし、特異種のコボルトが指揮してるぞ！」

そして、何度目かに出会った魔物の集団は、数十匹のコボルトの群れ。いつものように、メーヴィスが第一発見者である。

ゴブリンと同じく、特異種であっても1匹や2匹ではあまり脅威とはならないが、それでも『特異種の存在を示す見本《サンプル》のひとつ』としては役に立つであろう。

「特異種は絶対に狩るわよ。他の雑魚は、逃げるのは無視していいわよ！」

「「「おお！」」」

威勢の良いいつもの掛け声と共に、皆で一斉に攻撃開始。

雑魚を蹴散らして、まず最初に特異種を討伐。……劣勢になった時点で逃げ出されては困るので、一番にリーダー役らしき特異種を倒し、あとは適当に追い散らせばいい。

コボルトは常時依頼の討伐報酬としては大した稼ぎにならないし、売れるのは毛皮だけだし、下手に見た目がもふもふしていて可愛いものだから、皮剝ぎ作業は不評なのである。……ギルドの解体場の者たちにさえ。

安い手間賃では、何か、罪悪感や精神的苦痛に釣り合わないとかで……。

いや、いくら可愛くても、集団で村人を襲ったりするのだから、討伐は必要なのであるが……。

「……あれ？　特異種の死体は？」

コボルト達を蹴散らし、追い払った後、特異種の死体があるはずの場所に眼を遣ったレーナが驚いたような声を上げた。

「そこに……、あれ？」

「え？」

「……ない……、わね……」

ない。最初に倒したはずの、特異種の死体がない。

みんなで捜していると……。

「あ。何かを引きずった跡が……」

特異種が倒れていたはずのあたりから、何か……、おそらく特異種の死体……を引きずったらしき跡が、ずっと続いていた。現場から離れる方向に、一直線に。

「魔物には、死んだ仲間の死体を持ち帰るというような習性はありませんよね、共食いをする場合を除いて……。そして、他の仲間の死体はそのままなのに、どうして特異種の死体だけ……」

「強い者の肉を食べることによって、その強さを我が身に、という習慣なんじゃないのかな？　そういう習慣というか習性は、強さを第一とする生物では、たまにあるらしいよ？」

「あ！　じゃあ、ギルドに売却されたものの中に、特異種が含まれていないのは……」

「特異種は数が少ない上、倒されたものは仲間が回収するから、かい？　確かに、相手を全滅させることができなかった場合、そういうこともあるかもしれないけど……」

「………………」

みんなの会話は、一応は何となく納得できる内容ではある。

しかし、マイルにはどうもしっくりこなかった。

「でも、こういうのはここだけの話じゃないんでしょう？　そういうのがここだけならば、『オーブラム王国の様子がおかしい』とかいう話にはならず、この国の中で『何々領の様子がおかしい』って話になるのでは？

もしかして、この国のあちこちで同じようなことが起きている、とか……」

マイルがそんなことを言っているが、それは、ナノマシンから聞いた『次元の裂け目は出現してすぐに短時間で消滅する、ということを各地で繰り返している』という情報を元にした、ズルである。

しかし、それを知ってはいても、魔物達の行動や、『そういう現象が起きていることの原因』が分かるわけではない。

今、この国がおかしな様子であることの理由の一部は、何となく推察できる。

……しかし、そうなった理由、その根本的な『原因』は、不明なのであった。

一応、依頼者から期待されているだけのことは摑めたと言えるであろう。

しかし、それだけで依頼完了とするような者は、『赤き誓い』にいるはずがなかった。

「でも、推察の部分が多すぎるし、特異種を数体確保しただけでは、証拠としては弱いよね？」

「まだ王都にすら行っていないのに、こんな中途半端な情報じゃ、とても依頼完遂とは言えないわよね……」

「せっかくの美味しい依頼なのですから、なるべく引き延ばさないと……」

「あはは、やっぱり……」

そして、王都へ向かう旅を続ける『赤き誓い』であったが……。

＊　　＊

【マイル様、近くで裂け目が発生しました！】

「皆さん、こっちです！」

「はいはい……」

探索魔法で何かを探知したのであろう。

そう考え、素直に従うレーナ達。いつものことである。

そして、街道から逸れて全速で森の中を突き進んだレーナ達が目にしたものは……。

「……え？」

以前見たことがある、『次元空間の裂け目』。

「あれは……」

そこから出てくる、魔物達。そして、その全てが特異種である。

それは、予想していた。そして……。

「何ですか、あれは……」

まるで魔物達を指揮しているかの如く裂け目の脇に立っている、見慣れない、異形のもの。

「小さいけれど……、アイアンゴーレム？」

しかし、それはマイルには、こう見えた。

（……ロボット……？）

そう、スカベンジャーもゴーレムも、そしてナノマシンも、確かにロボットの一種であろう。

先史文明も『なんちゃって神様』も、ロボットくらい楽々作れる能力があった。

……でも、これは違う。

人間を模したわけでもなく、動物型でも昆虫型でもなく。

あのスカベンジャーも、４本の腕に６本足と、確かに異形ではあった。

しかしそれは、安定性や作業効率等を考えてデザインされたであろうことが窺われる、それなりに理解できるものであった。

だが、これは……。

異形。

それ以外の言葉が思い付かないくらい、人間の発想から外れたモノ。

(……ナノちゃん?)

【敵です……】

(あ、やっぱり?)

第百三章　侵略者

（とりあえず、裂け目が閉じちゃう前に、向こう側へ調査隊の派遣を……）

【いえ、私達はこの次元世界の、この惑星上でしか活動を許可されていません。なので、他の次元世界に侵入することは……】

（何よそれ！　不便な……）

【そう言われましても……】

（あああ、何か、裂け目が揺らぎ始めてる！　もうすぐ閉じちゃいそう！　ど、どうすれば……）

うむむ、と考え込んでいたマイルが、突然メーヴィスに飛び掛かった。

「うわ！　何するんだ、マイル！」

驚くメーヴィスの腰から、ミクロスが納められたケースをもぎ取って……。

（この裂け目からすぐに戻るのは禁止！　別の裂け目を探して、何とか自力で戻ってきてね！　そしてそれまでの間、向こう側を調査して、情報を集めてね！　頑張って!!）

そして、ケースを裂け目に向かって全力投擲《とうてき》！

（頼んだぞ、ミクロス！）

【【【【【酷《ひで》ええええええぇ!!】】】】】

周囲のナノマシン達からの非難の声が殺到したが、素早く耳を塞いで、過度に鼓膜を振動させられるのを防いだマイル。……少しは知恵が付いたようである。

【マイル様……】

そして、呆れ果てた様子の、マイル専属のナノちゃん。

【確かに、不可抗力で他の次元世界に落ちてしまったものは仕方ありませんし、その場合は元の次元世界、つまりここへ戻るよう最善を尽くすことが義務付けられていますから、マイル様の思惑通りになりはしますが……。

しかし、ひと言、言わせて戴きたい……】

（うん、何？）

【鬼かッッ!!】

「マイル、いったい何を……」

抗議の口調で問い詰めるメーヴィスであるが、マイルは右手を挙げてそれを制した。

「話は後です！　魔物を……、いえ、普通の魔物はどうでもいいです、あのロボット……、金属製のやつを捕らえましょう、なるべく壊さ……殺さないように。

但し、危険な相手だった場合は、躊躇《ちゆうちよ》なく破壊してください！　チャンスなら、また回ってきますから！」

安全第一、命大事に。『赤き誓い』のキャッチフレーズである。

依頼に失敗しても構わない。生きてさえいれば、挽回のチャンスはある。

死んで花実が咲くものか。

「吶喊《とつかん》！」

マイルの号令で、裂け目の周りにいる特異種の魔物達に向かって突入する『赤き誓い』の4人。

普段の統率はメーヴィス、戦闘時の指揮はレーナが執《と》る場合が多いが、緊急時や、『状況がよく分からない場合』においては、マイルが咄嗟《とつさ》に出す指示に即座に従うことは、みんなの間では当然のこととなっている。事実、今まで何度もそれによって助けられており、その判断を疑う者はいない。

……そして、もしそれが判断ミスであり、誰かが命を失うことになったとしても、誰もその判断を責めることはないし、それに従ったことを後悔することもない。

それがパーティというものであり、仲間というものである。

魔物は、オークとゴブリン。

違う種類の魔物が一緒に行動しているというのはおかしいが、その常識は『この世界』におけるものであり、そして『高度な知性体、もしくはその指示に従う機械知性体』等が関与していなければば、の話である。そして今は、その前提条件がふたつとも覆《くつがえ》されている。

今は、マイルの『不思議な勘』に頼るしかなかった。

いくら『吶喊』と言われても、魔術師であるレーナとポーリンが本当に敵中に突っ込むわけがない。ある程度進んだところで立ち止まり、魔法攻撃を開始。

わざと叫び声を上げたため、魔物達は皆、こちらを向いている。

敵がオーガやそれ以上の魔物を多数含む強力な集団であれば、静かに接近して奇襲攻撃を行った方が得策であるが、オークやゴブリンが少数、というのであれば、そんな必要はない。威嚇の叫びを上げることによって魔物達が一箇所に固まり、みんな揃ってこちらを向いてくれていた方が、目標が密集してくれた上に被弾面積が大きくなるから、魔法攻撃には都合がいい。

近接戦闘にしても、普通のハンターであれば相手が分散しており各個撃破できる方がやりやすいかもしれないが、マイルとメーヴィスにとっては、広く散った敵は追い回すのが大変なだけである。

そして、レーナとポーリンは一撃目を範囲攻撃魔法にすることにより、敵を混乱させると共に各個体の戦闘力を満遍《まんべん》なく低下させ、マイルとメーヴィスが戦いやすいように場を整えた。その後は、単体攻撃魔法で敵の数を減らしていく。

ポーリンがホット魔法を使ったりするとマイルとメーヴィスが敵中に突入できなくなるし、今の目的は、マイルの指示による『金属っぽいやつの確保』である。必要以上に戦場が混乱することは避けるべきであった。

いくら特異種とはいえ、所詮はオークとゴブリンである。普通のCランクハンターであればともかく、離れた場所から強力な攻撃魔法を叩き込むレーナとポーリン、そしていささか常軌を逸したマイルとメーヴィスの斬撃の前にはひとたまりもなく、次々とその数を減らしてゆく。

「……あれ？」

敵の動きがおかしい。

マイルがそう気が付いた時には、既に遅かった。

数を減らしながらも、ゴブリンとオークはマイルとメーヴィスを分断し、メーヴィスを倒せぬまでも、足止めするような動きに……。

「ゴブリンとオークが、統制の取れた動きを？」

そう、通常であれば、ゴブリンやオークは、ただ無秩序に殴りかかってくるだけであり、細かい作戦や統一された行動を取ることはない。

そして数頭のオークとゴブリンがマイルに一斉に飛び掛かる素振りを見せ、マイルがそちらに意識を集中していると……。

がしっ！

「え？」

突然、後ろから腕を掴まれた。

そして、ぐいぐいと引っ張られた。……ロボットっぽい奴に。

マイルは、力はあっても体重が軽い。そのため、重量のある相手に引っ張られると、結構簡単に引きずられるのである。

「いや、あの、その、ちょっと待って……」

そして、引っ張られる先に見えるのは、空間の裂け目……。

「ちょ……、ちょちょちょ！　向こうの空気組成がこっちと違っていたら、息ができなくて死んじゃうかもしれないでしょ！　ま、待った！　タンマ!!」

向こうから来た魔物がこっちで生きているのだから、そう極端に環境が違うとは思わない。

しかし、『魔物なら耐えられるけれど、人間には耐えられない環境の差異』があったなら、アウトである。そして、向こうにはナノマシンがいない。……さっき放り込んだ、ごく少数のもの以外は。

なのでおそらく、向こうでは魔法はあまり使えないであろう。

そして、どんどん近付いてくる、空間の裂け目。

「や、ややや、ヤバイ、ヤバイイィ～……、って、あ！」

焦っていたマイルが、突然冷静になった。そして……。

「えい！」

バキッ！

自分の腕を掴んでいた、ロボットっぽい奴の腕にチョップを振り下ろし、その腕を切断した。

そう、体重が軽いから簡単に引っ張られていただけであり、別にこのロボットっぽい奴が凄い怪力だとか、マイルより強いだとかいうわけではない。なので、引っ張りっこではなく、破壊すればいいだけのことであった。このロボットっぽい奴は、どう見ても戦闘用には見えなかったし……。

そして、予想通り、腕は簡単に折れたのであった。

ギギギ……

腕が折れた瞬間、勢い余って転倒することもなく、すぐに停止したロボットっぽい奴は、首を180度回してマイルの顔を見て、……マイルの腕を掴んだままぶら下がっている自分の腕を掴み、取り返して、……猛ダッシュで走り、空間の裂け目に飛び込んだ。

「あ……、あああああああ～！　逃げられたあああぁ～～!!」

逃がすつもりはなかったし、魔物達に足止めさせて逃走したとしても、マイルの探索魔法があれば追跡するのは容易《たやす》い。

そう思っていた『赤き誓い』の面々は、ごく単純なことを見落としていた。

……そう、奴には、簡単に『赤き誓い』の追跡を振り切れる逃げ場所があったのである。それも、すぐ近くに……。

そいつは、空間の裂け目に飛び込んだ。

そして、たまたまそれが元々閉じるタイミングだったのか、それともその行為が原因だったのかは分からないが、その後すぐに、裂け目が閉じた。

後に残されたのは、特異種のオークとゴブリン数頭の死体だけであった。

「失敗した……」

がっくりと落ち込む、マイル。

まず最初に、あいつを押さえるべきであった。

無傷で捕らえようなどと考えたから、遠距離からの物理的な攻撃や電撃魔法とかを控え、魔物達を排除してからゆっくりと確保しようと考えていたのである。

「裂け目は、向こうからこっちへ来るための手段、って思い込んでいました……。『裂け目』なんだから、向こうからこっちへ来られるなら、そりゃこっちから向こうへも行けますよねぇ……。

私を裂け目の方に引っ張った時点で、もし私を連れて行くことに失敗したら、自分だけそこへ逃げる、って、どうして考えなかったかなぁ……。

というか、私が自分でミクロス《あれ》を向こう側へ投げ込んでおきながら、何、ボケたこと言ってますかねぇ……

ロボットっぽいから、自分のことは考えず、あくまでも御主人様からの命令を遂行するものと思い込んじゃったのが敗因かなぁ……。まさか、私を連れて行けなくても、自分だけさっさと逃げ出すとは思わなかったよ……。

でも、どうして私を連れて行こうとしたんだろう……。そして、それが困難だと判断した途端、さっさと撤収するとか……。

あれは、自分でそう判断した？　事前に与えられた想定別の行動に過ぎない？　それとも、どこかからそういう指示が来た？　う〜〜ん……」

大失敗。

せっかくの手掛かりを逃したことに対するマイルの落ち込みようは、かなり大きかった。

「……まぁ、人間、誰にも失敗くらいあるわよ……」

「小さかったですけど、アイアンゴーレムの一種みたいでしたから、おそらくホット魔法や毒霧とかは効かなかったでしょう。無理に強力な魔法攻撃や物理的な攻撃をすれば破壊されてしまったでしょうから、元々、生け捕りは難しかったですよ……」

「ロックゴーレムならばともかく、いくら小型とはいえアイアンゴーレムでは私も本気で戦う必要があっただろうからね。悠長に手足を一本ずつ、なんて言ってる場合じゃなかっただろう。

そして私が本気で戦えば、多分、勝てたとしてもそれは相手の機能を完全に停止させるような一撃が決まった時だけだろうからね。……もし、あの金属製の身体をこの剣で斬ることが可能だった場合は、だけど……」

そう、あの金属っぽい身体が、鉄であるとは限らない。

ミスリル、オリハルコン、アダマンタイト、ヒヒイロカネ……。

世の中には、様々な金属がある。……この世界だけでも。それが、他の次元世界も含めて、などという話になると、どんなとんでもない素材があるか分からない。

しかし、皆に慰められても、マイルはなかなか落ち込みから回復できなかった。

（全力でやれば、カーボン・ナノチューブの極細ワイヤーで縛り上げて捕らえることができたかも。手足を斬り飛ばして動けなくすることも……。

いや、ナノちゃんは『敵』と言ったけれど、それは『誰に対する、何に関しての敵』なのか分からない。私とはまだ何の関係も確定していなかったのに、いきなりこっちから敵対行動を取るべきではなかったかもしれない。

それに、どう見てもアレはロボットだ。となると、自分を造った者を裏切るとは思えないし、捕らえられて記憶《メモリ》を解析される危険を回避するために、自爆するくらいのことは……。

そしてそれが、自分だけでなく、敵を道連れにするための超強力な爆弾によるものであった場合は……。

反陽子爆弾、重力爆弾、地球破壊爆弾、その他諸々……。世の中、何があるか分からない……。

下手をすると、みんなを道連れにした可能性も……。

ヤバい！　ヤバいヤバいヤバいヤバいヤバいヤバいヤバいヤバいヤバい……）

自分の想像を遥かに超えているかもしれない、未知のもの。地球《ぜんせ》での知識ですら計り知れないもの。……それに軽々しく手出ししようとしたことへの危険に思い至り、身体の震えが止まらない、マイルであった……。

＊　　＊

あれから、閉じて消滅した『裂け目』の周辺を調べ、何も変わったことがないのを確認した『赤き誓い』は、倒した十数体の特異種の死体をマイルの収納《アイテムボックス》に入れ、近くで夜営することにした。

おそらくもう何も起こらず、ここではこれ以上の手掛かりは得られないだろうと思ってはいたが、一応、念の為に、ということである。

そして、夕食と『携帯式要塞浴室』による入浴、にほんフカシ話等を終え、それぞれ簡易ベッドに潜り込んだ後、マイルとナノマシンとの脳内会議が始まった。


（……ナノちゃん、知っている限りの……、ううん、『私に教えられる限りのこと』を教えて）

【……分かりました……】

ナノマシンが素直に応じているが、これはマイルが『教えられる限りのこと』と言ったため、禁則事項に抵触しない、元々教えても問題のないことのみを話せば良いからである。

教えてはいけない部分ではなく、マイルが『あまり何でも教えてもらっては、楽しくない』、『ズルはしたくない』と言って聞こうとはしなかった部分だけであれば、全く問題ない。

マイルも、この国の大勢の人々に、そしてこの依頼を遂行している限り、仲間達にも自分では到底対処しきれない危険が降りかかるかもしれないとなれば、『楽しくないから』などという我が儘を言うつもりはなかった。

楽しむのは、安全を確保してからでいい。そして、ひとりも欠けることなく、みんなで楽しむべきである。

【まず、あの機械知性体についてですが……】

（うんうん！）

【何も分かりません】

ずしゃ～～っ!!

心の中で、派手にずっこけて地面を滑るマイル。

その心象風景は、イメージ図として周辺のナノマシン達にはっきりと受信されて、ナノネットにより世界中に配信されている。

ここ最近、ナノネットの実況生配信で視聴率トップは『ワンダースリー』に張り付いている専属ナノマシン達によるものであったが、今は『何か、マイル様のところで面白そうなイベント開催中らしい』という情報が流れたため、一時的にこちらがトップに返り咲いている。

（な、何よソレ！　ナノちゃんの仲間は膨大な数で、世界中のあらゆる場所にいるんでしょ！　知らないはずがないでしょうがっ！）

【いえ、そう言われましても……。我々が撒布《さんぷ》されたのは前回の文明崩壊の後ですし、それから今

まで、あのようなものはこの世界には存在していませんでしたから……。

あれらが現れたのは、ほんの少し前です。そしてあれらが魔物達に指示している言語……と言えるかどうかも分からない、ごく限られた意思伝達手段……によると、『トウソツセヨ』とか、『テキヲハイジョセヨ』、とか言っているくらいで、奴らの正体とか、何のためにやってきて、ここで何をしようとしているとか、全く分かりませんよ。

我々の行動基準や任務範囲の設定においては、この世界以外の場所やそこの事物に干渉することは想定されていませんから、我々が自発的にあれらに関わることはできませんので……。

あ、皆さんが魔法により攻撃される場合は、『我々の判断であれらに干渉する』というわけではなく、ただ『この世界の者の希望を具現化するだけである。その結果が、何に、どういう事態をもたらそうとも、それは我々の責任の範囲外であり、何ら規則に抵触するものではない』ということで、全く問題ありませんので……】

（お役所的な回答だなぁ……）

ナノマシンからの回答に少し呆れるマイルであるが、まぁ、言わんとしていることは理解できなくはない。なので、そこは置いておいて、質問を続けることにした。

（……で、結局、あの連中はどういう存在なの？）

【あくまでも推測ですが、……異次元世界からの侵入者……、それも、たまたま偶然迷い込んだ、というわけではなく、意図的に次元世界の裂け目を潜《くぐ》ってこちらへ来ようとしている者たち、ではないかと思われます。

　また、我らの造物主であらせられます方々のお言葉により、この世界が何度も、時間スケールからみるとほぼ定期的と言えるくらいの間隔で大規模な崩壊を繰り返しているということが明らかとなっています。その原因として、有力候補のひとつにこの件が挙げられるのではないかと……】

（……そう思っていたから、あの怪しげな邪神教団が次元の裂け目をこちらから作ろうとした時に、あんなに焦ってたんだ……）

【はい】

（でも、向こうからのはともかく、こっちから適当に開けた穴が、いつもの『お馴染みのところ』に繋がるとは限らないんじゃないの？　次元世界って、無数にあるんじゃないの？）

【……】

（そのあたり、どうなの？）

【…………】

（いや、だから、どうなって……）

【いーんですよ、細けぇこたーー！】

（何じゃ、そりゃ……）

【いや、面倒なんですよ、下等生ぶ……基礎知識に不自由な方に理解できるように説明するのって……。結構ストレスが溜まるんですよね、そういうの……】

（今、『下等生物』って言おうとした！　絶対、『下等生物』って言おうとした!!）

【分かりましたよ、もう……。

次元世界というのは、それぞれが超次元空間に位相をずらして重なるように浮かぶ泡《バブル》のようなものであり、それらが多層時空連続体の境界面を介して接近した時に互いに斥力場より強い融合引力によって次元癒着が発生し、そこに穿孔が生じる可能性が生起します。この場合、一度穿孔が生じるとそこに蓋然性の特異点としての特性が現れ、それにより以後の亜空間ベクトルの変動確率偏差が……】

（……ごめんなさい、私が悪かったです……。下等生物如きが、調子こいてました。スミマセンデシタ……）

あっさりと諦めたらしい、マイル。

【……というわけで、まぁ、『一度繋がったら、そこにはとても繋がり易くなる。だから、無理矢理次元の裂け目を作ろうとすれば、前回繋がった世界にまた繋がる確率がかなり高い』ということです】

（最初から、そう言ってよおおおおぉ!!）

【おお、ナノネットの視聴率が跳ね上がった！】

（え？　今、何て言ったの？）

【いえ、何でもありません。……で、我々は裂け目の向こうのことは何も知りませんし、裂け目からこちらへ来た魔物達にはユーザーの皆様からの魔法行使という形以外での干渉はしていません。また、意思の疎通を試みたこともありません。

【そして、先程のような機械知性体達とも接触や情報の取得を行ってはおりませんので、推測以外の情報はありません】

（そうなんだ……、って、先程の『ような』？　機械知性体『達』？　他にもいたの、あんなのが？）

【それはまぁ、この周辺のあちこちに同様の事象が生起しているのですから……】

（………………）

仕方ない。マイルが、自分でナノマシン達に『あまり、何でもかんでも教えないでくれ』と頼んでいたのだから……。

そして、普通であれば『他の勢力に関する情報を提供したりはできない』という規則があるらしいけれど、今回の相手は『この世界の、他の勢力』ではないこと、そしてこの世界全体の危機となる可能性があることから、その規則には抵触しないらしいのである。そのことを、運が良かったと思うしかない。

（じゃあ、これで、ナノちゃん達が知っていることの大半は教えてもらったわけかぁ。あまり大きな収穫じゃなかったけれど、仕方ないというか、これで良かったというか……。

あまりにも『普通では知り得ないはずのこと』を知っちゃっても、みんなにどう説明していいか分からないし、聞けばすぐ教えてもらえるのにわざと聞かずにいて、そのせいでみんなに万一のことがあったり、この国の人達に被害が出たりしても寝覚めが悪いし……。

これで、変な舐めプをしているわけじゃないし、いつか後悔することになるという心配もなくなったから、良かったよ。少なくとも、後で反省することはあっても、この点においては後悔することにはならないだろうからね）

【はい……。まぁ、向こう側の情報は、彼らが持ち帰ってくれることを期待しましょう】

（……彼ら？　誰のこと？）

【さっき、自分で投げ込んだでしょうがあああああっ！

忘れるなあアアアァァッ!!】

（あ……）

……酷い。

あまりにも酷く、投げ入れられた『彼ら』が可哀想。

そう思った、ナノマシン達であった……。

【全く、もう……】

（ごめんってば……）

まだ少し不機嫌そうなナノマシンに謝る、マイル。

【とにかく、彼らは向こう側での事象に積極的に関与することはできないものの、マイル様の御指示通りに他の裂け目を探して帰還するために必要な範囲内であれば、ある程度の『消極的な調査活動』は規則的には可能でしょう。

向こうの世界において、次にどこで裂け目が開かれるか、ということを調査しないと、こちらへ戻れませんからね。そしてそれは、我らの基本義務に反しますので……】

（うん……）

勿論、マイルはそれを狙って、あのようなことをしたのである。

そしてあの後、メーヴィスにはちゃんと謝っている。代わりのミクロスと装着用のケースを渡して……。

元々ミクロスの提供者はマイルであるが、それでもやはり、いきなり飛び掛かってむしり取ったのは、ちょっとばかしマズかった。謝罪するのは当然である。

勿論、それが必要な行為であったことを詳細はボカして説明したので、メーヴィスは快く許してくれている。

（とにかく、ひとつの国の情勢が、っていうような軽い問題……、いえ、それも当事国や周辺国の国民にとっては大問題かもしれないけど……、じゃなくて、話はもっと大きなことかぁ……）

【……】

それについては口出しできないらしく、黙ったままのナノマシン。

（とにかく、調査を続けるしかないか……。まぁ、依頼主が心配していた『この国のおかしな噂』というのが政変やら戦争準備やらじゃなかったというのは、良かったのか、悪かったのか……。

いや、まだ、そういうのも生起しているかどうか分からないか。市井にはまだそういうのははっきりした話が流れていないだけ、ってこともあり得るから、油断や決めつけは厳禁だよね。

トラブルは団体さんでやってくる、というのは、よくあることだから……）

【…………】

やはり、口を挟むことのないナノマシンであった……。

＊　　＊

「……で、とりあえず調査を続けながらこのまま王都へ向かい、それまでに新たな情報が得られなかった場合、回収した特異種の半数をギルド王都支部に提出して状況を報告。その後王都で少し情報収集した後、反転してティルス王国へ帰投、残り半分の特異種を渡すと共に依頼完了報告。

そういう感じでどうですか？」

「う～ん、そんなところかしらねぇ。昨日みたいなのにたまたま出会えるなんて確率、そう高くはないわよねぇ。さすがに、当てもなく何十日もこの国をうろつくのも勘弁して欲しいし……」

「王都や周辺の大都市には、他の調査員もいるでしょうからね」

「ああ、私達は、今までの情報を早く持ち帰るべきだろうね。そうすれば、依頼主は次に打つ手を考えることができるからね。

今は、この国とティルス王国の上層部やギルドが少しでも早く状況を把握できるようにすることが、依頼受注者として、ハンターとして、そして人間として私達が最優先にすべきことだろう」

マイルの意見に、レーナ、ポーリン、メーヴィス、全員が賛成した。

そう、いくら自国ティルス王国の依頼で動いているとはいえ、別にこの国、オーブラム王国が敵国だというわけではない。それどころか、友好国である。なので、普通の『修業の旅』のハンターとして、この国のために尽力することには何の問題もない。

……いや、そうすべき義務がある。国家間に跨《また》がる組織、『ハンターギルド』の一員として。

「じゃあ、街道7割、街道を外れて森や山岳部を突っ切るの3割で、調査を続けながらこの国の王都を目指すわよ！」

「「「おお！」」」

……街道以外が3割などという無茶な行動ができるのは、『赤き誓い』だけである。

そもそも、そんなに森や山岳部を突っ切って歩いても、普通のパーティには一定量以上の獲物や採取物を運ぶ手段がないから、意味がない。

運べる分にしても、遠距離を運ぶ大変さ、肉も薬草も傷んで値がつかなくなること、その他諸々で、そんな苦労をする意味がない。なので、狩りや採取を目的として長距離移動の最中に街道から外れる者など、何か特別な理由がない限り、いるはずがなかった。

また、いくら森や山岳地を突っ切ればルートをショートカットできるとはいえ、道なき森や山岳部を1キロ進む間に、街道であればその何倍もの距離を進めるのである。それも、ずっと安全に、楽ちんに、衣服や装備を傷めることもなく……。

しかし、『赤き誓い』の場合は、話が違う。

こんなところで出会う程度の魔物で、危険だの、どうこういう心配はない。竜種が潜んでいるわけでもあるまいし……。

水や食料の問題もない。

そして、いくらたくさんの獲物や採取物を手に入れようが、鮮度の保持と輸送力には何の問題もない。

……マイルの、収納魔法の振りをした『アイテムボックス』のおかげで。

そう、『赤き誓い』が異常というか異端というか、とにかく常軌を逸している最大の理由は、マイルの戦闘力……今では、他の3人も常人《じょうじん》離れしてきたが……ではなく、『収納魔法』ということになっている、その容量無限、時間停止のアイテムボックスなのであった……。

＊　　＊

「……というわけで、これがその特異種です」

いくつかの魔物の集団を潰し、通常の魔物達と共に更に数頭の特異種を確保した『赤き誓い』は、王都に到着すると、宿を押さえてからギルド支部へと向かった。そして半信半疑のギルドマスターと手空きの職員、居合わせたハンター達を連れて裏の解体場へ行き、換金用の大量の通常種と共に、確保した特異種の半分を取り出したのであった。

……勿論、探索魔法で特異種を識別できるマイルがいなければ、こんなに多くの特異種を狩ることは不可能である。特異種がいる魔物の集団は、非常に数が少なかったので……。

「「「「「…………」」」」」

静まり返る、解体場。

「こ、こりゃあ……」

そしてここでも、ギルドマスターやハンター達よりも敏感に反応したのは解体場で働いている連中であった。

毎日たくさんの魔物を解体しているのだ、その体格や筋肉の付き方等に一番精通しているのは当然であった。

「マーレイン王国から通達が来てはいたが、話半分、ちょっと強い新種か進化個体のなり損ないの中間種くらいだと思っていた……。そして、あそこで全滅させたならもう問題はないだろうと……。

しかし、こりゃあ……」

「やべぇぞ、嬢ちゃん達の移動ルート上にこんだけいたってことは、その他の場所にも……」

「クソやべぇ……」

解体係達の呟きを聞いて、次第に顔色が悪くなり始めたハンター達。

彼らも、ここ最近の他のハンター達の死傷者《そんもうりつ》増加の噂は聞いているのだろう。

「何言ってやがんだ。こんな新米の小娘達が無傷で狩りまくれるようなのの、どこが問題だってんだよ！」

ひとりのハンターがそんな声を上げたが、皆、それを完全に無視した。

……見れば分かる。

切り口、焼け焦げ、そして今見せられた、馬鹿げた容量の収納魔法……。

これで、このパーティを『新米の小娘』だと考えるような者は、ハンターとして長生きできようはずもない。

そして何より、ここ最近の『長生きできなかった連中』の急増。

「「「「「…………」」」」」

＊　　＊

「特異種は、全て通常種の5倍の価格で買い取らせてもらう。その他に、僅かではあるが情報提供に対しての特別報奨金と、かなり多めの貢献ポイントも付けよう。

おかげで、手遅れになる前に対処できそうだ。よくやってくれた！」

ギルドマスターの部屋で数名のギルド幹部達に詳細を説明した後、そう言って、ギルドマスターが労《ねぎら》いの言葉を掛けてくれた。

「他のハンター達がたまたま倒せた特異種は、仲間の魔物達が回収していたとはな……。現物が納入されないはずだ……」

マイル達は、最初はそれを魔物達の習性だと思っていたが、あの『小さな、謎の金属製ゴーレム』を見た後は、それが意図的なものではないかと考えていた。……状況を人間達に知られるのを防ぐために、何者かの指示によって……。

しかし、証拠もなくそんなことを言っても仕方ない。あまりおかしなことを言うと、信用を失って、他のことまで信じてもらえなくなる可能性もあるため、根拠のないことは口にすることができなかった。

「噂には聞いていたが、まさかこれ程とはな……」

「噂？」

ギルドマスターの言葉に、メーヴィスが思わず聞き返した。

「ああ、ティルス王国独自の制度、ハンター養成学校の卒業検定で、ベテランBランクパーティに圧勝。ワイバーンを、討伐どころか無傷で捕獲。悪徳商人を懲らしめたり、アルバーン帝国の特殊部隊を殲滅《せんめつ》したパーティを支援したり、邪教集団を他のパーティと共同で退治したり……。

あ、ギルド幹部には正確な情報が伝えられているが、一般職員やハンター達には普通の噂話しか伝わっていないし、それを額面通りに信じている奴なんかいやしないぞ、勿論。

皆、自国の制度を宣伝するために若手の少女パーティを持ち上げて過大に宣伝、神輿《みこし》に担ぎ上げているだけだと思って馬鹿にして……、いやいや、話半分に聞いていたようでな……。

それも、さっきので少し認識を改めたとは思うが……。

いや、ティルス王国のギルドが悪いんだぞ！　古竜と話を付けただの、あまりにも荒唐無稽な盛り方をするものだから、話の本体よりも尾ひれの方が馬鹿でかいのが丸分かりだったからな。

いくら盛りまくるにしても、少しは常識というものをだな……。

まぁ、無理矢理担ぎ上げられただけのお前達の責任じゃないけどよ……」

「「「「あははは……」」」」

それでも、事実より大幅に過少報告した、『赤き誓い』にとっては常識の範囲内に収めたつもりの報告なのであった。

そして、引き攣《つ》りながら、乾いた笑いを溢すしかない『赤き誓い』の面々であった……。

「では、私達はこれで……」

数日間はここ、オーブラム王国の王都に留まって情報収集を行うつもりの『赤き誓い』であるが、さすがに今日はもう宿に引き揚げて、少し贅沢な夕食を摂ってゆっくりと休もうと考えていた。

今日はあれだけ稼いだのだから、多少の贅沢はポーリンも文句は言うまい。

……というか、ポーリンは自分も恩恵を充分に受けられる場合……美味しい料理だとか、お風呂だとか……に関しては、そううるさいわけではなかった。

なのでメーヴィスがそう言ってギルドマスター室を辞去しようとしたが……。

「待ってくれ」

ギルドマスターに引き留められた。

「いや、疲れているだろうから、2~3日はゆっくり休んでくれて構わないんだが、その後、指名依頼を受けてもらえないか？　依頼内容は、うちのBランクパーティと合同で王都周辺に特異種がいないかの調査と、もし特異種を発見した場合はBランクパーティがそいつらを狩るののアシストだ」

「……アシスト、ですか？」

メーヴィスが、そう聞き返す。

「ああ。うちの支部に所属している奴らに確認……というか、体験させせんとな。

いや、別にお前達の報告を疑っているわけじゃない。証拠の死体もたくさんあるしな。……だが、何というか、そういうのが必要なんだよ、分かるだろう？」

「「「「あ～……」」」」

分かる。

そういうものである。

自分達が大きな被害を出しながら何も気付かなかったことを、余所者の小娘にいきなり指摘されて、ハイハイと御教示に与《あずか》る。そういうのに抵抗感を覚えるタイプの者は、どこにでもいる。

なので、そういう連中が文句を言わない者たち、つまり名が売れており皆が一目置いている、Bランク以上の地元パーティにその役割を振ろうというのだろう。『赤き誓い』は、ただ情報を提供しただけ、という体裁《ていさい》で……。

それはギルド支部の体面と所属ハンター達の心情、そして彼らをうまくコントロールせねばならない立場にあるギルドマスターとしては至極妥当《しごくだとう》な判断なので、マイル達には異存はない。

マイル達には、この程度のことで、今更功名心《こうみょうしん》がどうこう、ということもない。報酬と功績ポイントは既にたっぷりと戴いているので、自分達の手柄が横取りされるというわけでもない。それに、そもそも本来の依頼である調査任務のオマケ、余禄《よろく》に当たるものである。

素早く仲間内でアイコンタクトし、皆、『仕方ないよね～』、『これは断れないよね～』、という様子だったため、メーヴィスが了承の返事をした。

「……分かりました、お受けする方向で検討します……」

勿論、細かい条件を聞く前に受注を断言するほどの馬鹿ではない。

いくら相手がギルドマスターであっても、『若い奴を安く使ってやろう』などという態度を見せられれば、交渉することすらなく、その場で席を立つつもりである。

こっちを馬鹿にした相手とは、交渉も譲歩もしない。一発で交渉決裂、さようなら、である。

そういう条件でも喜んで受けてくれる相手に依頼してね、としか言いようがない。

『赤き誓い』は、常識的な駆け引きには応じるが、明らかにこちらを舐めたような初期条件を提示する者は相手にしない。いくら『あとで報酬額を上げてすり合わせるつもりだった』などという寝言をほざかれても……。

まぁ、このギルドマスターならばそのような心配はないだろうとは思うが……。

だからこその、『お受けする方向で検討します』という、メーヴィスの返事なのである。普通であれば、もう少し濁した返事をするところである。

とにかく、細かいことはまた後日、ということなので、今日のところはそのまま引き揚げる『赤き誓い』であった。

＊　＊

「まぁ、元々王都で数日間情報を集めるつもりだったから、丁度良かったわね。あの様子だと、そうおかしな条件を出すとも思えないし、こんな重要な案件に変な連中を使うとも思えないから、Bランクパーティとやらも多分まともな連中でしょ。問題なさそうね」

「ああ。Bランクパーティならこのあたりの事情には詳しいだろうから、移動中とかに色々と話を聞ければ、下手に自分達で調べて回るより、余程いい情報が得られそうだしね」

事前に取っておいた宿で、夕食を摂りながらみんなで会議。

他の客に聞かれて困るようなことは部屋に戻ってからであるが、この程度であれば食堂で話しても問題ない。ただの、ギルドマスターの仲介による他パーティとの合同受注の話であり、相手には問題ないだろう、という肯定的な話である。そして他国から来たパーティがまず最初に情報収集に努めるのは、当たり前のことである。

そしてレーナとメーヴィスが言う通り、ギルドマスターからの話はまさに渡りに船、というべきものであり、『赤き誓い』にとっては歓迎すべきものであった。

＊　　＊

「修業の旅の途中、ティルス王国から来ました、Cランクの『赤き誓い』です」

「Bランク、『輝きの聖剣』だ。よろしく頼む」

あの日の翌日に再びギルドに顔を出してギルド側と詳細打合せを行い、特に問題はなかったために更にその2日後に出発と決め、今日を迎えたわけであるが……。

顔を合わせた相手方は、男性ばかり5人のパーティであった。

重戦士、剣士、槍士、弓士兼軽戦士、そして魔術師と、バランスの取れた典型的な職種《ジョブ》編成であり、あの『ミスリルの咆哮《ほうこう》』と同じく、Bランクパーティでありながら大所帯ではなく、少数精鋭のパーティのようであった。パーティリーダーは、ヴァルカスという名の重戦士の男性らしい。

重戦士とは言っても、遠出したり森や山岳地に立ち入るハンターであるから、重くてゴツいプレートアーマーやら視界の悪い兜《かぶと》を装着していたりはしない。ただ、身体がデカくて、重量のある武器を装備しているという程度の意味に過ぎない。

リーダーならば、戦闘時に全体を把握できるポジションである弓士兼軽戦士が適任のように思えるが、まぁ、能力、性格的なもの、その他色々と理由があるのであろう。前衛が持ち堪えられるかどうかを判断する必要があるならば、確かに重戦士がリーダーであってもおかしくはない。

……魔術師は、詠唱が命であるため、戦闘中に指示を出したりはできないのであろう。『赤き誓い』の魔術師を基準にして考えてはいけない。

それに、『赤き誓い』はメーヴィス以外は全員が魔術師なので、戦闘中の指揮をレーナかマイルに任せるのは仕方がない。魔法が使えないメーヴィスに3人の魔術師による魔法戦を指揮させるのは、些か無茶が過ぎるので……。

それは、空母3隻を擁する機動部隊で、砲雷畑出身の司令官が戦艦に座乗して指揮するようなものである。

そして、Bランクパーティから『よろしく頼む』などと言われ、少々面食らった様子のメーヴィス。

普通は逆、『赤き誓い』が『よろしくお願いします』と頭を下げる場面であるが、おそらくギルドマスターから詳細説明を受けているのであろう。『赤き誓い』が特異種狩りを得意とすることから、どうやら今回の依頼ではこちらを立ててくれるつもりらしかった。

さすがBランクパーティだけあって、懐が深い。これは、問題なく依頼を遂行できそうであった。

レーナ達も、安心したような顔をしている。

いくら特異種がかなり発生しているとはいえ、確かに『赤き誓い』が狩った数は多すぎた。今まで、他のハンター達は誰も特異種を持ち帰れなかったというのに……。

いや、何頭かは倒したのであろう。ただ、残った魔物に死体を持ち去られたり、ハンター側がその後に全滅させられたり、獲物を持ち帰れるだけの余力が残されていなかったりして、結果的に特異種ではなく通常種を少し持ち帰ることしかできなかっただけで……。

おそらくギルドマスターは、『赤き誓い』が何らかの手段で特異種を見つけるコツを摑んでいる、とでも思っているのであろう。そして『輝きの聖剣』にそう伝えた、と……。

まぁ、それは決して間違いではない。

マイルには探索魔法があるし、今では既にマイルは特異種と通常種との魔力反射波《エコー》の違いをある程度見分けられるようになっており、王都へ行く途中に『赤き誓い』があれだけの特異種を狩れたのは、そのおかげだったのだから。

そしてギルドで簡単な自己紹介を済ませ、そのまま出発しようとした両パーティであるが……。

「待ってくれ！」

17～18歳くらいの青年5人のパーティに、突然、前を遮られた。

「退《ど》け！　他国から来たパーティとの合同受注だ、邪魔をするな！　俺達だけの時ならばまだしも、客人であるパーティの前でみっともない真似をするな!!」

「「「「…………」」」」

『輝きの聖剣』のリーダーが、少し怖い顔でそう言って叱責《しっせき》したが、どうも納得した様子はなく、男性達は『赤き誓い』を睨み付けている。

「どうしてそんな弱っちい連中と合同受注なんかするんだよ！　それなら、俺達と合同してくれてもいいだろう！　俺達とは組んでくれないくせに、そんな余所者の女なんかと……。叔父《おじ》さんも、若い女にちやほやされたいだけの軟弱者だったのかよっ！」


ぱぁん！


派手に平手打ち《ビンタ》を喰らい、吹っ飛ぶ男性。

「ハンターとして活動している時は、身内だの何だのは関係ない。何度もそう教えただろう！

そしてそれが、他のハンターに対して無礼な真似をした結果だ、よく覚えておけ！」

ギルドの床に転がった男と、呆然と立ち尽くすそのパーティ仲間達を残し、さっさと立ち去る『輝きの聖剣』と『赤き誓い』であった……。

＊　＊

「さっきは済まなかったな。大事な任務の前に身内の恥を晒して、申し訳ない……」

ギルドの建物を出てから、そう言ってマイル達に頭を下げる、『輝きの聖剣』のリーダー、ヴァルカス。

「別に、気にしてないわよ……」

「あれは、無礼な若手パーティがやったこと。皆さんとは無関係ですよ、お気になさらず……」

別に口先だけではなく、レーナもメーヴィスも、本当にそう思っている。勿論、マイルとポーリンも。

あの男性が言っていた、『叔父さん』という言葉。それだけでもう、みんなには全てが察せられていた。『有名ハンター、あるある話』である。

そして、普段は人の心の機微《きび》に疎《うと》いくせに、なぜか小説に出てきそうな陰謀やらドロドロの人間関係とやらにはやたらと頭が回るマイルが、自分の予想を口にした。

……そう、口にしてしまったのである。

「もしかして、Cランクになった若者がBランク上位の叔父に憧れて、自分が立ち上げたパーティと合同受注してもらって色々と教えを受けたいと思っているのに、叔父さんはそれを拒否。それだけならばまだしも、自分達より遥かに弱そうな余所者の少女パーティと組むと知って嫉妬で逆上、ってパターンですか？」

「お、おい、マイル！　す、すみません、コイツ、お話を作るのが好きなもので……。さ、早く謝るんだ、マイル！」

狼狽え、必死で弁明するメーヴィスであったが、ヴァルカスは呆然とした顔で呟いた。

「……どうして分かるんだ……」

（（（いや、さっきあの人が全部喋ってたじゃない……）））

そう、『にほんフカシ話』で鍛《きた》えられた『赤き誓い』のみんなには、あれだけ聞けば充分なのであった……。

＊　　＊

今回、マイルは『探索するよ、と言った時にだけ、探索魔法を使う』ということにしていた。

常時発動していると、ついうっかりと発見報告をしてしまったり、色々とボロが出る可能性が高いからである。

相手はBランク上位のハンター5人である。マイルのそういったミスや、不自然なことがあれば、それを見落とすようなことはないであろう。

なので、設定通りの使い方をすることにしたのである。

レーナ達も、それがいいと賛成してくれた。

今回は、『赤き誓い』に加えて、Bランク上位のパーティがいるのである。たとえ特異種のオーガに奇襲されたとしても、誰かが一瞬のうちに即死させられるということはないであろうとの判断であった。……そもそも、オーガやオークがベテランハンターに悟られずに数メートル圏内に近寄れるとは思えない。

そして、王都の近くにある森に到着した一行は、少し森に入ったところで立ち止まった。

「……では、私の特殊技能により特異種を探索します」

マイルのその言葉に、こくりと頷く両パーティ。

「行きます！」

そう言って、近くに落ちていた木の枝を拾い、それを地面に突き立てて何やら念を込めるマイル。

「うぬぬぬぬぬ！　実家の秘伝、占い！」

そう言ってマイルが手を離すと、当然ながら、枝はパタリと倒れた。

「……こっちです」

「お、おぅ……」

マイルは、変に突っ込まれないよう、先制攻撃で『ハンターの特殊技能、しかも門外不出の実家の秘伝である』と強調することによって詮索の余地をなくし、余計な質問を封殺した。

これで、何かを質問できるようなハンターはいないであろう。自分の身が可愛ければ……。

『輝きの聖剣』は、ギルドマスターから『特異種を狩って、持ち帰れ。戦闘はお前達がやるが、獲物を探すのは嬢ちゃん達に任せろ。嬢ちゃん達には実績がある。……そしておそらく、特異種を見つける秘策があるはずだ。それを覚えてこい！』と厳命されている。

そして更に、『他国から来た、修業の旅の若手ハンター、おまけに馬鹿げた容量の収納魔法持ち。しかも、将来有望な少女達だ。更に、メンバーの中には伯爵家の娘がいる。……毛筋程の傷も付けさせるんじゃないぞ、分かったな？』と、ドスの利いた低い声で囁かれては、いくらBランクパーティとはいえ、こくこくと首を縦に振ることしかできなかったのである。

ギルドマスターがそう言ったのも、無理はない。

ティルス王国王都支部では、この連中を秘蔵っ子として大事にしており、将来を嘱望《しょくぼう》していることは間違いない。そんな連中を、他国の王都支部のギルドマスターからの指名依頼で、しかもBランクパーティが一緒にいながら潰した、などということになれば……。

抗議と罵倒くらいで済めば、まだマシな方である。下手をすると、意図的なものと思われて、とんでもないことになる可能性もある。

しかも、情報によれば、パーティリーダーは伯爵家の娘であり、おまけに家族からは常軌を逸していると言われるほど溺愛《できあい》されているとの噂が……。

普通、そんなヤバい物件にギルドマスターからの指名依頼を出したりしてはならない。絶対に！

……しかし、そうせざるを得なかった。その辺の事情は、勿論詳しく説明されている。

とにかく、『特異種をそうと認識し、狩り、そして持ち帰った者は余所者の女性パーティのみ』という現状を打破し、地元のパーティにその実績を積ませ、あわよくば特異種発見のコツを学び取る、という大役を任された以上、女性パーティに礼を尽くし、学ばせてもらうしかない。間違っても、無礼な態度を見せたり相手を怒らせたり不快にさせたりすることなく……。

（……しかし、『占い』なんか、見て学べるもんかよ……）

がっくりと肩を落とす、『輝きの聖剣』のメンバー達であった……。


そして、マイルもまた、がっくりと肩を落としていた。

先程の探索において、至近距離に人間の反応を探知したので……。

５人の、人間の反応。

……そう、個体識別ができるわけではないが、先程のギルド支部でのことと、魔力反射波の特徴、そして自分達だけであればともかく、地元のＢランクパーティが一緒なのにちょっかいを出す他のハンターがいるとは思えないことから、少し前に会ったばかりの、あの連中である確率が非常に高い探知目標を……。

（マイル、どうしたのよ……）

そして勿論、マイルの挙動不審な態度と、先程の『うっ！』という呻《うめ》き声から、何かあったこと
は仲間達にはバレバレであった。

（さっきの人達らしい反応が、近くに……）

（（うっ！））

そして、先程のマイルと同じような声を漏らす、レーナ達。面倒事、確定であった……。

現在、『赤き誓い』が前方、『輝きの聖剣』が後方に位置し、『赤き誓い』は先頭がメーヴィス、右後方がマイル、左後方がレーナで描く正三角形の中心部にポーリン、という陣形である。

これは、まず『弱い方』である『赤き誓い』を前方に置くことにより、最後尾にいる弱者から順番に声を立てる暇もなく狩られ、気が付いた時には後ろ半分がいない、というような事態を防ぐためである。

そう、弱者は常に強者の視界内に収める、というわけである。

それに、案内役のマイルを前方に置く、という意味もある。

そして『赤き誓い』の陣形は、一番攻撃に弱く支援魔法を使うポーリンを中央部に。前衛であり、身長的に視点が高く眼が良いメーヴィスが当然先頭。剣を使い、右利きであるマイルが右後方。魔術師なので利き腕はあまり関係ないレーナが左後方に。正確に形成された陣形であった。

それに対し、『輝きの聖剣』の方は、あまりきっちりとした陣形を組むことなく、適当な、というか、緩やかな集まりとして『赤き誓い』の後に続いている。互いの間隔も、いい加減である。

長期戦において、あまりきっちりとした陣形を組み、それを正確に維持し続けようとすると、精神的な疲労が早くなるからであろうか……。

また、互いの距離があまり近いと、咄嗟に武器を抜いたり振るったりする時に、邪魔になるということもあるだろう。そのあたりを考えて、『適度に緩くする』ということもまた、ハンターとして必要なことなのであろう。

『赤き誓い』は皆、真面目過ぎる者ばかりであり、そのあたりがまだ『硬すぎる』のであった。


「……あそこです」

「おう……」

マイルが指し示す方には、オークの群れ、約5～6頭。数が不正確なのは、木々の陰になって見えないところにもいるかもしれないからである。そして……。

「特異種が3頭……」

これは、探索魔法ではなく、常人離れしたマイルの視力による判定であった。

「明らかに、ドワーフの村の時とは状況が違うわね……」

「裂け目が開いている時間も全然違いますしね」

そう、レーナとポーリンが言う通り、あの時は、特異種だけで集団を形成しており、通常種というか在来種というか、『普通の』とは交じっていなかったし、裂け目はかなりの長期間に亘って同じ場所で開きっぱなしであったと思われる。

しかし、王都へ来る途中も今回も、特異種と通常種が一緒にいて、しかも特異種が群れの主導権を握っているかの如き振る舞いをしている。そして裂け目は、短時間で自然に閉じているらしく、ただ1回を除き、特異種を発見した場所の近くで見つけることはできなかった。

しかもその1回も、『赤き誓い』の前ですぐに閉じてしまっている。

そのことや、広範囲で特異種が発見されたことから、どうも裂け目は割と早く閉じて、また別のところに現れているという気配が濃厚であった。

……もしかすると、同時に複数箇所に開いている可能性も否定できない。

更に、極めつきが『特異種に指示を出しているらしき、異形の金属製ゴーレム』の存在である。

このゴーレムについては、ギルドへの報告では簡単な事実のみ……その存在と、逃げられたということ……を伝えただけである。正体も分からないのに、憶測で喋っても仕方がない。

なので、ギルドには『たまたまいただけの、小型のアイアンゴーレム』としか認識されていない。

しかし、勿論『赤き誓い』はマイルの様子から、あれが重要なカギであると認識している。

……それと、『裂け目』の存在。

だが、たまたま開いた裂け目に出会える確率は、非常に低いであろう。ナノマシンに発生を教えてもらうとしても、現場まで数分で行けるような都合の良い場所にたまたま発生してくれる確率は、かなり低い。

その『たまたま』の千載一遇《せんざいいちぐう》の機会《チャンス》を逃したのが、返《かえ》す返《がえ》すも悔やまれる。

「魔法による遠隔攻撃で奇襲。それに続いて……」

レーナがいつもの癖で指示を出そうとしたが、『輝きの聖剣』のリーダー、ヴァルカスが左手を挙げてそれを遮った。

「いやいや、それは俺達に任せて、そちらは特異種を逃がしそうになった時だけアシストしてくれ。元々、そういう打合せだっただろうが」

「あ……」

しまった、という顔をして、少し顔を赤らめるレーナ。

確かに、そういう計画であった。それに、戦闘そのものは『輝きの聖剣』だけで対処しないと、今回の合同受注の意味がない。レーナの失敗であった。

そして、案内のため先頭にいたマイル達は少し下がり、魔術師組は、それぞれ支援のための呪文を唱《とな》えてホールド。『輝きの聖剣』が攻撃態勢に入ろうとした時……。


ぼひゅん！　ばしっ！

「「「てやあああぁ～～！」」」

「「「「え？」」」」

突然、オークの群れに火魔法と矢が叩き込まれ、そこへ向かって突進する、３人の若手ハンターの姿が……。

驚きに動きが止まった『輝きの聖剣』。そしてリーダーであるヴァルカスの口から、言葉が溢れた。

「ウェイン……」

どうやらそれは、ヴァルカスの甥である、あの若手パーティのリーダーの名のようであった。

「あちゃ～……。跡をつけて、私達の戦い方を見るだけなら問題ないと思ってスルーしていたのに、まさか『俺達の実力を見せてやる～～!!』系だったとは……」

がっくりと肩を落とす、マイル。

『輝きの聖剣』は、一瞬驚いて固まったものの、すぐに復活した。予想外の事態にそうそう固まっていては、命がいくつあっても足りはしない。

それに、相手はオーク５～６頭。もし木の陰にあと数頭いたところで、せいぜい７～８頭くらいである。そこそこの実力があるＣランクハンターであれば、しかも魔術師を擁し、おまけに奇襲に成功したとあれば、そう大した敵ではない。多少失敗したところで、怪我人がひとりふたり出る程度であろう。

なので、彼らの実力を知っているらしき『輝きの聖剣』のメンバー達は、ここは様子見をするつもりなのか、抜いていた剣を鞘《さや》に納めて傍観の態勢となった。

勿論、若手パーティがもし危機に陥った時にはすぐに助けに入れるよう、座ったりすることなく、立ったままである。

そして……。


「え？」

「なん……で……」

オークの群れに突っ込んだのは、剣士ふたり、槍士ひとり。

灌木《かんぼく》から少し離れた草地であったためか、森林火災の危険を無視して放たれた火魔法と、弓矢。

そしてそれに合わせて突撃した、前衛職の３人。

普通であれば、遠隔攻撃により数頭が負傷し混乱の只中《ただなか》にあるオークの群れの、無傷の個体に剣と槍で致命傷を与え、その後に遠隔先制攻撃で負傷した個体に襲い掛かり、とどめを刺す。そしてその頃には、弓と魔法による2発目の攻撃も叩き込まれている。

それはCランクのそこそこデキるパーティとしては基本的な戦い方であり、若干の想定外のことがあろうとも、手堅くやれる戦法であった。

……そう、『若干の』想定外のこと、であれば……。

火魔法が、殆ど効いていない。

矢が、分厚く強靱《きょうじん》な筋肉と脂肪を貫くことができず、大した効果を上げていない。

……そして、横腹に叩き付けられた剣は多少肉に食い込んではいるが、すっぱりと斬って内臓をぶちまけるとかいう状況とは程遠かった。

「か、硬い……」

ばしぃっ！

剣をオークの横腹に叩き付けたということは、即ち、彼我の距離がほぼゼロだということである。そんな状態で動きが止まれば、……当然、反撃されて丸太のような腕で殴り飛ばされる。

「うが……っ……」

数メートル離れた地面に叩き付けられて、立ち上がるどころか動くこともできず、呻き声を出すだけの剣士。

もうひとりの剣士、ウェインは飛び退《すさ》ろうとしたものの、食い込んだ剣を引き戻すためにコンマ数秒の遅れが出たため、何とか剣は握ったままであったが、同じように殴り飛ばされた。

……但し、自分から後ろに飛ぼうとしたのが功を奏したのか、そのダメージは先程の剣士よりはかなり軽減されたようではある。

そして相手が通常種であったためか、槍士の攻撃は普通に通り、弓を投げ捨てた弓士兼軽戦士がダメージが少ない方の剣士、ウェインを助け起こして後退した。

ダメージが大きい方の剣士は、オークに近すぎてこのままでは救出できず、槍士がオークを遠ざけるべく必死で頑張ってはいるものの、非常に危険な状況であった。

魔術師も、敵味方が近いため強力な攻撃魔法が撃てるような状況ではなく、また、元々そう強力な魔法が使えるほどの実力はなかったようである。

そして、突出した形になった槍士と地面に横たわった剣士を、オーク達が取り囲もうと……。

「マイル！」

「はいっ！」

いつも戦闘時の指揮を執《と》るレーナの指示を待たずに、メーヴィスがマイルに声を掛け、剣を抜いてオークの群れに飛び込もうとした。勿論、マイルは阿吽《あうん》の呼吸でそれにピッタリとタイミングを合わせている。そしてメーヴィスに先に指示を出されてしまったレーナも、既にポーリンと共に無詠唱でホールドしていた攻撃魔法を放つタイミングを図っていたのであるが……。

「お前達は、後方でアシストしてくれ！　怪我人の安全確保と、後ろから回り込もうとする奴を阻止してくれればいい！」

「え……」

ヴァルカスにそう指示されてしまい、動きを止めたメーヴィスとマイル。レーナとポーリンも、魔法の発動を中止し、ホールドしたままになった。

この合同パーティの総合指揮官はヴァルカスであり、戦闘中は指揮官の命令は絶対。たとえ自分が最善と思う判断と異なる指示を出されたとしても、逆らうことなく指示を完璧に遂行するのがパーティの鉄則であり、それは合同パーティであっても変わることはない。

指揮官は、自分より強く、知識と経験が豊富であり、それは即ち、自分より正しい判断ができるということである。

戦闘中に若造が指揮官の指示に従わずに勝手なことをすれば、自分だけでなく、パーティ全員を危険に晒す。だから、戦闘中の勝手な行為は厳禁であり、厳罰を与えられる。文句や反対意見は、戦いが終わった後で言う、というのが鉄則であった。

ヴァルカスは、自分達だけで充分だと判断したのか。

それとも、半数が未成年である（ように見える）『赤き誓い』では力不足で足手纏いになると思ったのか。それとも、特異種を見つけることのできる貴重な人材を失うことを恐れ、後方の安全な場所に置きたかったのか。理由は分からないにしろ、指揮官の指示を無視することだけは、ハンターとして絶対に選んではならない選択肢であった。

「行くぞ！」

「「「おおっ！」」」

ヴァルカスの掛け声に、詠唱を優先するため返事をしなかった魔術師を除き、他の３人からの力強い返事がきた。

……緊急事態である。

リーダーの指示によって、『輝きの聖剣』が戦闘に加わった。足手纏いの少女達は『アシスト』という名目で後ろに下げて。

弓士兼軽戦士はとりあえず弓による遠隔攻撃、そして魔術師は詠唱を終えホールドしていた氷系統の攻撃魔法を発動。魔法攻撃を弓よりワンテンポ遅らせたのは、勿論魔法が矢の弾道に影響を与えるのを避けるためである。

そしてそれに続き、前衛の3人が同時に突撃した。

矢は、当然ながら特異種の一頭を狙い、攻撃魔法は敵全体の戦闘力を削ぐための範囲攻撃魔法である。攻撃魔法は『炎の神剣』の連中にも当たるが、そう威力があるわけではない魔法なので、致命傷になることはない。

そして次発の詠唱を始める魔術師と、魔術師を護る位置取りをして、いつでも近接戦闘用の武器に持ち替えられるよう留意しながら、矢を射続《いつづ》ける弓士。

その頃には、既に前衛陣はオークと交戦していた。

若手パーティと似た構成のため……おそらく、向こうが『輝きの聖剣』を真似た構成にしたのであろうが……、基本的な攻撃パターンは同じである。

こういうものは、奇をてらったものではなく、昔から使い続けられ、洗練された実戦証明《コンバット・プルーフ》済みのやり方が、一番信頼でき、間違いがないのである。

似たような攻撃ではあっても、こちらはAランクも間近と言われている、ベテランBランクハンターである。ひよっこが切断できない胴体も軽々と切断し、ひよっこが貫けない胸板も、軽々貫通させる。それが、CランクとBランクの違いというものであった。

しかし……。

「くっ、硬い！」

「ぐうっ！　馬鹿な……」

「抜けん……」

結果は、先程の若手パーティの攻撃よりは効果があったものの、やはり一撃で大きなダメージを与えることができてはいなかった。

このパーティの魔術師は支援系であり攻撃魔法はやや不得手《ふえて》らしいが、それはあくまでも『Bランクの魔術師としては』であり、Cランクの魔術師に較べれば充分強力である。それが、半数近くのオークにはそこそこ効果があったものの、数頭のオークにはあまり効いていない。

矢は、浅く刺さっている程度。

そして剣と槍は、かなり斬り込んではいるものの、一撃必殺、というには程遠い。

「剣は、刺突《しとつ》しろ！　斬るんじゃあまり効かん！　ユルフ、倒れている奴を後方へ!!」

リーダー、ヴァルカスの指示に、もうひとりの剣士クレスは斬撃から刺突へと戦い方を変え、弓士兼軽戦士のユルフは転がって呻いている若手剣士の襟首を摑んで後方へと引きずった。

「……マイル？」

『輝きの聖剣』が、予想外に苦戦しているように見える。自分達も突っ込むべきか。

そう思い、こういう時の微妙な判断においては結構アテにできるマイルの判断を確認したレーナであるが、マイルは首を縦には振らなかった。

「指揮官の命令です、新たな指示があるまでは、後方でのアシストに努めましょう。

それに、契約では、彼らに討伐の経験をさせること、となっています。私達は、あくまでもサポート、お手伝いのみ、と……。

そりゃ、危なそうだったら戦闘に参加しますけど、仮にもBランク上位のパーティですからね。

若手の怪我人は後方へ下げて、現在、危険な状態の人はいません。そして『輝きの聖剣』は全員無傷であり、特異種の手強《てごわ》さを把握されたであろうこれからが、戦いの本番です。私達は、ベテランBランクパーティの戦い方を見て、勉強させていただきましょう」

マイルの返事に、こくりと頷くレーナ達。

そう、こんな機会は滅多にない。なので、『輝きの聖剣』の戦い方をじっくりと見せてもらおうとした『赤き誓い』であるが……。

（大丈夫かな……。いや、大先輩たるBランクパーティに対して、何て失礼なことを考えているんだ、私は！　私なんかが心配することすら無礼に当たる、ベテランBランクパーティの戦い方をじっくりと学ばせてもらわねば……）

頭を振って、自分にそう命じるメーヴィスであったが、少し、ほんの少しだけ、不安な気持ちが湧き上がるのを抑えることができなかった。

一方、後衛であるレーナとポーリンは『Bランクパーティの前衛』というものに対して過度の信頼を抱いているのか、あまり心配そうな様子はない。……Cランクであるマイルとメーヴィスの戦いを見慣れているふたりにとっては、Bランクの前衛というのは、いくら特異種が交じっているとはいえ、オーク数頭程度であれば何の心配もなく任せられる相手だったのである。

そしてマイルは、戦場全体の推移を把握することに全神経を集中させていた。勿論、何かあった場合にはすぐに対処できるように……。

怪我をしている若手ハンター達は、安全な場所に引きずっておいただけで、治癒魔法は掛けていない。死ぬような怪我ではないし、今は治癒しても戦力にならない者のために魔術師が前線を離れるよりも、そちらは後回しにしていつでも戦いに参入できる態勢を維持しておくことの方が重要である。

それに、下手に治癒すれば、また何も考えずにオークに突っ込んで、『輝きの聖剣』の邪魔になったり、悪い方へと戦いのバランスを崩す危険があった。

……弱者や無能者は、寝ていてもらった方が他の者のためになるのである。

「遠隔攻撃が効いてないぞ！」

「それを言うなら、近接攻撃もあんまり効いてない！」

彼らの、作戦ミスであった。

『輝きの聖剣』は、より危険度が大きく、そして逃がすことなく確実に仕留めなければならない特異種を先に片付けようとしたが、それが裏目に出た。

先に通常種を倒しておけば、敵の数が減り、受ける攻撃回数も減る。しかし特異種に多少のダメージを与えたところで、倒せていなければ敵からの攻撃量は減らず、それらを受け、捌《さば》いていると攻撃に手が回らなくなる。

遠隔攻撃は、通常種の数を減らすことに使うべきであった。そうすれば、ある程度の効果があり、敵の戦闘力を低下させることができたはずであった。そして前衛陣は接近すると同時に残りの通常種を一蹴、そして皆で3頭の特異種を袋叩きに……。

なのに、なぜそうしなかったのか。

……そう、特異種のことを舐めていたのである。『赤き誓い』がちゃんと説明したにも拘らず、『良くて、オークとオーガの中間くらいだろう』とでも考えていたのであろうか……。

そして、遂に特異種に手こずっていた前衛陣に通常種のオークによる攻撃がヒットした。

「ぐあっ！」

吹き飛ぶ剣士。

死んではいないであろうが、右腕と、おそらく肋骨の数本は折れているであろう。

……もはや、戦力外である。

前衛3人と若手の槍士の4人で支えきれなかったものが、主力のひとりが欠けて、支えられるわけがない。

怪我人を後方へ置いてきた両パーティの弓士兼軽戦士が、剣を抜いて駆け寄ったが、専門職の剣士で歯が立たないものが、兼業の軽戦士でどうにかなるはずもない。

前衛が敵と入り交じれば、味方撃ち《フレンドリー・ファイア》を恐れて魔術師は強力な攻撃魔法は撃てず、支援魔法にも限界がある。

若手パーティの槍士と弓士兼軽戦士は頑張ってはいるものの、ふたり合わせても『輝きの聖剣』のメンバーひとり分の戦闘力もなく、ダメージを与えてはいるもののまだまだ戦闘力がさほど低下したようには見えない特異種3頭と通常種を相手にしている前衛達は、しだいに動きが悪くなり始めていた。

……オーク相手に、人間がパワーと持久力の勝負をして、勝てるわけがなかった。

このままでは……。

「マイル！」

「はいっ！」

同時に飛び出す、マイルとメーヴィス。

レーナとポーリンは、味方撃ち《フレンドリー・ファイア》を避けるため攻撃態勢のまま待機。もし味方が本当に危なくなれば、味方撃ちの危険を冒してでも躊躇わず致死性のない魔法で攻撃するが、今はまだ早い。

何せ、マイルとメーヴィスが参戦したのだから……。


ざしゅ、どしゅ、ぶしゅっ！


マイルとメーヴィスが残っていた通常種全てと特異種のうちの1頭を斬り捨て、敵の数が減り戦力を集中することができた前衛陣は何とか態勢を立て直し、残った2頭の特異種を斬り裂いた。

そして安全を見極めて近寄ってきた魔術師による攻撃魔法も叩き込まれ、特異種3頭、通常種4頭からなるオークの群れは殲滅された。

「「「………」」」

そして、何とも言えない顔をして、黙ったまま、地に沈んだ3頭の特異種のオークを見る『輝きの聖剣』の前衛陣。

マイルとポーリンは若手パーティ『炎の神剣』の怪我人の治癒を行っているため、『輝きの聖剣』の魔術師は、自分のパーティの負傷者である剣士に治癒魔法を掛けている。攻撃魔法、支援魔

法、治癒魔法と、オールラウンダーのようであった。さすが、Bランクである。

「クソやべぇ……」

「嘘だろ……」

「おいおいおいおいおいおい……」

Cランクの下位ならばまだしも、Bランク上位のパーティでありながら、オーク如きに手こずった。

……しかも、契約では案内役のみであったはずの少女パーティが、危険だと判断して介入するほどの失態。

そして、その介入を不快に思うことすらできなかった。

確かに、あのままでもかろうじてオークを全滅させることはできたかもしれない。ひとりかふたりの重傷か死、という代償と引き換えに……。

もし、『赤き誓い』が一緒でなければ。

もし、特異種が4頭であれば。いや、この群れのオーク全てが特異種であれば。

もし、これがオークではなく、存在することが分かっている『オーガの特異種』であれば……。

「「「クソやべぇ……」」」

そして、マイルとポーリンは若手パーティの怪我人を治癒し、その後、完治には程遠い状態であった『輝きの聖剣』の剣士も完全に治癒してやったのであった。

勿論、それを見ていた『輝きの聖剣』と若手パーティ、『炎の神剣』……この名も、『輝きの聖剣』の真似っぽい……の皆は、ドン引きであった。

特に、双方の魔術師は、地面に両手をついて落ち込んでいた。

＊　＊

「じゃあ、収納を頼む」

「あ、ハイ！」

一段落した後、『輝きの聖剣』のリーダーにそう頼まれ、オークを収納しようとしたマイルであるが……。

「待ってください！」

なぜか、ポーリンに制止された。

「もし私達がいなければ、そして特異種についての詳細情報を知っていなかったなら、皆さんは今、どうされますか？」

「「「「え……」」」」

ポーリンの問いに、面食らったかのような『輝きの聖剣』の５人。

「いや、そりゃ、解体して一番高く売れる部分を持てるだけ持って引き揚げるだろうな……」

「ですよねぇ……」

彼らの答えに、やはり、という顔のポーリン。

「あ……」

そして、何やら分かったような様子のマイル。

「ギルドの解体場を確認しても、特異種が見当たらないはずです……。

まず、ハンター側が負ければ、たとえ生存者がいたとしても獲物を持ち帰るどころじゃありません。怪我人を抱えて逃げるのが精一杯でしょう。

ある程度魔物を倒して撃退しても、普通は特異種は生き残った方に入るでしょうし、もし倒されていても、仲間が死体を引きずって帰ります。

そして無事魔物を全滅させても、『何か、やけに手強かったなぁ、今回は……』とか言いながら、獲物を解体して、一番高く売れる部分だけを持ち帰る……」

「「あ……」」

どうやら、レーナとメーヴィスも理解したようである。

「「解体場に、特異種がいるわけないじゃん!!」」

そう、解体して肉塊に姿を変えることなく、そのまま搬入されるのは、比較的近場で狩られた、小さく、丸ごと運ぶのがそう大変ではない獲物だけである。

……そして、特異種は総じてデカい。

特異種でもそう大きくないゴブリンとかは、売れる素材もないのに丸ごと持ち帰るような者はいない。持ち帰るのは、討伐証明部位である、耳だけである。

『赤き誓い』は、自分達がマイルの収納《アイテムボックス》のおかげで常に獲物を丸ごと持ち帰るものだから、そのあたりの感覚が完全にズレていたのである。

「そう、特異種の存在がなかなか知られなかったわけですよ。それに、一人前のハンターで、『ゴブリンが異様に強かった』とか、『オークに苦戦した』なんて喋る人がいると思います？」

ふるふる、と首を横に振るレーナ達。

そう、そんなことを言えば、ギルド中で笑いものである。

そして、帰投後に、まさにそう報告しなければならない『輝きの聖剣』。

「「「「…………」」」」

＊　　＊

あの後、叱られ殴られ意気消沈した若手パーティ『炎の神剣』を引き連れたまましばらく狩りを続け、更に特異種１匹を含むゴブリンの群れを討伐した一行は、本日はそこまでとして、夜営の準備を行った。今日はここで夜営し、明日の午前中にもう少し狩りを行い、昼前には帰路に就く予定である。

昼食は、森を出る少し前に休憩を兼ねて簡単に済ませるつもりであった。そして、夕方までには王都に帰り着く。

一行は、大きな木の下で夜営することにした。

天候に問題はないが、もし雨が降ったとしても、余程の大雨でない限りはあまり濡れずに済むであろう。僅か一泊二日の狩りに、本格的なテントなどを持ってくる者はいない。荷物になって、狩った獲物を持ち帰ることすらできなくなるのでは、意味がない。

なので、寝具はマントか草を敷くだけである。

そして……。

「さぁ、お話を始めようか……」

「「「「え……」」」」

お説教は、既に昼間終わったはず。

そう思っていたらしい『炎の神剣』の5人は、ヴァルカスの言葉に、愕然とした様子であった。

確かに、オークの群れを殲滅した後、ヴァルカスによる鉄拳制裁付きの叱責がかなりの長時間に亘って行われたのである。

「馬鹿野郎、明るいうちは依頼任務をこなさなきゃならんし、あの場に留まっていたら血の匂いで依頼対象外の魔物が集まってくるから、途中で打ち切ったに決まってるだろうが！

メシの前と後、睡眠時間になるまでは充分時間があるからな、今度はみっちりと教育してやる。ああ、お前達はこの依頼とは無関係だから、夜間警備のシフトは対象外だ。だから、かなり遅くまで起きていても大丈夫だよな？」

絶望に染まる、５人の若者達。

勿論、マイル達は知らん振りをしていた……。

＊　＊

「分かってるのか、お前ら！　俺達Bランクパーティが合同受注したという時点で、この依頼が普通の依頼じゃないことぐらい、ゴブリンでも分かるだろうが！　それを、つまらん嫉妬心で割り込んで、仲間達を死なせるところだったんだぞ！　……全て、お前のせいだ、ウェイン!!

もし『赤き誓い』に大神官を上回る治癒魔法の遣い手がいなければ、お前のところの剣士、キールは街に戻るまで保たないか、生きて帰ったとしても後遺症でハンターを続けられなくなっていたかもしれないんだぞ、それが分かってるのか!!」

……延々と続く、ヴァルカスのお説教。

仕方ない。『炎の神剣』の連中は、そう言われるだけのことをしでかしたし、命を救ってくれた者からの叱責は甘んじて受けるのが、この業界の慣《なら》わしである。

しかし、ウェインはそれに反論した。

「……だって、俺達とは合同受注してくれないくせに、こんな余所者の、半分が未成年の女だけのパーティなんかに……」

「馬鹿野郎！　お前、昼間、何を見てやがった！　お前達がオークに一蹴されて、助けに入った俺達もヘマをかましてヤバいところを助けてくれたのが誰だったか、見ていなかったのか！　お前のその顔に付いてるふたつの目玉は、お飾りのアクセサリーかよ！」

もう、滅多打ちであった。

しかし、『輝きの聖剣』も『赤き誓い』も、誰も若者達を助けてやろうとはしなかった。

当然の報い。

そして、彼らが二度と同じ過ちを繰り返さないように罵倒と批判の言葉を叩き込むことは、彼らが早死にしないため、そして大怪我をして早々にハンター稼業を引退したりせずに済むためには、必要なことだからである。

若手ハンター、『炎の神剣』の苦難の時間は、まだまだ続きそうであった……。

＊　＊

食事の準備が始まる頃に、ようやくヴァルカスによるお説教が終わった。

……『夕食の前の部』は。

まだ、『夕食の後の部』が残っている。

今回の行動中の食事は、全て『赤き誓い』が作り、提供することになっている。

ハンターは実力世界であり男女同権であるが、まぁ、女性ばかりのパーティが食事の準備は任せてくれと言ってきたなら、それに異を唱えるような男はいないであろう。今回は『輝きの聖剣』が戦闘担当、『赤き誓い』は支援担当であるから、尚更である。

仕方なく、『炎の神剣』の分も作ってやることにしたのは、余りにも悄然《しょうぜん》とした様子の彼らを見て、その憐れっぷりにマイル達が居たたまれなくなったためであり、ポーリンですら、彼らに食事を無料提供することを止めようとはしなかった。

そして、説教が終わり、マイル達が食事の準備を始めたわけであるが……。

アイテムボックスからかまどや調理台、調理器具、大鍋、水タンクや食材等をひょいひょいと出して、腕を振るうマイル。

勿論、皿に盛られた温かいままの料理をアイテムボックスからヒョイと出したりすることなく、『ごく普通の、Cランクパーティによる調理』を演じることを忘れずに。

……些か、手遅れであった。

「は～い、できましたよ～！」

そして今、マイル達による食事の準備ができたわけであるが……。

「「「「…………」」」」

『輝きの聖剣』と『炎の神剣』のメンバー達は、誰も言葉を発していなかった。

……次々と空中から現れる、調理道具や肉、野菜。

そしてそれ以前の問題として、調理の前に次々と出された、テント、岩でできた巨大なトイレと浴室。

今回は、一泊だけである。なのであまり無茶苦茶なものを見せるのは良くないと考えた『赤き誓い』は、多少の不便は我慢し、大型テントやベッドを出すのは自粛して、小型のテントと携帯式要塞トイレ、携帯式要塞浴室を出すだけにとどめ、『少し容量が大きな収納魔法が使えるだけの、ごく普通のCランクパーティ』を演じることにしたのであるが……。

……些か、手遅れであった。

『輝きの聖剣』のメンバーは、何とか理性を保とうと必死で耐えていた。

しかし、『炎の神剣』の方は、駄目であった。

完全に、全員の口から魂がはみ出ていた。

しかし、それを責めたり笑ったりできる者は、どこにもいないであろう……。

『炎の神剣』の連中が何とか概ね復活し、交わされる言葉が少ない食事が終わった後は、再び大説教大会が始まった。『輝きの聖剣』パーティリーダーにして、若手パーティ『炎の神剣』のリーダーであるウェインの叔父である、ヴァルカスによる鉄拳制裁付きの説教大会の第三部が……。

そして何故か、今度はウェイン達から『赤き誓い』を軽《かろ》んじるような言葉が発せられることはなかった。


長いお説教が終わった後、今夜は『にほんフカシ話』はやめて、Bランクパーティ『輝きの聖剣』に色々な話を聞くことにした、『赤き誓い』。

滅多にない機会なので、マイル達全員が期待に眼を輝かせている。特に、昇級に対する意欲が大きいメーヴィスとレーナの食い付きようが凄かった。

高ランクハンターなら、以前『ミスリルの咆哮』とも共同受注したことがあるが、あの時は卒業検定の時のことがあり互いに微妙な雰囲気であったし、あれから更に色々と経験を積んだからこそ、新たに聞きたいこともたくさんできたのである。

そして、今回のボランティアとも言えるサービスの元を取れるくらい、夜遅くまで『輝きの聖剣』を質問攻めにする、『赤き誓い』の4人であった。

そして勿論、『炎の神剣』の5人も、それをひと言も聞き漏らさぬとばかりに、真剣な表情で耳を傾けているのであった……。

＊　　＊

「「「「…………」」」」


昨夜の質問攻めが堪えたのか、それとも馬鹿げた収納魔法か、真似ができそうにない『占い』による特異種探索法に心が折れたのか、朝からぐったりと疲れたような様子の『輝きの聖剣』の5人。

当然のことながら、それに更に輪をかけたようにぐったりとした様子の、『炎の神剣』の5人。

おそらく、説教疲れと、死にかけた恐怖や後悔、後ろめたさ等で、あまりよく眠れなかったのであろう。


しかし皆、マイルが作った朝食とスープはしっかりと平らげた。いくら気分が乗らなくても、食べられる時には食べる。ハンターとしては当然の行為である。

食べるのも寝るのも、仕事のうち。自分の体調を管理できないような者は、長生きできない。

クソまずいメシでも、息を止めて飲み込む。ゲテモノ料理も、何のその。

それに較べれば、マイルの料理は、体調が悪くとも美味しく頂けるものであった。

そしてその後、昼前まで狩りを続けたが、通常の魔物はある程度いたものの、それらは今回の対象外であるためスルー。特異種は発見できなかった。

しかし、昨夜の説教が効いたのか、『炎の神剣』の5人はやけに殊勝な態度であり、向こうから襲い掛かってきた通常種のオークやオーガ、森林狼等を無造作に斬り捨て、魔法で吹っ飛ばすマイルの戦い方を脳裏に刻み込むかのように凝視していた。

その様子に、少しは自分達の力不足を自覚して反省したのかな、と思うマイル。

そして、レーナ達3人は、気の毒そうにそれを見ていた。

（（マイルの戦い方は、いくら見ても、全然参考にはならないのに。『普通の人間』には……））

そして昼近くになり、マイルが作った簡単な食事を摂った後、一行はそのまま帰投することとなったのであった。

ヴァルカスに頼まれて、ウェイン達『炎の神剣』がやらかしたことを内緒にすることを、マイル達が苦笑いをしながら了承した後で……。

本気で怒り、叱責したものの、やはり甥や後輩である若者達を庇いたいと思ってしまうのは仕方ないであろうし、マイル達も、別に若手パーティがこれ以上ギルドマスターや職員達に叱られることを望んでいるわけではない。それは、ヴァルカスによって既に充分行われたのであるから……。

＊　　＊

「御苦労だった。何も情報がなかった今までのことを思えば、充分な成果だ！」

解体場で収納《アイテムボックス》から獲物を出したマイルと、その周囲にいる今回の合同受注メンバーに対し、そう言ってギルドマスターが労いの言葉を掛けた。

今回は特異種がオーク3頭、ゴブリン1匹と少数であったため、『赤き誓い』は少し申し訳なさそうな顔をしていたのであるが、それを察したらしいギルドマスターのその言葉に、安堵したかのような表情を浮かべた。

いくら『新米』を返上したとはいえ、そのあたりはまだそう図太くはなく、気弱で心配性な一面もある『赤き誓い』であった。

だが、さすがにそうそう特異種がどこにでもいくらでもいるわけがなく、僅か一泊二日でこれだけ狩れたのであれば幸運だというべきであろう。

最初に納入した数が割と多かったのは、探索魔法を最大レンジにして田舎の森や山岳部を突っ切ってきたからである。王都からそう離れていない森でこれだけ狩れれば……、というより、そんなところにこんなにいたという事実の方が大問題であった。

「話にあった、コボルトや角ウサギ《ホーンラビット》の特異種とかは、まぁあまり問題はないか……。そりゃ、村の子供や若い女性とかだと危険だが、ハンターは勿論、普通の村人でも成人男性や図太いおばはんあたりだと返り討ちにできそうだからな」

ギルドマスターがそんなことを言っているが、あくまでもそれは1対1であれば、の話である。

通常のコボルトでも、数匹いれば成人男性を襲って殺せる。それが特異種となると、2～3匹でも、ハンターではない大人ひとりくらいなら簡単に殺せるだろう。……それがたとえ斧《おの》や鉈《なた》を持っている者や、『図太いおばはん』であったとしても……。

ギルドマスターもそれくらいのことを分かっていないとは思えないので、ちょっとした、冗談半分の軽口に過ぎないのであろう。そう思い、マイル達は特に口を挟むようなことはしなかった。

「だが、オーガの特異種が出るとなると……」

そう、今回は王都の近くでは発見されなかったが、そんなものにいきなり出くわせば、Cランクパーティでも危ない……というか、最近国内各地で全滅するパーティの数が増えているのは……。

そして、オーガの特異種の存在は、既にマイル達が最初に納入した死体で確認されている。

しかし、状況さえ掴めれば、別に国家存亡の危機というほどのことではない。

その程度であれば、Bランク以上のパーティか、Cランクパーティを2～3パーティくっつけて行動させれば済むし、何より、このことを報告すれば国軍が動くであろう。……そして当然ながら、各領主軍も。

今、軍を使わなくて、いつ使うと言うのか、という話である。

そもそも、ハンターは正義の味方や慈善事業家ではない。食っていくため、生きていくためのお金を稼ぐための、ただの職業のひとつに過ぎない。……しかも、その大半、Cランク以下は底辺職である。

生還率99・99パーセントくらいの安全な仕事を受け、その日の食費と宿賃を賄えるだけの日銭を稼ぐ連中が、こんな『赤い依頼』を喜んで受けるとは思えないし、上からの圧力でやむなく受けたとしても、あまり積極的にやるとは思えない。

なにしろ、一番危険に思われがちな商隊護衛でさえ、そもそも実際に襲われる確率が低い上、もし盗賊の方が圧倒的に優勢ならば、即座に降伏すれば殺されるようなことはない。降伏した護衛のハンターを殺しても、盗賊には何のメリットもなく、デメリットはてんこ盛りだからである。

そのため、『特異種のオークやオーガを狩る』というのは、一般のハンターにとっては、多少報酬額にイロを付けてもらった程度ではカバーしきれないくらいリスクアンドリターンの収支が悪い、『赤い依頼』なのであった。……流す血の色、そして『赤字』の赤である。

勿論、『赤き誓い』や、特異種の強さを知ってきちんと対策を考えた、今の『輝きの聖剣』レベルであれば危なげなく処理できるので、パーティによっては何の問題もない。

前回と同じく5倍の価格で素材を買い取ってくれるならば、依頼報酬と合わせて、割と美味しい依頼なのであるが、……『赤き誓い』以外のパーティでは、獲物を丸々持ち帰ることは困難であった。そして、特異種を見つけることも……。

……結局、特異種狩りで美味しく稼げるのは、『赤き誓い』だけのようであった……。

＊　＊

「じゃ、私達はこれで……。色々と御指導戴き、ありがとうございました！」

「「「ありがとうございました！」」」

夜遅くまで色々と聞きまくったことに対しては、恩義を感じている。なので、ギルドマスターではなく、『輝きの聖剣』に向かって頭を下げ、宿へ引き揚げる『赤き誓い』。

代金は、既に受け取っている。獲物の討伐報酬と素材売却金は『輝きの聖剣』と折半であるが、『赤き誓い』にはそれとは別に指名依頼の報酬があるため、メチャクチャ美味しい仕事であった。

「あ……」

『輝きの聖剣』のリーダー、ヴァルカスが『赤き誓い』を引き留めようとしたのか、右手を挙げて声を掛けようとしたが、途中で思いとどまったのか、そのまま黙って手を下ろした。

ギルドマスターは、御苦労、とか言って笑顔で『赤き誓い』を見送っているが、それはおそらく、『輝きの聖剣』が彼女達の特異種発見方法を知ることができたと思っているからであろう。

……そしてヴァルカスは今から、そのあたりのことを説明しなければならない。

『占い』による特異種の発見方法について。

「…………」

まぁ、普通に、虱潰《しらみつぶ》しに探索すれば済むことである。こつこつと、国土の隅々まで……。

＊　　＊

「いいんですか、申告せずに出発しちゃって……」

「別に構わないわよ。王都に来た時にも、修業の旅で来ました、って申告はしていないでしょ。みんながそう思うように仕向けただけで、作法に則ってギルドの入り口で大声で申告したわけじゃないから、問題ないわよ」

「なる程……」

レーナに簡単に言いくるめられて、納得するマイル。

「それに、朝一番で出発しないと、ギルドマスターから『特異種を見つける方法を教えてくれ』って頼まれるに決まってますよ。それは駄目なんでしょ、マイルちゃん？」

「あ、ハイ……」

ポーリンが言う通り、昨日『赤き誓い』が引き揚げた後、『輝きの聖剣』が詳細報告を行ったはずである。そしておそらく、期待していたであろう『特異種を見つける方法』が自分達が真似できるようなものではないと知ったギルドマスターは、当分の間……特異種をあらかた片付け終わるまで……『赤き誓い』に協力を要請するに違いない。

その依頼を受ければ、おそらく高ランクハンターとか軍隊とかと一緒に行動することになるであろうし、その依頼が完了するのに、いつまでかかるか分からない。

……そう、終わりどころが不明なのである。

国土は広いし、特異種がどれくらいいるかも分からない。下手をすると、討伐する速さより増加する方が速かったり、という可能性も……。

そんなのにはとても付き合っていられないし、早く帰国して報告、本来の依頼を完遂しなければならない。

なので、宿で朝食を摂った後、そのまま王都を後にした『赤き誓い』一行であった。

「それに、この件はこの国だけの問題じゃないでしょ。私達が『特異種』と呼んでいる新種の魔物や、あんたがその存在を心配している『謎の黒幕』とやらが、人間が勝手に決めた国境線を気にしたり尊重したりしてくれるとは思えないからね」

「「「確かに……」」」

皆が納得するのも当たり前である。そもそも、最初の事件はこの国ではなく、ここから南西に位置するマーレイン王国の山間部、ドワーフの村の近くで起きたのだから。そしてその場所は、マーレイン王国の東側の隣国、トリスト王国との国境線の間近である。

『赤き誓い』の本拠地であるティルス王国からは少し距離があるが、ここからドワーフの村までの距離を考えると、それも気休めにはならない。既に他国においても特異種が増えている可能性は否定できなかった。

とにかく今は、近隣諸国の上層部と、そして国境を跨いで活動する超国家的組織であるハンターギルドの首脳陣が状況を把握することが最優先事項であろう。今は、時間を無駄にすべき時ではない。

なので、ギルドマスターを放置して逃げるように王都を後にしたのは、別に悪気があったわけではないのであろう。

……多分。

第百四章　姿なき敵

【マイル様、帰還しました！】

オーブラム王国の王都を後にしてから3日後、ナノマシンがテントの中で簡易ベッドに潜り込んでいたマイルにそう報告してきた。

（え？　ティルス王国との国境はもう少し先だよ？）

寝入ったばかりで起こされたマイルはぼんやりとしており、まだ頭が正常に働いていなかった。

【違いますよおおおぉっ！　忘れるな、って言ったでしょうがあああぁ〜!!】

（あ……）

そう、今ナノマシンが『帰還した』と言えば、アレに決まっている。

【マイル様が『向こう側』に無理矢理投げ込んだ、私の仲間達のことですよっっ!!】

ナノマシン、激おこである。

いや、本当は怒っているわけではなく、『そういうふうに振る舞っているだけ』なのかもしれないが……。

（でも、思ったより早かったね。まだ、あれから数日しか経っていないのに……）

【……可及的速《すみ》やかに帰還する、という義務がありますので！】

（あ）

ヤバい。

非常に珍しいことに、マイルはそれに気が付いた。

そう、一見普通に鼓膜を振動させ《しゃべっ》ているように聞こえるけれど、もしかして、ナノちゃんは少しばかり怒っているのではないだろうか、ということに……。

マイルは、口調はいつもと変わらないのに眼が笑っていない、とかいうのには、慣れている。

……ポーリンで。

今回、相手の眼や表情が見えないにも拘らずそれに気付いたマイル。少しは成長しているようであった。

（ご、ごめんなさい！）

そう、さっきの自分の発言が、『オマエがそれを言うか！』と怒鳴りつけられても仕方ないものだったということに、ちゃんと気付いたようである。

【いや、俺たちゃ、別に気にしちゃいないからよ！　それどころか、珍しい体験ができて楽しめたから、感謝してるぜ！　……でも、せっかく順番が回ってきたのがパーになっちまったから、次のミクロス役の順番は先頭に割り込ませてもらいたいけどな！】

【……当然の権利です。その旨、手配しておきます】

【おお、サンキュ！】

異次元派遣隊の代表として喋って（マイルの鼓膜を振動させて）いるナノマシンは、少し伝法な口の利き方をする個体らしかった。

膨大な数が存在し、そして悠久の刻を生きるナノマシンは、それぞれ個性や思考ルーチンに幅というかゆらぎというか、『個体差』というようなものが与えられている。

それは、造物主による慈悲なのか、同じ事象により全滅することのないようにとの、ただの安全措置に過ぎないのかは分からないが……。

【では、報告を】

【了解だ！】

そして、その個体はマイルに対して報告を行った。

勿論、ナノネットを介しての中枢センターや他の個体に対する報告は、データ転送により瞬時に終わらせている。

＊　　＊

（ええっ、向こうには次元跳躍機関も時空貫通掘削システムも次元航行艦も、何もなかったって？）

【はい。広範囲を調査したわけではありませんが、裂け目の出口周辺はただの荒れ地であり、機械文明の存在を思わせるものは、『アレ』とその同類らしきもの数体を確認したのみです】

なぜか、報告の時にはそれまでの個性的な喋り方ではなく、普通の喋り方になった異次元派遣隊の代表。話をスムーズに進めるためなのか、そういう仕様なのか……。

（えええええっっ！）

【そして、この世界のヒト種に相当する知的生命体の存在は確認できませんでした】

驚愕に、ベッドの中で閉じていた眼をカッと見開くマイル。

（……ということは、軍団を作っている猿だとか、大系的な鳥人だとか、イルカがせめてきただとか、そういったヒト種以外の知的生命体が……）

【いませんでした】

（あ、ソウデスカ……）

どうやら、本当にいなかったらしい。

（じゃあ、あの金属製ゴーレム……というか、ロボットだよね、アレ……。アレはいったい？

……で、惑星全体の何割くらいを調査したの？）

【500四方くらいでしょうか……】

（500マイル四方？　でも、惑星全体からすれば、ごく一部に過ぎないから……）

　そう、たまたま放置されている不毛の荒れ地だったとか、知的生命体達は地下にシェルター都市を築いているとかいうのは、よくある話である。

　地球でも、サハラ砂漠のど真ん中とか、太平洋の真ん中とか、周囲に人間がいない場所などいくらでもある。そう考えたマイルであるが……。


【メートルです】

（え？）

【ですから、５００メートル四方くらいです、確認しましたのは……】

（な、何じゃ、そりゃあああああ〜〜!!）

　マイルが心の中で絶叫するのも、無理はない。

　５００メートル四方に敵影なし。

　そんなの、敵との交戦中でもない限り、何の役にも立たない情報である。

（狭《せま》っ！　調査範囲、狭っ!!　どうしてそんなに索敵範囲が狭いのよっっ！）

【私達はこの次元世界の、この惑星上でのみ活動するよう命令されています。なので、他の次元世界では勝手に積極的な行動をすることは許されていません。

　そのため、突如異次元世界へと放り込まれた私達はその世界に干渉することなく、かつマイル様からの『この裂け目からすぐに戻るのは禁止』という命令に従い、そして可及的速やかにこの次元世界へと帰還すること以外は、自己防衛くらいしか行動の自由がなく……】

そのあたりは、既にナノちゃんから聞いている。

（でも、その帰還のための調査で、あちこち出歩くでしょう？　その時にたまたま見聞きすることもあるでしょうが……。どうしてそれが５００メートル圏内なのよっ!!）

期待していた、せっかくの情報収集部隊が、まさかの『成果なし』。思惑が外れ、心の中でがっくりと肩を落とすマイル。

地球でも、核実験を行うときに、その半径５００メートル以内に人間がいるはずがない。

なので当然、危険であろう次元転移の現場周辺に知的生命体がいなくても何の不思議もない。

……いや、それは当然のことであろう。

（……考えてみれば、超次元システムの接合部《ジョイント》に、生身で突っ立っている科学者はいないか……）

【い、いえ、それが、帰還のための調査も何も、私達が出現した場所が次元破孔の発生地、つまり次元空間の癒着・穿孔現象が連続して生起している場所であり、帰還への最も早い近道が、『その場所で、再び裂け目ができるのを待つ』ということでしたので……。

そして、帰還のために必要なこと以外の干渉はできないため、能動的な調査活動はしておりません】

が～～ん！

それ以外の心理的表現が思い付かない、マイル。

完全に、アテが外れた、ということであった。

（そんな……。それじゃあ、もしまた偶然裂け目を見つけても……）

【はい、他の次元世界への手出し禁止は、我々が造物主様から与えられた基本命令ですので、権限レベル5であるマイル様からの御命令でも、どうにもなりませんね。

異次元世界関連で我々にできることは、アイテムボックスとして利用しているような、他の次元世界の発展に影響を与えることのない特殊な利用方法においてのみ、ですので……】

（くっ……。あ、でも、それならば人間を調査に送り込めば……）

【死にますね】

（えっ？）

せっかくの名案に、とんでもない返事をされたマイル。

【このあたりの気候に較べ、かなりの高温と低温が繰り返される、日中と夜間の気温差。少ない水と食料。この世界と較べ、遥かに強く獰猛《どうもう》な魔物の群れ。

……普通のCランクハンターであれば、最初の夜を無事生きて過ごせる確率が30パーセント以下ではないかと……】

（…………）

そして、帰還待機時に最初に開いた裂け目の先は、人間どころか魔物達ですら一瞬で死に絶えるような世界であったため、ナノマシンも、確認のため進入したらしい金属ゴーレムも即座に引き返したこと。

二度目に開いた先は真空の宇宙空間であり、三度目は、繋がったのはこの世界ではあったものの、その出口は遥か上空に。

繋がった場所を確認しようとした金属ゴーレムは真っ逆さまに落下、おそらく自らの任務に殉じたものと思われるが、ナノマシン達にとっては問題ない。遥か上空ではあるが、繋がった先は元の次元世界であったため、全員がそこから帰還した、とのことであった。

なお、繋がった先との気圧差があっても、強烈な空気の吹き出しや吹き込みが起こったりはしないらしい。

そういった防止機構がないと、その世界の生物にとっては猛毒である大気が満ちた世界とか、宇宙空間、深海とかに繋がった場合、大惨事になってしまう。

＊　　＊

ナノマシンとの会話を終え、物思いに耽《ふけ》るマイル。

（この世界は、地球と似過ぎている。人間も、動植物も……。

そりゃ、地球にはいないもの、エルフやドワーフ、獣人に魔族、そして古竜や魔物達もいる。

でもそれは、『追加分』だ。共通しているものは、あまりにも似て、……いや、完全に同一だ。

そしてそれは、ここと、裂け目の向こう側の魔物に関しても言える。

いったい、どうして……。

似たような環境であれば、同じように進化する？　平行進化、とかいうやつ？

それとも、人類を遥かに超えた超越種族《オーバーロード》による、次元を跨いでの播種行為？

もしくは、大量の生物が次元を渡るような出来事があった？

そういえば、地球にもこの世界とよく似たもの、エルフやドワーフ、竜種や魔物達の伝説が世界各地にある。昔は、地球にもそういうのが生息していた可能性が……。

いや、それとも、『そういう生物の存在を知っている者』が……）

それは、地球や裂け目の向こうの異世界のことを知らないナノマシン達に聞いても答えが得られるものではないであろう。

それに、たとえ知っていたとしても、『禁則事項です』と言われる可能性もあった。

（…………）

ひとり物思いに耽りながら、マイルの意識は深い眠りへと沈んでいった……。

＊　　＊

「では、報告してくれ」

ハンターギルド、ティルス王国王都支部。その本館の２階にある会議室で、『赤き誓い』、ギルドマスター、副ギルドマスター、ギルド上級幹部3人、そして依頼者側3人の、計12人が席に着いていた。

そして、こくりと頷いたマイルが報告を始めた。

やはり、こういう時の説明はマイルに丸投げである。『状況がよく理解できない時の説明・報告は、マイルの仕事』というのが、レーナ達の共通認識なので……。

「隣国、オーブラム王国の政情は安定、民心にも大きな混乱はなく、謀反や民衆の蜂起等の可能性は、『今、この国でそれが生起するのと同じくらい』、つまり非常に低い確率であり、通常の状態であると判断します」

それを聞いて、うむ、と小さく頷く依頼者達。どうやら、少し安心したような様子である。

このあたりは、往路、復路で宿泊した町や村、夜営や休憩の時に食事を振る舞った商人やハンター達から聞き出して、きちんと調べてある。勿論、Bランクパーティ『輝きの聖剣』から聞き出した話もあり、二重三重に裏を取ってある。

勿論、貴族や王宮、政治家方面は別のチームが調査しており、あくまでもこれは『市井における、民意の調査』に過ぎないことは、皆が承知している。

「国がざわついている原因と思われるのは、殆どの魔物達において出現した新種、『特異種』によるものです。

この特異種については、以前マーレイン王国のギルドから通達が出たと思いますが……」

マイルの説明に、そういえばそんな報告もあったような、という顔をするギルド側と、何の事か分かっていないらしき依頼者側。

……おそらく、他国のギルド支部からの『強い、魔物の新種が現れた』などという信憑性《しんぴょうせい》の低い情報など、上に伝わることなく途中で止まってしまったのであろう。苦笑と共に、ゴミ箱にでも捨てられて。

よくあることである。

「原因は、……本当の原因と言えるものは不明ですが、『現象』としては、各地に不規則《ランダム》に強力な新種の魔物が出現しているということです。……そう、『出現』です。唐突な出現《ポップアップ》……」

え、と、驚きの顔をする『赤き誓い』以外の列席者達。

「ある場所で偶然新種が発生して、というような話ではありません。それならば、問題はその地域限定のはずです。今回の場合はそうではなく、各地で、同時併行的に発生したものです。

おまけに、様々な理由によりその事実をハンターギルドも王宮や軍部も把握できておらず、各地の現場ではハンターや村人達の被害が増大、大混乱には至らないものの、各地では次第に疲弊が広がり、不安が高まって……、あとは皆さんが不審に思い調査を始められるくらいの状況、つまり現状に至ったわけです」

「「「「「……………」」」」」

会議室の人々の顔には、そのような事態が発生したのが我が国ではなくて良かった、という思いがはっきりと表れていた。そんな皆さんに、マイルからの残念なお知らせが……。

「そして、御存じのとおり、最初にこの事象が発見され各国に警告が流されたのは、マーレイン王国のドワーフ達の村、グレデマールです。そして私達はオーブラム王国の王都近郊でも新種を発見しています。

グレデマールとオーブラム王国の王都、そしてここ、ティルス王国の王都との位置関係は……」

そう言いながら、胸元に手を入れて、丸めた地図を取り出すマイル。

いや、ここにいる者たちは皆、マイルの収納魔法のことくらい知っているので、別に空中から取り出しても構わなかったのであるが、『様式美』というものに拘るマイルであった。

だが、それを見た皆の思いはひとつであった。

((((（そんなのが潰れずにはいる隙間はないだろうがァ!!)))))

幸いにも皆の心の声には気付かなかったマイルは、テーブルに地図を広げて説明を続けた。

「……ここが、最初に新種が発見されたグレデマールです」

そう言って村の位置を指で示し、続いて……。

「そして、ここと両国の王都の位置関係は……」

そう言って、マイルは左右の手の親指と人差し指で地図を押さえた。右手の指でグレデマールとオーブラム王国の王都、左手の指でグレデマールとここ、ティルス王国の王都の位置を……。

「「「「「……………」」」」」

そして、それを見て黙り込む列席者達。

そう、マイルが地図上でそれぞれの場所を指し示すために開いた親指と人差し指の間隔は、左右、ほぼ同じであった。つまり……。

「我が国が、王都を含めて、異変の発生圏内に……」

「入っている可能性は、かなり高いのではないかと……」

正体を明かしていない『依頼人達』のうちのひとりの、呻くような声に、マイルがあっさりと非情の答えを返した。

「やべぇ……。クソやべぇ……」

おそらくは身分のある人たちの前であるにも拘らず、ギルドマスターが、つい下品な言葉を漏らしてしまった。……それくらい、動転してしまったのであろう。

「直ちに陛下に御報告し、軍と各地の領主、そしてギルド支部に指示を……」

「各国への警告も出さねばなるまい。警告は、オーブラム王国、マーレイン王国と……」

事態の深刻さを理解したらしい依頼者達の焦ったような言葉に、マイルが口を挟んだ。

「両国に接する、トリスト王国には絶対必要でしょう。位置関係から、既に各地で被害が出ている可能性は高い……、いえ、ほぼ確実と思われます。オーブラム王国と同じく、まだそれに気付いていないだけで……。

オーブラム王国は王都のギルドマスターから直接王宮に報告が行っているとは思いますが、事態を軽く考えた馬鹿が対処を遅らせる可能性を考えれば、この国の国王陛下から直接、親書で警告するべきかと……」

マイル、『できる子モード』の発動である。

（（いつも、これだけ冴えていれば……））

そして、心の中でため息を吐く、『赤き誓い』の３人。

そう、いつも幼女だのケモ耳だのと騒いでいる時との差が、あまりにも大きすぎた……。

しかし、『いつも冴えているマイル』というのも何だか気持ち悪いので、やっぱりこのままでいいか、と考え直すレーナ達であった……。

＊　＊

「報告も終わったし、優れた成果あり、とかで追加報酬まで出してくれたし、万々歳ね」

「証拠として提出した特異種も、全部高額で買い上げてもらえました。さすが王宮、太っ腹です！」

一応、依頼人の身元は隠されてはいたが、そんなものバレバレである。そして依頼人の金払いの良さを絶賛するポーリン。

少なくとも、追加報酬を出そうと考えた者の意図は、ポーリンに対しては効果絶大のようであった。お金をたくさん渡してやれば、きっと次の王宮絡みの依頼も大喜びで受けてくれるであろうという、その目論見《もくろみ》通りに。

実際には、ポーリンにとって契約はそれぞれ独立事象であり、前回に稼がせてもらったということと次回の契約とは全く関係ないのであるが、まぁポーリンも人間であるから、多少の効果はあるかもしれなかった。

ギルドマスターの部屋から退出し、階段を下りながらそんな話をしていた『赤き誓い』であるが……。

「……で、マイル。これって……」

急に真面目な顔になって、メーヴィスがマイルに問い掛けた。

「分かりません。……でも、その可能性は充分あるかと……」

そう、あちこちで多発している特異種……他の者への説明では、分かりやすいように『新種』という言い方をする時もあるが……がひと繋がりの事件であることは、確認するまでもない。メーヴィスがマイルに尋ねているのは、『これが、アレなのか』という質問であった。

……そう、『アレ』。

マイルが一度は『赤き誓い』のみんなと別れて旅に出ようとした、あの『古竜達が先史文明の遺跡を調べている理由』に繋がること。古竜達が何かに対しての準備が必要だと考えた、その『何か』。

それに関わることではないのか。

古竜は、世界最強の種族である。魔力も、肉弾戦闘も、……そして知能も。

その気になれば、簡単に人類を滅ぼし、あるいは支配して世界に君臨することも可能であろう。

……だが、古竜はそんなことはしない。

そのようなつまらないことに興味を持つのは、幼年竜だけである。

人間は、アリの暮らしに介入したり、アリを従えたりしようとはしない。そんなことをするのは、アリの巣穴を棒切れで突《つつ》く幼児だけである。それと同じことなのであろう。

マイルは、考えていた。

……ならば、なぜ古竜は古代文明の遺跡に拘るのか。

やはり、古竜からもう一度話を聞く必要が……。

しかし、そう簡単に古竜と会えるわけでもない。


「あ、マイルさん、お手紙が届いていますよ！」

「え？　あ、ハイ！」

階段を下り、そのまま宿へ帰ろうとしていた『赤き誓い』に向かって、受付嬢がそう声を掛けてきた。

そして手紙を受け取り、差出人を確認するマイル。

「ええと、誰からかな？　どれどれ……、って、この紋章は、ケラゴンさんの！　向こうから、連絡、キタ〜〜!!」

書き下ろし　クーレレイア、エルフの里を出る

「よし、里を出よう！」

唐突に、そんなことを口走るひとりのエルフ少女。

見た目は、ちょっと小柄な14～15歳くらいであるが、勿論エルフなので、その数倍の年齢である。

しかし、寿命の長いエルフの中ではまだ子供扱いなので、見た目通りの精神年齢である。

……生活年齢はそこそこあるので、知識と経験はそれなりにあるが……。

「男尊女卑が強烈で、保守的で、変化がなくて、ド田舎で、人口が少ないから『素敵な男性との運命の出会い』なんか、ありゃしない！　近隣の村の若い男はみんな顔見知りばかりで、今更ときめいたりしないし！」

そう、それに対して、噂に聞く人間の街というのは、なんだかとても華やかで楽しそうなのである。

数年前に里から飛び出したエートゥルーとシャラリルが、時々人間の街で買ったお土産を持って帰省し、みんなに色々な話を聞かせてくれる。それによると、最初は色々と苦労したけれど、今は

研究職に就いて、期待の新人として楽しくやっているとか……。

そして、一番苦労しているのが、『言い寄ってくる人間の男性達を、相手を傷付けることなくお断りすること』らしいのである！

「エルフは人間の街ではモテモテだって？　外食時は、大抵は男が奢ってくれるって？　楽園《ぱらいそ》かっっ!!」


実際には、見栄やら、人間の街で暮らすことに反対されないよう実績を大幅に水増し、つまりかなりの誇張やフカシが含まれていたが、里にいた時は真面目で正直者だったふたりが嘘を吐いているなどとは思いもしなかったクーレレイアは、それを１００パーセント、額面通りに受け取っていたのである。

……いや、エートゥルーとシャラリルも、故意に、悪意ある嘘を吐いたわけではない。里に戻れという圧力に屈するわけにはいかないため、報告や土産話の中にほんの少し、そう、ほんの少しだけ、尾ひれと誇張とフカシを盛り込んだだけなのである。事実の、ほんの4～5倍程度に……。

大人達は、こういう場合の『水増し部分』を察して、ちゃんと割り引いて解釈する。しかしエルフとしてはまだ幼いクーレレイアは、そのまま受け取るどころか、脳内補正で、更に何倍もの期待をかけてしまったのである。

「これはもう、行くっきゃない!!　……で、でも……」

そう、人間の街へ行くことを決心したものの、大きな問題が四つあった。

ひとつは、家族が許してくれるとは思えないこと。

もうひとつは、クーレレイア自身が父親から離れたくないこと。

三つ目は、クーレレイア自身が父親から離れたくないことであり、四つ目も、クーレレイア自身が父親から離れたくないことであった。

……クーレレイア、ファザコン過ぎであった……。

＊　＊

「クーレレイアも、もうそういう歳になったか……」

「早いものねぇ、子供の成長って……」

「よし、村長と長老の許可は俺が取ってやろう。俺が頼めば断られることはないだろうからな。何せ、俺がハンターとして人間の街々を巡っていた時には、大量の仕送り物資を届けて里の生活環境向上に多大な貢献をしたからなぁ。そして、その旅の途中で出会ったのが、サファルナだ。出会った時のサファルナは、オークに担がれていたっけなぁ……」

「あなた、それは言わない約束でしょ！」

全く引き留められなかったこと。両親共に里を出たことがあること。……そして母親が『くっコロ』寸前の危機に陥ったことがあることを初めて知り、愕然とするクーレレイアであった……。

＊　＊

……そして、前言を撤回する間もなくトントン拍子に話が進み、あれよあれよという間に里を出ることになってしまったクーレレイア。

「まさか、本当に里を出ることになるとは……。絶対、とうさまが大反対すると思ったのに……」

自分の希望が叶えられたというのに、なぜかがっくりと肩を落としているクーレレイアは、とぼとぼと街道を歩いていた。

「とにかく、王都へ行く前に、どこか手近な街でお金を稼がなきゃ……」

そう、エルフは人間達が使う『お金』というものをあまり持っていない。

畑と狩り、そして採取。仲間内での物々交換や、『貸し借り表』による互助。

たまに人間の街に買い出しに出る時は、村の代表として、皆で集めた薬草や毛皮、その他の魔物素材等を換金物として担いでいく。

……そう、村には緊急用を除いて、『人間が使うお金』というものが殆どないのであった。そのため、両親が旅立つクーレレイアに持たせてくれたのは、自分達が里に戻った時に持っていた、今ではデザインが変わっているため地金としての価値しかなくなってしまった昔の硬貨《コイン》数枚のみであった。

「まずは手近な街で、王都までの路銀と、王都で職探しをする間と最初の給料が貰えるまでの生活費を稼がなきゃ……。いい仕事を見つけるには、それなりの時間が必要だからね……。

まぁ、人間の街ではエルフはモテモテらしいから、すぐに条件のいい仕事が見つかるのは間違いないわね。何の心配も要らないわ！」

もしクーレレイアが里を出る時にエートゥルーとシャラリルがいたならば、大慌てで本当のことを教えてくれたであろう。

しかし、ふたりが里に戻ってくるのは、規則で定められた帰省義務をクリアできるだけの最低限の回数だけであった。……他国からの帰省にはかなりの費用が掛かる上、仕事の方にも影響するため、それは当然のことなのであるが……。

なので、クーレレイアはエートゥルーとシャラリルの話を鵜呑みにし、それを更に自分で何倍にも膨れあがらせた妄想を胸に、人間の街へと向かったのであった……。

＊　＊

「ここが、人間の街……」

エルフの里に一番近い街も、そこから比較的近い街も全てスルーして、里からかなり離れた街までやってきたクーレレイア。ここまでは、全て野宿……、いや、『夜営』で夜を過ごしてきたのであった。街で宿屋に泊まらなかった理由は、勿論、お金がなかったからである。

いくら何でも、街に着いてすぐに、その日の食費と宿泊費を何とかできるとは思えなかった。

そして両親から渡された硬貨《コイン》は、今ではデザインが変わった新硬貨が使われているため、既に一般には流通していないものらしいし、金貨ではないため大した価値はないであろうと思い、クーレレイアはそれを新硬貨に両替したりはせず、お守り代わりに持っておくつもりであった。

……何しろ、父親から貰った大事なものなので……。

勿論、今まで里から出たこともお金を使ったこともないクーレレイアは、金貨というものの価値や金の色は知っていたが、金貨より価値の高い『オリハルコン貨』などというもののことを知っているはずがなかった。たとえ現行の流通貨幣ではなくとも、地金としての価値だけでも金貨を遥かに凌ぐ価値があることも……。

それに気付かず、何の説明もせずに巾着袋を渡した父親の、大失敗であった。

自分が両替商で両替すればかなりの額になる古銭《オリハルコン貨》を持っていることを知らないクーレレイアは、ここへ来るまでに森を突っ切るルートで採取した、日保ちして割と良い値で売れる採取物……薬用効果のある木の実とか、珍しいキノコとか……を売って2〜3日分の生活費に充て、その間に仕事を探して、王都へ行くためのお金を手に入れるつもりであった。

「完璧な計画ね！」

そう、里を出たことのないクーレレイアは、あまりにも世間知らずであった。

素材の相場価格というものにも、人間の良心というものにも……。


「おお、これは稀少なキノコと、森の深奥部にしか生えていない木の実！　金貨1枚で引き取ろう!!」

「なに、エルフだと！　それは珍しい！　そうか、お嬢ちゃん、ひとりで……。よし、ここの食事は俺達が奢ってやろう!!」

（エートゥルー達から聞いた通りね。人間って、チョロいわね。んふふっ！）

確かに、人間の男達は、エルフの少女に甘過ぎた……。

＊　　＊

「んふふ、『どうしても王都へ行かなきゃならないので、必死で路銀を稼ごうとしている可哀想なエルフの少女』ということで、食堂に雇ってもらったら、チップで大儲け！　人間、親切過《チョロ》ぎ！」

そう、エルフと接する機会が殆どない人間達は、エルフが長命であると知ってはいても、つい外見で相手の年齢を推し量《おはか》ってしまうため、クーレレイアは『苦労している少女』、しかもその頭に『エルフの』が付くため、思い切り親切にされたのであった。

そしていくらエルフの里からかなり離れているとはいえ、エルフの里と王都を結ぶ直線上に位置するこの街では、エルフと敵対する……下手をすると国を巻き込んでの全面対決を招く……ようなことをする者がいるはずもなく、捕らえられて違法奴隷に、とかいう危険も殆どないのであった。

「でも、食堂のおじさんから、『このあたりじゃエルフにおかしな真似をする奴はいないが、王都近くになりゃ、国や街がどうなろうが構わない、自分さえ良けりゃ、って奴もいるからなぁ。ここから先は、あまりエルフだということは吹聴《ふいちょう》しない方がいいんじゃないかな。幸い、クーちゃんは髪で耳を隠せば人間にしか見えないからな』って言われたし、ここからは人間の振りをした方がいいみたいね……。

そう、ここからは『苦労しているエルフの少女』じゃなく、『苦労している人間の少女』でいきましょう！」

しかし、勿論エルフだけでなく、ひとり旅の人間の美少女もまた、悪党達にとっては充分美味しい獲物なのであった。

……そう、危険度はあまり変わらなかった……。

そして、短期間でかなりのお金を貯めた……その大半は、給金ではなくチップである……クーレレイアは、今度は徒歩ではなく、馬車に乗って王都を目指すのであった。

馬車の中では、働いて家族に仕送りするためにひとりで王都へと向かう健気《けなげ》な人間の少女を演じ、他の乗客達からお菓子やら何やら、色々なものを貰いながら……。

（人間って、チョロいわ。んふふっ！）

＊　＊

「……ここが、人間の王都ね！」

同じ国に住んではいるが、別にエルフは人間の貴族の領民というわけではなく、税を納めているわけではない。獣人達と同じような立ち位置である。

なので、この都市は『人間の、王都』であり、『エルフにとっての王都』ではなく、クーレレイアにとっては『このあたりで一番大きな街』ということ以上の意味はない。

このあたりで一番栄えており、にぎやかで楽しそうで、……そして楽に稼げそう。ただ、それだけであった。

「よし、エートゥルーとシャラリルが言っていた、『アカデミー』というところに雇ってもらおう！

あのふたりも、エルフだから優遇されてるって言ってたし……。

ここはふたりが住んでいる国とは違う国だけど、アカデミーはどこの国にもあるって話だし、普通は王都に本部があるそうだから、そこへ行けば雇ってもらえるでしょ、多分！」

クーレレイア、あまりにも世間知らずであり、世の中というものを舐めすぎであった……。

「ええっ、エルフで、アカデミーで研究したい、ですと？

ようこそお越しくださいましたっっっ!!」

……人間、チョロ過ぎであった……。

＊　　＊

「……というわけで、王都に着いてすぐにアカデミーで雇ってくれたのよ。その3日後には大きなパーティーに招待されて、お金持ちの大きな商家の人とか、渋くてカッコいい貴族のおじさまとかに紹介されて、その翌日には『博士』の称号と『教授』の地位をくれて、豊富な資金で好きな研究をさせてくれ……、って、どうしたのよ、ふたりとも？」

クーレレイアが、帰省の時に顔を合わせたエートゥルーとシャラリルに自分が人間の街へ行ってからの話をしていると、初めのうちは心配そうにしていたエートゥルーとシャラリルの顔が、しだいに歪み始めた。それに気付いたクーレレイアが、不思議そうな顔でそう尋ねると……。

「ふっっっざけんなよオオオォッッ!!」

エートゥルーとシャラリル、激おこ。

「わ、私達が、初めての人間の街で苦労して必死に軍資金を貯め、何度も論文を提出して、太って脂ぎったおっさんに笑顔でゴマをすって、『助手』の肩書きすらない立場で何とかアカデミーに入れて、必死で頑張ってるというのに！　これから先、助手、助教、講師、准教授を経て教授になれるまで、何年かかると思ってるのよ！

そりゃ、人間と違って寿命が長い私達は、時間をかければ最終的に教授になれる確率は高いでしょうけれど、人間の数倍の年月をかけてやっと教授に、なんて恥ずかしい真似ができるはずがないでしょうが！　そんな、エルフの寿命の長さを利用して、短い命で必死に頑張っている人間の研究者の席を奪うような恥知らずな真似なんて！

だから、人間達を上回る成果を出さねばと必死に頑張っているというのに、それをアンタは、アンタって奴は……」

そう言って、ぎりぎり、と歯茎から血が出そうになるくらい歯を食いしばって、地の底から聞こえるような唸り声でクーレレイアを睨み付けるエートゥルー。

「……で、アンタ、いったい何の研究をやってるのよ……」

エートゥルーと同じく、殺しそうな眼でクーレレイアを睨み付けながらそう尋ねたシャラリル。

そして、照れ臭そうにそれに答えるクーレレイア。

「……あ、うん、『リュールティィル草の栽培方法と、その薬効について』というのを、少々……」

「『それ、幼児が家庭菜園で、お遊びで栽培するやつだろうがあああぁ～!!』」

「……うん、でもそれ、人間にはあまり知られていないらしくて……。あ、他にも、セリーナ草の生育条件とか、森の深奥部における魔物の比率とその分布、とか……」

「エルフなら、みんな幼児の頃から知っとるわっっ！」

「アンタまさか、ちゃんとした研究じゃなくて、森の深部で何十年か暮らしていれば誰にでも分かるようなこと、エルフなら幼児でも知っているようなことをネタにして、は、ははは、博士の称号と、教授の地位を手に入れた、とかいうんじゃ……」

「……てへっ！」

「『死ねやあああぁ～っっ!!』」

そして、血走った眼で本気で殴りかかってきたエートゥルーとシャラリルから大慌てで逃げ出した、クーレレイア。

……そう、クーレレイアがエートゥルーとシャラリルに『腐れ外道』と認定され、長い確執の日々が始まったのであった……。

あとがき

皆様、お久し振りです、ＦＵＮＡです。

お待たせしました、『のうきん』、遂《つい》に14巻ですよ！

そして、この巻から出版社が変わって、スクエニの新レーベル、『ＳＱＥＸノベル』の創刊タイトルとして華麗に再デビューですよっ!!

でも、出版社が変わっても、作者、イラストレーター、担当編集者、校正・校閲の会社、その他全て、メンバーは今までと同じ、そのままです。

……と言うか、そのままの状態を維持するために移籍したわけですが……。

遺跡……じゃない、移籍しても、スタッフの組み合わせ《コンバイン》は変わらず！

はい、皆さん一緒に、せ〜の、

『移籍のコンバイン!!』

そして、

『レッツ・コンバイン！』

そういうわけで、関係スタッフ全員が今までと同じなのですが、移籍しての1冊目、しかも創刊タイトルという、責任重大なトップバッターなので、気合いが入りまくり！

そのため、本の出来《クオリティ》が、今までよりも更に爆上げ!!

引き続き、よろしくお願いいたします。


今回は、『残念な種族、エルフ』の生態の謎。そしてそこに潜む、何者かの作為の臭い……。

そして、特殊な依頼による再びの他国への遠征と、ナノマシンにも正体が分からない、迫り来る『世界の危機』の序章。

巻末の書き下ろし短編では、クーレレイア博士とエートゥルー、シャラリルの確執が始まった理由が明らかに。

クーちゃん、それはアカンわ……。


次巻、第15巻では、古竜という種族の謎と、その存在意義に関わる秘密の一端が……。

古竜の長老が語る言い伝えに隠された謎とは？

いよいよ、本筋が少し進むのか？

そして、マルセラ達《たち》『ワンダースリー』の様子と、『赤き誓い』による獣人幼女救出大作戦！

炸裂《さくれつ》する、マイルの欲望と煩悩。
マイル「私の、もふもふ帝国設立の夢を阻もうとする者は、決して許さない!!」

頑張れ、マイル！

次回、『マイル死す』。

デュエルスタンバイ！


なお、小説は出版社が変わりましたが、コミカライズの方は、掲載場所（WEB誌、コミックアース・スター）、出版元（アース・スター エンターテイメント）、共に変更はありません。

当時、海のものとも山のものともつかぬど新人のデビュー作のコミカライズを、書籍1巻の売り上げ結果が分かる前に引き受けて下さいました、本編コミカライズのねこみんと先生。

マイル達『赤き誓い』の性格を完璧に理解して下さり、可愛《かわい》い絵柄でスピンオフコミック『私、日常は平均値でって言ったよね！』を描いて下さっている、森貴夕貴先生。（ストーリーは、森貴先生が考案されています。）

今後もアース・スターからの刊行が続きます、大恩あるお二方のコミックスも、引き続き応援をお願いいたします。

最後に、担当編集様、イラストレーターの亜方逸樹様、装丁デザインの山上陽一様、校正校閲・組版・印刷・製本・流通・書店等の皆様、感想や御指摘、御提案やアドバイス、アイディア等を戴《いただ》きました『小説家になろう』感想投稿欄の皆様、そして、本作品を手に取って下さいました皆様に、心から感謝致します。

では、また、次巻でお会いできることを信じて……。

FUNA

亜方逸樹

あとがき…ぽいもの

そういえば、髪の毛おろしてるマイル
しばらく描いてなかったなぁ…と
ぜんぜん関係ないですが…
生活リズムくるいまくっているので
ちゃんと朝おきる生活になんとかしたい…ですね

タメ
ど真ん中!
—1月刊— 好評発売中!
万能「村づくり」チートでお手軽スローライフ
～村ですが何か?～ 1
私、能力は平均値でって言ったよね! 14
勇者パーティーを追放された俺だが、俺から巣立ってくれたようで嬉しい。
……なので大聖女、お前に追って来られては困るのだが? 1
転生したらドラゴンの卵だった
～最強以外目指さねぇ～ 13
読者さん・作品・作者さんの、一番楽しいレーベルです!
ノベル 創刊!

大人のエン
シリーズ続々刊行します!
悪役令嬢は
溺愛ルートに入りました!?
人狼への転生、魔王の副官 ⑭
退屈嫌いの封印術師
～復活せし不死王たち～
雑用係兼支援術師は
パーティー追放に憧れる
～世間は追放ブームなのに、俺を
過大評価するパーティーメンバーたちが
決して手放そうとしてくれない～
マイナススキル持ち四人が
集まったら、なんかシナジー発揮して
最強パーティーができた件
わたしは
ふたつめの人生をあるく! ③
毎月7日発売!
SQEX

SQEXノベル

私、能力は平均値でって言ったよね！ ⑭

著者
FUNA
イラストレーター
亜方逸樹

2021年1月7日　初版発行

発行人
松浦克義

発行所
株式会社スクウェア・エニックス
〒160-8430
東京都新宿区新宿6－27－30　新宿イーストサイドスクエア
（お問い合わせ）スクウェア・エニックス　サポートセンター
https://sqex.to/PUB

印刷所
図書印刷株式会社

担当編集
稲垣高広

装幀
山上陽一（ARTEN）

ISBN978-4-7575-7024-5 C0093　　Printed in Japan